电话新营销

一线赢单特训

朱坤福

亚洲首席财富演说专家

- ◆ 山东朱氏药业集团董事局主席
- ◆ 中国医疗器械培训专家
- ◆ 亚洲知名营销专家
- ◆ 中国优秀企业家
- ◆ 中国诚信企业家
- ◆ 中国品牌企业创新人物
- ◆ 中国管理创新领军人物
- ◆ 中国健康产业领军人物

"一线万金"授课现场

电话新营销
一线赢单特训

无远弗届，电话让生财之道畅通无阻；
天涯咫尺，接打使千里业务一线牵来。

望闻问切诊断电话营销流程；辨证论治助你一举拿下大单

"营销36计"培训现场

《销售兵法 成交为上》签售现场

电话新营销
一线赢单特训

新微商户外拓展特训营

电话新营销

一线赢单特训

朱坤福◎编著

中国财富出版社

图书在版编目（CIP）数据

电话新营销：一线赢单特训 / 朱坤福编著 .—北京：中国财富出版社，2017.4
（2017.11 重印）

ISBN 978-7-5047-6452-2

Ⅰ．①电… Ⅱ．①朱… Ⅲ．①推销—方法 Ⅳ．①F713.3

中国版本图书馆 CIP 数据核字（2017）第 081446 号

策划编辑 刘 晗		**责任编辑** 梁 凡			
责任印制 石 雷		**责任校对** 孙会香 张营营		**责任发行** 董 倩	

出版发行 中国财富出版社

社　址	北京市丰台区南四环西路 188 号 5 区20 楼	**邮政编码** 100070
电　话	010－52227588 转 2048/2028 （发行部）	010－52227588 转 307 （总编室）
	010－68589540 （读者服务部）	010－52227588 转 305 （质检部）
网　址	http://www.cfpress.com.cn	
经　销	新华书店	
印　刷	廊坊飞腾印刷包装有限公司	
书　号	ISBN 978－7－5047－6452－2/F·2745	
开　本	710mm×1000mm　1/16	**版　次** 2017 年 5 月第 1 版
印　张	20.75　插　页 2	**印　次** 2017 年 11 月第 2 次印刷
字　数	312 千字	**定　价** 49.00 元

前　言

　　唐人韦固，出身士大夫之家，父母早亡。身为孤儿的他，一直想要早点娶妻，成个家，但始终没能遇到称心的人。一天夜里他行至一条小河旁，看到一位白发苍苍的老人，正倚在一个布袋子上，借着月光专心看书。韦固好奇地问道："老人家，你这是在看什么书啊？"老人回答："这是姻缘簿，记录着天下人的婚姻之事。"韦固不信，又问老人袋子中装的是什么。老人回答说："这是牵系有缘人的红绳，只要两端分别系在男女的脚上，无论他们相隔多远、是否认识，将来都会成为夫妻。"正愁婚配不成的韦固颇有兴致地问道："那与我有缘之人在何处呢？"老人说："街市上，跟着瞎眼婆婆卖菜的就是你的有缘人。"韦固一听非常生气，那个丫头样子很丑，怎么配得上我这种玉树临风的才子？于是他心生歹意，第二天就向女孩扔了一块石头，准备把她打死。那女孩应声倒地，韦固很害怕，赶紧跑了。

　　14年后，韦固受命担任相州参军，与相州刺史王泰的女儿结为夫妻。小姐十五六岁，样貌娇俏，明艳动人，韦固甚是满意。只是妻子眉间始终贴着一片花钿，从不取下来。韦固多番追问之下，妻子才泪水涟涟地说出，其实她本是王泰的侄女，早年父母双亡，由奶妈靠卖菜养大。幸得叔叔于七八年前接她入门，当作亲生女儿般疼爱。小时候，奶妈带自己去卖菜，不知从何处冲出一个暴徒，用石头打中她的眉心，虽未伤及性命，但却留下了疤痕，所以才以花钿遮掩。韦固听后非常吃惊，就把月下老人的话告诉了妻子，这才相信缘分是拆不散的。

　　这就是"千里姻缘一线牵"的来历，简单来说就是牵线搭桥是月老干的活，哪怕两个人相隔万里，只要被他手中的红线系上，就"有缘千里来相会"了。不过随着社会的不断发展，这"千里姻缘一线牵"已经有了新的寓意，尤其是在电话营销行业，它的意思更是与以前千差万别。首先说"千里"，以前的交通基本靠腿，有钱人才能坐马车，带上干粮怎么也得走些日子，现在别说千里，就是相隔万里，见个面也不是难事。其次这"线"的味道已经变了，现在的电话营销业务往往是由一"线"牵成，但此"线"并非月老手中的红线，而是一条电话线，甚至是电波这条无形的"线"。随着电话功能的不断强大，这条"线"已经大有取代月老手中的红线之势。君不见，现在很多异地恋人都是通过电话诉衷情的，为中国通信事业的发展做出了巨大的贡献。然而，月老只负责牵线，而电话销售员除了负责牵线，还要千方百计地维护交易双方"婚后"的关系，不至于半路"离婚"。

对于电话销售员来说，电话营销是一种远距离操作，自己手中的产品就是"女方"，顾客就是"男方"，电话销售员的任务就是帮助自己手中的产品找到"有缘人"，并通过手中这根细细的电话线和自己的三寸不烂之舌把"女方"牵进顾客的家门。也就是说，从接触"男方"到产生信任，然后再到"女方"的推介、销售、收款、服务，以及转介等，都是靠着电话销售员的嘴巴和手中的这条"线"。但是，毕竟电话销售员没有月老那么经验丰富，有的时候他系的"线"可能没有那么结实，不小心就断了，所以如何才能充分利用好嘴巴和这条"线"，达到电话营销的最高境界，一直是电话销售员在关注和探讨的问题。

其实，成为一名优秀的电话销售员并不难。首先，在与客户沟通之前，应当做好准备工作，对客户的相关信息进行整理，比如客人的性格如何、有什么喜好、习惯怎样的谈话方式、常住地在哪里、工作职务是什么等。通过对这些信息进行整合，从中提取出能起到主导作用的关键性细节，并对这些细节进行简单的加工，在脑中勾勒出客户的基本形象。之后，在与客户通话时，就能够做到心中有数，有的放矢。

其次，在与客户沟通的时候，要根据情况随机应变、灵活应对。想要做到这一点就需要销售人员对产品有非常透彻的了解。另外，还需要销售人员掌握一些心理学常识，通过客户的回应，分析客户真实的心理需求。

最后，在与客户沟通的过程中，合理运用语调等，向客户传递真实可靠的信息，调动客户的购买欲望。语言表达应当贴近客户心理，给客户以信任感，使客户愿意与你有进一步沟通的欲望。销售人员应当在自己与客户之间建立积极、良性的沟通环境，让客户看到你的真诚，明白你的确是在"用心"为他解决问题。

总之，要想成为一名优秀的电话销售员，就应当做到多思、多想、多学，在工作过程中总结成功经验、反省失败原因。只有这样，才能够发挥优势，杜绝弊端，不断完善和提高自己的业绩。

本书摒弃了单纯枯燥的论述，将理论与实际案例相融合，生动地分析了电话销售过程中赢得客户的关键细节，针对沟通技巧与话术应用做了深入浅出的阐释。希望大家能够通过对本书的学习，快速掌握沟通的关键细节与精髓，将其融入工作中，形成一套具有个人特色的电话销售方案。预祝大家业绩长虹，成为所向披靡的金牌电话销售员！

2017 年 4 月于燕贻堂

目　录

第四章 展开心理战，赢得客户的信任和好感

第五章 别被拒绝吓住，灵活化解客户的托词

第六章 产品介绍好，客户一定会主动来购买

第七章 使出"撒手锏"，让成交最终得以实现

第八章 投诉巧处理，赢得更多潜在客户资源

第九章 接听好电话，提升成交概率

第十章 照葫芦画瓢，行业范例助你打遍天下

第一章

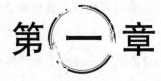

"打"就一个字，通话前却要准备无数次

在电话营销沟通中，由于时间少、缺乏面对面的交流、双方容易产生误解等方面的因素，使得电话沟通前的准备工作显得十分重要。拨打电话前的准备工作，就好像建大楼的地基一样。一个电话是否成功，能否达到目标，和准备工作是否充分有很大的关系。一位智者曾经说过："在这个世界上，准备得越充分的人，幸运的事情降临到他身边的次数就越多。"

☎ 打电话前先把自己的目的搞清楚

山东玛尔思企业管理咨询有限公司的业务人员拨通了一家公司总经理办公室的电话，在对方接听后，这位业务人员马上热情地打招呼："早上好，请问是××公司的王总吗？我是山东玛尔思的柳强。"

在听到对方表明自己正是××公司的王总之后，业务人员柳强又用积极明朗的语调说道："王总，我们公司针对目前市场上的一些变化开发了一套培训课程，该培训课程对于产品研发方向确定、中高层管理者的素质提高及增加市场份额具有非常明显的效果。我想您一定对这套培训课程非常感兴趣，您看您什么时候有时间，我们详细地谈一谈。"

王总说："不好意思，我最近都比较忙，恐怕抽不出时间和你谈这些事情了。"

虽然王总的用词非常客气，不过业务人员柳强很清楚，对方是在找理由推脱自己，不过柳强并不放弃，他仍然态度积极地说："如果您现在比较忙的话，您看这样好不好，我一会儿把这套培训课程的安排通过传真给您发过去，现在我只要几分钟时间先给您介绍一下课程安排当中的几个要点，这样的话您在看课程安排的时候也能更加方便。"

"那好吧。"听到柳强如此诚恳的请求，王总同意听他进一步解说。

在简单介绍了一下该培训课程的几个要点之后，柳强又趁热打铁地说道："王总，您看这样好不好？如果您最近都没有时间带领公司的中高层管理者来听这套培训课程的话，不妨安排公司里的一些其他员工，如销售人员等来参加我们公司最新开发的另外一套培训课程，这套培训课程与我刚才向您介绍的那套培训课程都属一流水平，相信这套课程对于贵公司员工素质的提高及销售业绩的提升都会产生非常积极的作用……"

在上面这个案例中，山东玛尔思企业管理咨询有限公司的业务人员柳强始终明确自己进行电话营销的目标，而且围绕这样一个目标展开了方方面面的说服工作。他礼貌而又简洁地做了自我介绍，而后向客户积极地说明了本公司的课程能够为客户带来哪些实际的利益。而在自己最初提出的一项建议没被客户采纳之后，该业务人员又积极地说服客户安排公司员工进行另外一套培训课程。该业务人员不但始终没有忘记自己进行电话营销的目标，而且还能在最初的推销活动受阻后积极地围绕下一目标展开新一轮的推销，这样的销售人员最终取得销售成功的机会自然会更多。

有人问牛顿，为什么能够在物理学领域做出如此巨大的贡献。牛顿回答道："因为我除了物理之外其他的事情一概不去考虑。"电话销售员要想在销售领域有所建树，即使不能像牛顿一样心无旁骛，也应该在工作中尽可能地把精力集中到销售目标上。

因此，无论是在销售人员刚进入电话营销领域之时，还是在电话营销的工作实践当中，都必须要弄清楚自己开展电话营销活动的目标究竟是什么。具体地说，电话销售员的工作目标分为具体的销售目标和长远的工作目标两种，对于这两种工作目标，销售人员需要注意以下几点：

1. 每一次电话营销的目的是成功销售产品或服务

在每一次电话营销工作开展之前，电话销售员都必须要弄清楚一个最重要的事实，那就是：你是为了实现销售目标而与客户展开沟通，并不是为了沟通而沟通。这是一个看起来十分简单的道理，可是有些电话销售员却经常颠倒销售与沟通之间的关系，他们自以为能言善辩就可以成为一个优秀的销售人员，甚至有些销售人员还经常忽略销售的最终目标，与客户大玩语言游戏。

与客户展开沟通是销售人员的基本工作，但它并不是销售人员的工作目标，而是实现销售目标的一种重要手段。为此，那些只关心良好沟通氛围而忽视销售目标的人必须及早注意，一定要集中精力为了成功地销售产品或服务而进行有效沟通。

2. 以提升自己的销售业绩为目标

作为一名销售人员，自然要为你的销售业绩负责。如果没有令人瞩目的销售业绩，无论你自认为自己多么富有才能，那都无济于事。除非你不愿意在销售行业中有所建树，否则你就必须为自己的销售业绩负起全部责任。

销售业绩可以说是一段时期之内销售人员的销售目标，许多人士的成功经历都表明，当他们作为一名销售人员时，他们的销售业绩都是令人瞩目的，强大的销售业绩就是他们向成功迈进的有力后盾。

3. 进行科学的目标分解

目标对一个人的心理和行为具有很大影响。研究表明，目标可以激活大脑中的一个机制，这个机制被称为网状激励体系。这一体系决定着人们的大脑在任何时候集中的焦点。因此，我们可以理解为，一个目标坚定的人其一言一行都是以这个目标为焦点的。

但是，目标并非是单一的，也不是一成不变的，销售人员虽然每一次销售活动都以达成交易为最终目标，但是这一目标却可以根据不同的实际情况进行分解。例如，电话销售员可以按照销售的进展情况对最终目标进行如下分解：让客户愿意与自己进行电话沟通—令客户接纳自己，给客户留下良好的印象—使客户对自己和公司及公司的产品产生信任—说服客户对产品的各项条件满意—客户同意与我们展开合作—双方签署合同，完成交易。

当然了，达成交易并不是最根本的目标，销售人员与客户沟通时必须明确，最根本的销售目标是达成交易并且令客户感到满意，从而实现与客户的长期合作。

4. 关注长远目标的实现

美国著名管理学者吉姆·罗恩曾经说过，"每个人都有两种选择：谋生或进行职业生涯规划。"对销售人员而言，如果仅仅关注眼前的销售额而忽视长远目标的实现，那就只是在谋生，而不是为自己未来的职业生涯负责。可是那些真正有头脑的销售人员通常会在最初进入销售领域时就明确自己今后的发展方向，并且通过自己的不断努力为实现长远的发展目标而奠定坚实的基础。

【专家点拨】

☀ 电话销售员的目标是通过电话与客户进行良好沟通从而促成与客户之间的交易。

☀ 尽量在每次通话中都有所收获，尤其是目标客户不在时更应如此，因为只有这样你才会有再次与其联系的机会。

☀ 在电话营销的实践过程当中，销售人员必须时刻专注于自己的销售目标，所有的客户沟通都要围绕销售目标而展开。

☀ 销售人员必须要时刻谨记销售目标，但不要强迫客户接受自己的销售意图，因为这样反而会破坏你与客户之间的友好关系。

一份提示性的手稿让你如虎添翼

从刚刚进入某公司成为一名销售人员开始,朱琴就养成了一个好习惯:每次在给客户打电话之前,她都会事先列出一个电话清单,清单上除了标明自己一天当中必须要打的客户电话之外,还要在每一个客户的电话号码下面粘贴一份提示性手稿。根据不同的客户信息,每一份提示性手稿的内容都不同:有些手稿上记录着客户喜欢去的休闲场所,有些手稿上记录着有关竞争对手的一些情况,有些手稿上记录着针对产品某些功能的技术问题,有些手稿上则对自己打电话的具体目标进行了细分……

就这样,在检查完自己的手稿之后,朱琴拨通了一位潜在客户的电话。电话铃响了几声之后,对方拿起了电话:"喂,您好。这里是××公司,请问您找哪位?"

朱琴用悦耳的声音说道:"请问是周经理吗?我是××公司的朱琴,我知道贵公司正在就××项目施工一事进行招标活动……"

客户听到朱琴的介绍之后又说:"不好意思,我们之前已经与很多公司进行过相关洽谈了,现在公司的招标活动已经接近尾声,我们不打算再与其他公司洽谈这件事了。如果以后我们有新项目实施的话,咱们再合作吧。"

朱琴当然能够听得出客户已经有想要结束通话的意思了,不过她不想就此放弃。朱琴看到手稿当中有一行关于几家主要竞争对手情况的提示性文字,她对客户说:"我知道贵公司在这个项目当中有一项非常高的环保要求,可是据我所知,目前与您有过洽谈的几家公司都没有达到这一环保要求。而我们公司的产品采用的是国际领先技术,在环保方面有着非常强的实力……"

听到朱琴这样说，客户被吸引，又仔细询问了一些产品的技术问题，朱琴不是专业的技术人员，所以这些问题她其实并不是十分了解，她在通话前对这位潜在客户的相关信息进行分析时考虑到客户可能会提这些问题，因此已经在手稿上做好了充分的准备……

朱琴无疑是一个有心人，而要想将销售工作做得更好首先要成为一个有心人。在打电话之前准备一份提示性的手稿，对于销售人员进行电话营销工作具有非常重要的作用。运用手稿进行及时的提示，可以使销售人员更加条理清晰地开展自己的电话营销工作，而且还可以帮助自己有效地预防一些其他问题的出现，比如客户提出的一些疑难问题、电话突然断线等。

一般销售人员刚进公司的时候，公司都会对其进行一到两个月的岗前培训，在岗前培训课程当中，电话沟通是一项最基本的培训内容。可是，很多销售人员不会对这样的培训活动多么关注，甚至认为这种培训不过是公司的一种例行公事而已，而对于培训课程当中的电话沟通技能更是不屑一顾。

其实电话沟通对于销售人员来讲是一项非常重要的技能，而对于专门从事电话营销工作的人员来说更是关乎销售业绩的大事，甚至可以说能否更好地掌握电话沟通的技能将直接关系到电话销售员将来能否保住自己的"饭碗"！

因此，我们一再强调掌握必要的电话沟通技能对于电话销售员的重要性。可是，如果销售人员认为自己的电话沟通技能有所欠缺，或者害怕自己在电话接通之后遗漏一些内容的话，事先准备一份提示性的手稿，会对销售人员的电话营销工作起到非常重要的作用。

一份内容合理、条理清晰的手稿会帮助销售人员在电话沟通过程中更加全面而合理地向客户进行推介，而且当客户提出一些问题时，销售人员还可以通过手稿上面提示的内容为客户进行专业的解答。另外，一份充满提示性的手稿还有助于销售人员在紧张状态下条理清晰地与客户进行交流，即使在电话沟通过程当中出现一些小插曲也能按照手稿中的提示及时回到正题。

由此可见，一份充满提示性的手稿能够帮电话销售员很多忙。而且，一份内容合理、条理清晰的提示性手稿其实准备起来并不需要花费很多时间，销售人员在准备手稿的时候只要注意以下几方面的问题就可以了：

1. 在手稿上清晰地注明自己的营销目的

销售人员在进行电话营销之前最好能够在自己的提示性手稿上清晰地注明自己的营销目的，并且要根据事先分析好的营销目标将各阶段的目标有层次、有条理地记到手稿上。比如，销售人员可以在手稿上列明"第一条：最终销售目标是什么；第二条：基础目标是什么；第三条：后续目标是什么"；等等。

在手稿上清晰地注明自己各层次的营销目标，有助于销售人员更加有层次、有条理地展开自己的电话营销活动，以免自己因为受到客户打断或其他因素的干扰而出现目的不明确的情况。

2. 记录一些自己不确定的产品信息

销售人员还须在打电话给客户之前，把那些自己掌握得不是十分确切和充分的产品信息记录在自己的手稿内容当中。比如，产品的技术参考值、产品质量或成份是否符合国际及国内的某些标准、与竞争对手的产品相比具有哪些优势，等等。在给那些喜欢认真地分析产品的客户打电话之前更要如此，这样做的目的是销售人员在与客户进行电话沟通的过程当中更加准确及时地回答客户的问题，为客户提供专业咨询和高品质服务，而这也是销售人员提高自身销售业绩的关键。

3. 尽可能简洁地总结自己的谈话

打电话给客户时，销售人员最好能在自己的提示性手稿中尽可能简洁地总结自己的通话目的或谈话内容。这样做一方面是为了防止遇到那些不愿花时间多谈的客户，另一方面是为了应付那些不在电话旁边却进行了电话录音的客户。

如果遇到的是那些不愿意花时间多谈的客户，当销售人员事先准备好一份总结性较强的提示性手稿时，就可以在最短时间内将自己想要表达的主要内容都表达清楚。这可以为销售人员和客户节约时间，而且还可以让客户在较短时间内弄清楚对方的身份、来电意图以及产品的优势，等等，这种效率极高的简洁性发言往往能够令客户对销售人员刮目相看。

如果遇到录音留言，电话销售员千万不要因为没有人真正接听而草草地说两句就挂断电话，应当将需要留言的内容书面化，然后条理清楚地讲给客户；同时注意讲清楚留言的具体时间和自己的联系电话。这样可以保证你打出的这通电话不是完全无效的电话（至少与没有任何人接听的电话不一样），而且还能在给客户留下良好印象的同时吸引客户下次能够主动联系。

4. 记下有关客户兴趣及爱好的信息

在准备的提示性手稿当中，销售人员还需要在手稿的显眼处记下有关目标客户的兴趣及爱好的一些信息，比如客户平时对哪项体育运动情有独钟、客户在工作之余最喜欢去的休闲娱乐场所有哪些，等等。在手稿当中记下这些信息，有助于销售人员在适当时机投客户所好，而这对有效缓解电话沟通过程中出现的一些僵局及其他问题具有非常重要的作用。至少，销售人员在适当时机按照客户的兴趣或爱好提出邀请，客户会感到对他的关心和重视，而如果销售人员记不住这一点，在电话沟通陷入僵局时凭自己的主观猜测去迎合客户，反而会让客户感到反感。

【专家点拨】

💡 在拨打电话之前，把要拨打的电话号码、客户姓名和职务、客户公司的名称都写在手稿的第一行，这可以确保在电话接通的第一时间之内准确叫出客户的公司名称及客户的姓名与职务。

💡 把开展电话营销的目的分层次、有条理地提炼出来，并且用固定的文字框框起来，这样方便随时查找。

💡 把有关竞争对手的相关信息和有关自身公司及产品的信息分别用不同颜色标明，这有助于在电话营销的过程当中对自身产品的优劣势更加一目了然。

💡 及时补充提示性手稿当中的内容，一旦掌握到一些确切的新内容，就马上用总结性的语言补充到手稿当中。

多点出击获取海量客户电话资源

在现实工作当中，有很多电话销售员看到桌上的电话就会感到压力很大，他们并非是缺乏给客户拨打电话的勇气，而是根本就不知道拿起电话应该拨哪个电话号码、给谁去打，因为他们根本就没有充分掌握客户的信息与资料，甚至连最基本的客户电话都不知道。

山东朱氏药业集团的业务人员小高正在为工作上的事烦恼，因为公司规定，每位业务员每天至少要给50位客户打电话，而且每打完一次电话还要写下相应的客户电话拜访记录信息。可是小周感觉每天根本就没有那么多的电话可打，所以，小周就干脆在自己的客户电话拜访记录表上瞎编一些号码和信息。不过，小周并非是一个真心想要敷衍工作的人，他一直希望自己能够成为一个优秀的业务员。可是，如果连客户电话都打不出去的话，又怎么可能创造优秀的业绩呢？在这种现实与理想的矛盾下，小周感觉工作压力很大，而且又枯燥无味。

其实小周在刚刚进入公司的时候，还是有很多电话可打的。因为公司内部有着比较完善的客户资料数据库，而且很多离职的老业务员在离职以前都会转给新业务员很多客户资料，所以小周每天只要到公司的客户资料数据库和老业务员留下的客户资料当中去寻找客户就可以了。可是，随着公司新进业务员的不断增加，公司内部可以利用的客户资料分摊给每一位业务员的就非常少了。况且，已然成为一名老业务员的小周也不可以再像从前那样完全依靠公司内部的客户资料去联系客户了，公司有要求，在进入公司半年之后，业务员就必须要自己去寻找客户的信息资料，这种规定一方面是要使公司客户资料数据库里面的内容不断地得以更新和完善，另一方面也是为了使公司的客户源有所保证。

虽然小周非常理解公司的做法，而且也迫切地希望自己能够获取更多的客户资料，可是在实际工作中，小周感觉自己每天想尽了办法也只能得到很少一部分客户电话和信息，有的时候甚至一天都找不到一位新客户的信息资料。所以，小周每天的电话量骤减，他有时想要从同事那里得到一些客户信息资料，可是他发现公司里的其他业务员也面临着同样的问题。

在上面的案例当中，业务员小周并非是一个不思上进的员工，他想要完成公司规定的任务，想要提高自己的销售业绩，可是很无奈，他手中连客户信息资料都没有，这就使得他每天都感到没有那么多的客户电话可打。后面的结果我们自然也能想得到，一个连电话都没得打的业务员又怎么可能去和客户进行有效的沟通与交流，又如何去达到说服客户、与客户展开合作的目的！

每天拨打足够的电话，是电话销售员的工作基础，也是电话销售员建立自身销售业绩的前提。因此，电话销售员必须要学会从多种渠道、利用各种途径获取客户的电话。只要掌握了如下这些获取电话名录的有效方法，相信电话销售员至少每天都不用再愁自己没有电话可打了。

1. 抓住各种机会与别人交换名片

身为一名销售人员，必须要主动创造获得更多潜在客户联系电话的机会，只有获得了对方的联系电话，才有可能与之进行交往，最终通过自己的努力使之成为有效客户。获得他人的名片，是将来能够与对方进行电话联系的有利条件，因此，销售人员一定要抓住各种机会与他人交换名片，甚至要养成随时随地与他人交换名片的好习惯。

当然了，要想成功地与他人交换名片、有效获取他人的联系方式及相关信息，销售人员首先要养成将自己的名片随时带在身上的好习惯，同时还要随身携带一个符合自己身份地位的名片夹。随时将自己的名片带在身上，这样当销售人员把名片放到别人手中的时候，往往可以同时得到对方的名片，名片上面会有对方的电话、公司名称、对方姓名、对方职务甚至公司的业务范围等信息资料，这样销售人员就可以得到很多的各行各业人士的电话名录。而一个符合自己身份地位且质地良好的名片夹，有助于在拿到别人名片的时候有处可放，而且这也给别人一种自己的名片受到重视和保护的感觉，就会在无形当中给别人留下良好的第一印象，当销售人员再打电话给他们的时候，会受到重视。

2．最新的企业黄页

无论是在书店、专门的网站里面，还是通过一些其他途径，销售人员都能有办法买到或借到一些记录有企业联系电话、企业名称及地址的企业黄页。这些企业黄页可以为销售人员提供很多客户电话名录。不过，销售人员需要注意以下几点：

第一，在购买或借阅企业黄页的时候，一定要首先确定自己要寻找的客户范围，要有针对性地寻找自己的目标客户。因为企业黄页通常会按照行业等标准分为很多种，销售人员可以按照自己的客户类别去寻找适合自己使用的企业黄页，否则的话就会造成效率低下的问题。

第二，在大多数的企业黄页里记录的企业联系电话基本都是这些公司的总机，有一些则是公司的销售部电话，所以当给这些企业打电话的时候，一定要注意采取合适的方式方法，以便能顺利绕过总机或其他部门的阻碍、找到负责采购的人。

第三，在购买或使用企业黄页之前，销售人员还要注意自己手中的企业黄页一定是最新出的，而且是权威或正规出版社与机构出版的。社会上有很多有关企业黄页的图书属于盗版产品，里面记录的很多信息都是没有经过认真核实和校对的，会存在严重错误，这将会为你在打电话时顺利找到目标客户带来不必要的麻烦。而之所以强调要选最新出的企业黄页，是因为很多企业的名称、联系电话与地址等信息经常会发生变更，因此最新出的企业黄页就比旧的企业黄页更能反映客户最近的信息资料。

3．公司内部的客户资料数据库

公司内部的客户资料数据库也是销售人员获取客户电话名录的重要渠道，很多公司的客户资料数据库会经常更新和完善，同时公司内部的客户资料库也更有针对性，而且也便于销售人员查阅，所以销售人员可以很好地利用自己公司内部的客户资料积极与客户展开电话沟通。

4. 自己平时积累下来的客户资料记录

千万不要在电话营销活动取得成功或面临失败之后就马上丢掉客户的相关信息与资料，要在每一次电话营销活动结束之后对相关的客户信息重新整理和记录，为自己今后的销售活动奠定坚实的信息基础。

5. 充分利用搜索引擎等网络渠道

现在的网络资源非常丰富，其中搜索引擎等网络渠道可以为销售人员提供非常多的客户电话名录。而且利用搜索引擎等方式查找客户电话名录也非常简便，比如，医药公司的销售代表可以通过搜索引擎来查一些医院的电话名录，如在搜索栏中输入"北京所有医院电话名录"，再点击"搜索"，那么你就可以得到北京很多医院的电话号码。或者，你是一位酒店用品公司的销售人员，那么你也可以在搜索栏中输入"广州所有星级酒店电话名录"等字眼，同样再点击"搜索"就可以了。

【专家点拨】

☀ 尽可能地创造机会参加一些俱乐部、研习会、展销会、朋友聚会或主题酒会，参加这些聚会可以为你提供结识更多人的机会，这是获取客户电话名录的有效途径。

☀ 在和他人交换完名片之后，最好在一个星期之内与对方联系一次，如果时间间隔太长的话，一方面对方会对你毫无印象，另一方面你对对方的一些信息也会模糊，而且时间拖得越长你与对方之间结成友好关系的可能性就越小。

明确电话营销的步骤会事半功倍

在进行电话营销之时，虽然不能在每一次打电话之时都严格按照一些书本规定的具体步骤来展开工作，可是在具体的电话营销实践当中，销售人员确实应当掌握相应的步骤与程序，尤其是对于刚刚进入电话营销这一领域的销售人员来说，着实有必要在开展具体的电话营销工作之前了解电话营销工作的一些基本程序与步骤。

一位弱电系统公司的销售人员正在打电话，他准备向一家正在开发某项目的大型房地产公司山东朱氏置业有限公司推销本公司的产品。

他拿起电话很快拨通了一串电话号码，等听到另一端有人拿起电话之后，这位销售人员便热情地打招呼说："喂，您好！请问是张经理吗？"

客户回答说："您好，我就是，请问您是哪里？找我有什么事？"

听到对方承认自己就是张经理，这位销售人员感到十分高兴，于是他就兴冲冲地说道："张经理呀，我是××公司的王××，我上个星期五给您寄去一份我们公司的资料，不知道您有没有认真看过。如果您没有时间看也没有关系，那里面主要介绍了一些我们公司最近新开发的产品，其中有一种新型监控系统是我们公司最新取得专利的一项技术产品，这种产品对于你们公司新开发的 ×× 高档住宅小区非常适合……"

销售人员想要继续向客户介绍自己公司的那项新型技术产品，可是他刚刚说到这里的时候就被客户打断了，只听客户似乎十分懊恼地说道："你是不是搞错了，我从来没有收到过你寄来的什么资料，而且我们公司也不是开发 ×× 住宅小区的公司，我告诉你，我们公司根本就不是房地产开发公司，从来就不曾开发过任何一个住宅小区，而且以后也不会涉足房地产开发领域。"

听到客户这样说，这位销售人员有些吃惊，不过，他仍然不失耐心地问道："请问您不是张经理吗？"

然后他便听到客户非常生气地说："我是，不过我并不是你要找的那位'张经理'，你打错电话了！"

这位销售人员还有些不死心，又问道："难道你们公司不是山东朱氏置业有限公司吗？"

此时电话另一端的人已经感到有些忍无可忍了，于是他大声回答说："不是，我们公司不是山东朱氏置业有限公司，这下你该满意了吧。对不起，我的时间很宝贵，请你不要再打扰我了。"说着，这位客户就挂断了电话。

等到这位销售人员放下电话再仔细查看自己的电话记录时才发现，原来之前打的这个号码是另一家客户公司的电话，那家公司的相关负责人同样姓张，但该客户公司是一家大型连锁超市，而并非山东朱氏置业有限公司……

上面案例中这位销售人员因为在打电话之前没有认真查看客户公司的电话号码及名称，而在打通电话之后又没有对客户公司的具体名称进行相应的确认，便张冠李戴地开展起了自己的推销工作。结果，不但大大地浪费了自己及客户的宝贵时间，而且还引起了客户的不满。而当客户指出他有可能搞错的时候，他不仅没有马上反应过来并采取有效措施加以弥补，反而还一再地质问客户，这样必然会引起客户的强烈反感。在这种情况下，销售人员即使下一次事先弄清楚情况再打电话给这位客户，恐怕也不会顺利取得良好的效果。

在日常的电话营销工作过程当中，尤其是在第一次电话拜访陌生客户的过程当中，销售人员应当首先准备相关的客户信息与资料，并且要将这些相关的信息与资料进行认真的整理，这样一方面可以使自己在打电话之前更加充分地了解客户的相关信息，另一方面也能够帮助自己更加准确地找到目标客户。

在一系列准备工作进行完毕之后，销售人员就应当按照相关信息与资料的说明去拨通客户的电话了——电话营销工作真正地进入开始阶段。在这一阶段，销售人员需要掌握以下一些基本的电话营销程序与步骤：

1. 确认客户身份

在开展具体的电话营销活动当中，尤其是电话拜访陌生客户的时候，销售人员一定要在礼貌的打完招呼之后认真确认客户的身份，以确保接听电话的人正是自己要寻找的目标客户。这样做有助于最大限度地避免张冠李戴现象的发生，同时还有助于销售人员更加快捷地找到自己要寻找的目标客户。

在确认客户具体身份的时候，销售人员要首先确认陌生客户的公司名称。比如在拨通电话之时，要首先热情而不失礼貌地询问："您好，请问这是××公司吗？"如果连公司名称也不确认，等对方一拿起电话就迫不及待地说要找"李经理"或"王经理"，那么就很容易搞错对象，而一旦发生了搞错对象的问题，就会给客户留下非常不好的印象，从而会对接下来你与客户之间的友好沟通造成非常不好的影响。另外，这种问题的发生还会给你的时间造成不必要的浪费。

在确认了具体的公司名称之后，销售人员接下来要做的就是要确认接听电话的人是不是自己要寻找的目标客户了。比如，销售人员可以问："请问您是陈总吗？我是山东朱氏药业集团的李××"。这种方式可以在询问对方身份的同时及时地介绍自己的身份，有助于接下来你与客户的进一步沟通。

如果销售人员确定接听电话的人就是自己要找的目标客户，那么就可以继续开展自己的电话营销活动了。

值得注意的是，如果销售人员不是第一次打电话给客户，而且在客户拿起电话说完第一句话之后就能明确地知道对方的身份及职务，那么就要马上直接称呼对方姓氏及职务。这会使对方产生受到重视的感觉，客户也会因此对你好感倍增。

2. 进一步表明自己的身份

如果在确认客户身份的过程当中，销售人员没有适时地表明自己的身份，那么接下来就要向客户正式介绍自己了，比如可以说："哦，陈总，您好！我是山东朱氏药业集团的李××。"在确认客户身份之后，销售人员除迅速地表明自己的身份外，还需要进一步介绍自己的来意，而在展开这一步骤的工作之时，销售人员一定要注意自己的措辞，要尽可能地采用一些适当的问候语，这样有助于拉近与客户彼此之间的距离感，使客户认为你们是朋友，而非只是电话销售员。比如，销售人员可以这样来进一步介绍自己："陈总，您好！上一次在展销会上我们见过面，今天也算是我们第二次打交道了。今天我想向您咨询一个问题，请问贵公司使用的是哪种型号的监控设备，我们公司也提供这类产品，但不知道是否和贵公司的要求相一致？"

3. 积极说明或暗示自己的来电目的

在开展这一步的工作时，电话销售员需要特别注意，一定要注意自己的用语，要基于客户的需求及利益来说明自己的来电目的，比如，要说："我们公司最新研发成功的一种监控系统清晰度与灵敏度都比过去的其他产品更高一些，有利于从更大程度上保证你们的住宅小区的安全，这样会无形中增加住宅小区的档次——哪位业主不愿意选择更加安全的小区来居住呢？"而千万不要只基于自己的立场或利益角度来说明自己的来电目的，比如，不要说："我们公司最新研发成功一种清晰度与灵敏度都更高的监控系统，这种监控系统的开发是我们公司在集中了大量人力、物力的基础之上研发成功的，而且这种系统也是我们公司领先于其他公司的主打产品……"

虽然进行电话营销的目的是为了成功推销自己的产品或服务，而且客户也深知这一点，但是如果基于不同的立场来进行说明，那么往往就会取得截然相反的效果——站在客户的立场去说明你进行电话营销的目的，这样做会更容易令客户接受你及你的产品。

4.结束致电时的礼貌用语

致电结束时,应表达感谢之意,并说声"对不起,耽误您不少时间"。这种礼貌用语虽然从表面上看没有太大的实际意义,但是却代表了你自身的素质及涵养,而且也表明了你对客户的尊重与理解之情。如果在最初打电话时态度热情而积极,而在将要挂断电话时缺乏必要的礼貌,那么就很容易给客户留下虎头蛇尾的印象,会影响客户对你及你所在公司的看法。

 【专家点拨】

💡 打电话之前要首先准备充分的客户信息及资料,在拨通电话之时要确定自己所拨电话号码的准确性,因为不准确的电话往往注定了你此次电话营销的失败。

💡 在确认客户的身份之后,不要直截了当地向客户推销产品或服务,这种急于求成的做法往往会将客户的购买意向消灭在萌芽状态。要巧妙地说明自己打电话的目的,而且一定要注意从客户的需求及利益出发,这样可以更加容易地实现自己的销售目标。

💡 越是在电话沟通接近尾声的时候就越要注意自己的态度及措辞,要自始至终保持积极的态度,千万不要让自己输在最后关头。

对客户的信息了解得越详细越好

客户是电话营销的主体对象，对客户信息的掌握是电话营销的一个基础性环节。在电话营销中只有充分了解详细的客户资料，才能对他们进行卓有成效的营销活动，从而达到成功销售的目的。反过来讲，如果销售人员在开展电话营销之前对客户的信息知之甚少，甚至一无所知，那么又怎么能与客户展开有效的沟通呢？

一位电话销售员打电话到一家房地产公司推销地板，接电话的是采购经理的秘书："您好，请问赵经理在吗？"

经理秘书一愣，然后说道："您打错电话了吧，我们这里没有姓赵的经理？"

这位销售员不好意思地说："打扰了，我是××木地板公司的销售员，我想找你们公司负责采购的经理。实在不好意思，我原来和他接触过，但一时想不起他姓什么了。"

经理秘书说："我们经理现在外地出差，对不起，你改天再打电话吧！"销售员想了想然后说："没关系的，你们经理肯定会对我们公司的地板有兴趣的，您能把经理的E-mail告诉我吗？我把相关资料发给他，或者把您的E-mail告诉我也行，我发给您，请您帮我转交给他。"

秘书连忙说："不用了，我们最近还不需要这个东西。"

在上面的例子中，这位电话销售员之所以被拒之门外，一个很重要的原因是对客户所知甚少，没有准确地掌握客户的相关信息，不知道客户姓什么，不知道客户正在出差，而且也不善于从此次电话沟通中去多了解信息，如向秘书询问采购经理什么时候回来，怎么称呼等。所以，这注定是一次失败的电话营销。

在客户看来，那些事先进行了充分准备、对自身情况有着详细了解的销售人员总是能为他们带来很多惊喜——那些准备充分的销售人员不仅了解客户的姓名、职务等基本信息，而且还能通过一些渠道了解到客户的兴趣、爱好等，当这些销售人员投客户所好地提出一些建议时，客户自然会感到十分高兴。而且，在客户看来，那些准备充分、对自身信息了解详细的销售人员对自己更加尊重，因为销售人员事先进行的准备越充分，往往就说明销售人员越重视与客户之间的交流与合作。相反，那些事先毫无准备，或者准备甚少的销售人员常常会给客户留下不够重视自己、也不重视彼此间合作的印象。

因此，无论是从自身在销售过程当中能否顺利与客户开展有效沟通考虑，还是基于对客户的尊重，销售人员在开展电话营销工作的过程当中都应当事先进行充分的准备，充分了解有关客户的各项信息。在了解客户的有关信息之时，销售人员需要从以下两大方面着手进行积极的准备：

1. 掌握更多的客户信息

怎样才能掌握更多的客户信息呢，以下将介绍几点有关这方面的内容：

◆准确了解客户所在单位与公司的名称

你所要找的客户如果是代表其所在的单位或公司利益与你展开合作的话，那么你首先要对客户所在单位或公司的名称有一个准确的了解。因为，只要客户不是个体消费者的话，那么当你拨通电话之后的第一件事就是要确认对方是不是你要找的那家单位或公司，如果是，你才能继续开展自己的电话营销活动；如果不是，那么你就只有在表示抱歉之后挂断电话，确认号码后重新拨打。

◆了解客户的姓名和职责

一个人的姓名代表着这个人，准确记住客户的姓名，在通话的过程中友好地称呼对方的姓名，这会使客户对你产生一种亲切的感觉。记住客户的姓名也可以防止我们在给客户寄资料的时候把他的姓名写错，这是对客户的一种尊重。在了解客户姓名的基础上，我们还应尽力去了解客户的职务，知道他负责什么项目，才可以决定是否和他进行通话或者通过他找到购买产品的决策者。

◆知道客户的需求与业务范围

销售人员还应该对客户的需求与业务范围事先进行充分的了解，因为充分了解客户的需求与业务范围将有助于销售人员在电话营销的过程当中更加有的放矢地针对客户的需求展开有效的推销，而且了解客户的需求与业务范围也可以使销售人员更加准确地找到与客户进行电话沟通的切入点。事实上，如果不知道客户的需求与业务范围就盲目地展开电话营销，那么销售人员在整个营销过程当中就如同无头的苍蝇一样找不到与客户沟通的合作基础。

◆尽可能多地记录下客户的联系方式

前文提到了获取电话名录的方法，这也就是所要掌握的客户的联系方式。要准确记录客户的联系方式，这包括客户的直拨电话、分机号码、手机号码、传真号码、邮寄地址等。另外，如有可能的话，还应记录下客户的家庭电话，一旦你在下班时间有紧急的事情要找客户的话，拨打他的家庭电话也不失为是一个好的方法。

◆了解客户的兴趣爱好

一个人的兴趣爱好往往代表着他的性格。从这一点出发，了解客户的爱好，就能够分析出客户属于哪一类型的人，这对于设计交谈时的开场白有很好的指示作用。同时，了解客户的兴趣爱好，有助于在与客户套近乎的环节上选择合适的话题与他进行交流。

2. 建立自己的客户信息资料库

在电话营销中，每一个销售人员接触的客户不尽相同，内容性质也不一样，所以要建立自己的客户信息资料库，防止张冠李戴的现象发生。这不仅可以方便查找，也可以使工作效率有所提升。在了解客户的信息与建立客户资料库方面，需要注意以下几个问题：

◆不放过任何细节

在进行资料收集的过程中，经常会遇到一些非常琐碎的问题，会面对需要筛选有用信息的情况。面对这些问题时，要注重对细节的把握，不放过一丝一毫有价值的信息。要知道，与客户关系的建立和电话营销的成功正是众多的细节信息一步一步促成的。

◆详细的客户信息资料库

建立详细的客户信息资料库，可以把关于客户的信息系统管理起来，便于检索和查阅。没有详细的客户信息资料库作保障，会使电话销售工作进展不顺，同时也有可能损害个人和公司的利益。对于电话销售员来说，即使你的记忆力超凡，也不可能记下全部的客户信息，要想成为一名成功的电话销售员，建立客户信息资料库是必不可少的。

对于电话销售员来说，详细的客户资料将完善与客户沟通的细节，寻找给客户打电话的理由，防止贸然地给客户打电话。掌握更多的客户信息，是电话销售准备阶段的一个重点，也是整个电话销售中最为基础性的工作。

 【专家点拨】

☀ 尽可能充分地了解客户的资料与信息，可以帮助你在电话拜访过程中处于主动地位，从而最终减少碰壁现象的发生。

☀ 了解的客户资料与信息越是详细，你在电话营销过程当中取得的成功机会就越大，千万不要小看这些准备工作。

☎ 提前细分目标客户才能有的放矢

　　贾先生在一家保健品生产企业从事销售工作多年，可是多年的工作经验并没有为他带来出色的销售业绩，而贾先生却又是一个勤勤恳恳、努力工作的人。是什么原因使得他多年以来在工作当中百般努力却始终没有取得较好的成绩呢？让我们看看他某一个工作日里的具体工作情况吧。

　　贾先生拿起新买的一本厚重的企业黄页开始按照里面显示的电话和企业名称打电话，当他拿起电话刚刚说了一句"喂，您好，请问是×××公司吗？我是×××保健品有限公司的贾××"时，就听到电话另一端的接听者说："对不起，我们没有这方面的需要。"这已经是他今天所遭遇的无数次客户拒绝了，而且像这样的拒绝还算是客气的，有些客户会直接说："请不要再打电话打扰我。"有些客户则会说："我们不接受任何形式的推销。"还有一些客户则会什么也不说直接挂断电话，等贾先生再打进去的时候，这些客户则干脆拔掉电话线，不再接听电话了……

　　贾先生在一连给多位客户打电话都没有任何结果的情况下迎来了下班时间，结果正当他准备收拾东西要离开座位的时候，就接到了一位经销商的电话，这位经销商在电话中向贾先生详细询问了公司生产的几种保健品的相关信息，并当即表示，愿意向贾先生购买一批保健品，而且购买的保健品数量也较多。贾先生在接到这一电话的时候感到非常高兴，因为这笔生意一旦做成，那么他本月的销售业绩就会大大提高，公司的销售额也会因此而有较大增长。

　　于是，贾先生便开始在电话中与那位经销商进行了一系列的合作洽谈。在洽谈过程中，那位经销商提出，由于此次购买产品的数量较多、数额较大，所以希望能够实现货物到达 6 个月之内再支付货款。同时，这位经销商还表示，如果贾先生及其所代表的公司不能满足其这一条件，那么他就立即停止与贾先生之间的合作洽谈！面对这一情况，销售心切的贾先生同意了经销商的要求，而且还亲自在销售经理面前为那位经销商的付款能力进行了担保。

虽然这笔交易很快就达成了，可是，这笔交易最终带给贾先生及其公司的却并非是耀人的业绩和相应的利润，而是一份十分惨痛的教训！原来，那位经销商是第一次进入保健品营销领域，在其本身并没有足够的铺货能力和资金实力的前提下，贸然从各厂家购进了大量产品，却又无法及时将这些产品售出，因此在贾先生公司的产品送到这位经销商那里的 3 个月之后，这位经销商就因为经营不善等问题宣布破产了，而贾先生公司的大笔货款也最终化为泡影。

在上面的案例当中，我们不能不说贾先生是一位非常努力工作的销售人员，但是他的努力却并没有为公司提升销售业绩带来积极的效果，甚至还使得公司的利益受到了一定程度的伤害。虽然说贾先生的案例比较特殊，可是也确实从很大程度上反映了现在一些销售人员在进行电话营销之前没有进行充分而科学的客户细分工作。如果贾先生能够花一些时间来对客户进行有效细分，从自己的电话名录和搜集来的其他客户信息当中筛选出有可能购买产品的潜在客户，并且能够对经销商的铺货能力与经销能力进行充分的调查，那么就不会出现这样的事情。

事先对自己的目标客户进行有层次、有目的地细分，这是销售人员在进行电话营销或者对客户进行拜访之前必须要进行的一项准备工作。对目标客户进行准确的细分，就相当于从一团乱麻当中厘清头绪，如果不经过准确的细分，销售人员根本就不可能知道哪些人是属于可能购买产品的潜在客户，也不可能知道哪些电话根本就是一些无效电话，更不可能从一堆客户资料当中找出能够带来巨大利润的大客户。

对于电话销售员来说，对客户群进行有效划分要比在杂乱无章的客户资料中胡闯乱撞有效得多。科学地划分客户群可以帮助推销人员迅速过滤掉许多无效的客户信息，从而分析出哪些客户更值得自己花费时间和精力，而对另外一些客户则不必投入大量的精力。这样做，要比把全部精力平均分配到所有客户身上有效得多，而且还可以使自己腾出更多的时间开发新的大客户。

在对自己的目标客户进行科学而有效的细分这一过程当中，电话销售员需要注意如下几个要点：

1. 对客户进行分析和筛选

◆结合企业统计数据进行分析

究竟哪些客户才算是大客户？如何才能以最小的成本创造最高的业绩呢？推销人员不妨结合企业的客户统计数据了解到哪些是能与自己进行更多交易的大客户，哪些客户则不需要自己花费太多的时间和精力。

按照客户管理专家提出的"金字塔"模式，企业可以通过客户与自己发生联系的情况，将客户分成以下几种类型：

· 超级客户——将现有客户（可能定义为一年内有过交易的客户）按照提供利润的多少进行排名，最靠前的 1% 就是顶级客户。

· 大客户——在现有客户的排名中接下来的 4% 就是大客户。

· 中客户——在现有客户的排名中再接下来的 15% 即是中客户。

· 小客户——在现有客户的排名中剩下的 80% 就是小客户。

· 非积极客户——是指那些虽然一年内还没有给你提供利润，但是在过去从你这里购买过产品或服务的客户，他们可能是你未来的客户。

· 潜在客户——是指那些虽然还没有购买你的产品或服务，但是已经和你有过初步接触的客户，比如说，向你征询并索要产品资料的客户。

· 疑虑者——是指那些你虽然有能力为他们提供产品或服务，但是他们还没有与你产生联系的个人或公司。

· 其他——是指那些对你的产品或服务永远没有需求或愿望的个人或公司。

大多数企业都会设立专门的客户管理系统，通过管理系统中的相关数据，销售人员完全可以按照自己的需要对客户进行分析。

◆对自己平时积累的客户信息进行分析

虽然销售人员个人对客户信息的收集和整理十分有限，但是有总强于无，条理清晰、客观充分地掌握客户的相关资料总要比对客户一无所知更有成功的保障。在积累客户信息方面，我们对销售人员提出如下建议：

· 记录自己打出去的每一个电话，以避免不必要的重复工作。

· 尽量在打完电话后明确以下几点：客户的需求、态度以及是否有拜访机会。

· 明确客户的地址，尽可能地将同一地区的客户拜访活动安排在一起，以节省时间和精力。

· 对于每一个拜访过的客户，都要制作一张"客户概况表"，表格中要尽可能地包含客户最充分的信息。

· 最先拜访那些需求量最大的客户和成交意向明显的客户。

· 每天在该做的事情做完后，一定要对相关的客户情况进行梳理：给已经成交的客户写封感谢信、预约明天的关键客户、询问有兴趣的客户是否需要产品资料等。

2. 把精力集中在排名更前的客户

无论通过哪种途径对客户进行分析，那些一直以来和自己进行交易的客户，以及那些有着重大需求、已经表示出一定兴趣的客户，最终都会在销售人员心中留下很深的印象。此时，销售人员应该更关注这些客户目前的需求动态，而不应该面面俱到地把精力分散到那些可能无法为自己创造效益的客户沟通上。

销售人员应该把精力集中在那些在客户信息数据库中排名更前的客户，也就是"二八法则"中经常提到的能够创造80%效益的20%客户。

3. 注意潜在大客户的培育

从客户管理专家提出的"金字塔"模式，以及销售人员个人建立的客户信息资料来看，不难发现，虽然有些客户在一段时期之内没有与自己产生重大交易，但是他们却有着很强烈的产品或服务需求，而他们的这些需求你又有能力满足。这些客户其实就是潜在的大客户，特别值得销售人员注意。

培育潜在大客户需要销售人员付出足够的耐心和努力，千万不可因为一朝一夕的绩效不佳就轻易放弃。有时为了建立长期的合作关系，销售人员不妨在公司允许的范围内为客户提供更周到的服务和更诱人的优惠措施。

有时候，潜在客户没有考虑到你们公司的产品，是由于你没有经常与之保持良好的沟通。如果你想促成这笔交易，最好利用各种关系，如商务活动、私人关系等与具有决策权的客户进行沟通，并且让客户明白，你可以更好地满足他们的某些需求。这样，当他们决定购买此类产品或服务时，自然会首先考虑到你。

如果你与潜在大客户的合作伙伴或者竞争对手等保持友好的合作关系，那这些现有客户对你的评价就是说服潜在大客户的最好武器。而且这还是一个省时省力达成交易的重要捷径！你一定要好好利用这种方式。

【专家点拨】

☀ 从公司数据库、上司、同事和你所有的关系网中调出客户的相关信息，然后对这些信息进行认真分析。

☀ 经常寻找各种理由与那些排名更前的客户保持友好联系。

☀ 不放过需求量较大的潜在大客户，利用耐心培育的方式使他们变成你的重要客户。

☀ 现有的客户不仅为你创造了大量交易额，而且还可以为你今后的推销活动充当最有说服力的广告。

电话营销前需要准备但不要过度

在开展具体的电话营销工作之前，销售人员确实需要进行充分而必要的准备，但是销售人员需要特别注意的是，千万不要让自己所有的时间都浪费在无休止的准备工作上，一旦准备充分就要马上行动。

康先生曾经给山东朱氏药业集团采购部的刘经理打过一次电话，不过那次正逢刘经理工作繁忙，因此，康先生与刘经理的通话还只是开了个头儿便停止了，之后等康先生再打电话给刘经理的时候，由于正逢淡季，客户公司的生产已经基本停止了。最近，康先生通过某种渠道得知，刘经理所在的公司正在扩大生产规模，因此，他们公司需要的原材料一定会大大增加，这对于康先生来说，可真是一个难得的好机会。康先生心想，这一次，自己无论如何要与刘经理面谈一次，否则很可能就会错失这次推广业务的良机。

于是，康先生开始收集各项信息，且同时也准备了大量的相关资料。所需要的信息和资料很快就准备就绪了，现在就等着打电话约见刘经理了，正所谓"万事俱备，只欠东风"。康先生做事历来不拖拖拉拉，就在他准备好相关资料的当天下午，他就打电话给刘经理："您好，刘经理，我是××公司的康××，您大概还没有忘记吧，我在今年的3月给您打过一次电话，当时您正好很忙，所以咱们也没有细谈，听说最近贵公司正在扩大生产规模，我们公司的产品正可以为贵公司的生产提供充足的原材料，相信我们一定会有十分愉快的合作……"接着，康先生听到电话另一端的客户刘经理说："哦，真是不好意思，我今天还是比较忙，而且我们公司一直有比较稳定的合作伙伴……"

听到客户刘经理的话之后，康先生并没有因为刘经理的拒绝而退缩，而是开始用他此前准备好的方法说服刘经理："我知道您是个大忙人，不过您一定不会拒绝质量更有保证的产品，您什么时候有时间，我把资料送到您那里？"

身为销售人员，就应该随时准备主动向客户进行推销。一旦发现了客户的需求，就要迅速出击，如果你只是在头脑中拥有各种各样的想法，而不去勇敢地在实际工作中将这些想法变成现实，那么，无论你头脑中的想法多么完美，无论你掌握的信息多么充足，无论你所准备的资料多么有用，你最后所面临的结果都不会如你想象的那么好，因为纸上谈兵永远不会获得成功。

在现实生活当中，当问及销售业绩一直平平的原因是什么时，一些销售人员就会马上为自己做出解释："我也想要把业绩提升上去啊，可是实际结果总是不如人们想象的那么好。"其实，当对持以这种说法的销售人员进行考察时，不难发现，他们的业绩之所以总是很难提升上去，真正的原因就是他们只是在头脑中拥有提升业绩的想法，可是在实践工作中的表现却非常被动。换一句话来说，这些销售人员头脑中的想法足够积极，可是他们却没有勇气把这些想法一一地付诸实践。所以说，作为一名销售人员来说，在实际工作过程中，不仅要有积极的想法，还要有将积极想法付诸实践的勇气。

还有一些销售人员，虽然他们不仅有积极的想法，而且为了这些想法的实现还做了大量的准备工作，可是一旦时机到了需要他们迅速采取实际行动与客户进行沟通的时候，他们就会以各种理由来延迟自己的行动。这些理由形形色色，诸如"我的那份销售计划还没有完全准备好"（事实上，这份销售计划早在一个月之前就已经着手准备了，而且已经修改了不下10次）；"我想要再经过几次演示再给客户打电话，因为我在介绍产品时仍然有些紧张"（真实的情况是，这些销售人员只要一想到给客户打电话就恐惧无比，他们害怕与客户沟通）……最后的结果呢？最后，等到他们的目标客户早已经与其他竞争对手确立了长久的合作关系以后，这些销售人员还在磨磨蹭蹭地进行所谓的"充分准备"呢！

过度的准备一方面会增加销售人员对于电话营销的恐惧感，另一方面也很有可能会错过最佳通话时机，从而使预期的销售目标遥遥无期。在现实工作中，如果销售人员要将种种积极的想法勇敢地予以实践，就需要注意以下几点：

1. 抓住积极的想法不放，及时予以完善

在日常活动中，当你的头脑中产生某种积极的想法时，不要忽略它们，而要认真地使这些想法变得更加成熟和完善，然后及时将这些想法付诸实践，比如当你想到适当的体育锻炼有助于身体健康时，你不妨马上制订一个锻炼计划，并及时实施。

2. 积极的想法一经完善，迅速实施，不拖泥带水

当头脑中的积极想法已经通过你的认真思考得以完善之时，你就要迅速采取措施加以实践，而不要拖拖拉拉，以免使积极的想法错过眼前的行动时机。即使当时你所处的时机并不合适，也要积极主动地为你的积极想法创造实施的机会，而不要消极地坐等所谓"最佳"时机的来临。你必须清楚：根本就没有所谓的"最佳"时机，对于销售人员来说，坐等"最佳"时机的来临，往往就意味着错失成交的机会！

3. 在实施想法的过程中勇敢面对一切困难

销售人员应该明白一点，无论制订的计划多么完善，无论创造的时机多么成熟，在所进行的每一次销售实践当中，都会存在各种各样的困难。如果在这些困难面前退缩，那么美好的想法就会变成幻影，而之前所付出的各种努力都将白白浪费。因此，在实施任何一种积极想法的过程当中，无论面对怎样的困难，销售人员都要积极勇敢地加以面对，不到走投无路之时，绝对不要轻言放弃。

4. 将自己的准备时间最好放在中午或晚上

在日常的工作时间，比如每天当中的清晨、上午或者下午，这些都是客户的上班时间，在这段时间，销售人员要想找到目标客户一般比较容易，因此销售人员平时一定要注意抓住这些有利时机及时地与客户进行电话沟通。而在中午、晚上或者休息日等时间，一方面，客户的行踪难以确定，销售人员在找客户时会比较困难；另一方面，如果销售人员在这些时间段里打电话给客户，往往会打扰客户的休息和娱乐，这会引起客户的不满，因而不利于彼此之间的友好沟通。

所以，销售人员一定要尽可能地利用客户休息的时间做好自己的准备工作，而且还要尽可能抓紧时间进行准备，一旦到了容易找到目标客户的时间就要赶快拿起电话与客户展开有效的沟通了。

总之，销售人员必须清楚一点，所有准备都是为了使自己在与客户进行电话沟通时表现得更好、更加有效地达到预期的目标。可是，如果始终不去开展切实的电话营销工作，那么即使做了再充分的准备也无济于事。更何况，客户的需求往往是有时效限制的，而竞争对手的行动一直都在切实有效地开展着，如果错过了有效的行动时机，那可能永远不会取得成功。而更令人痛惜的是，其实你是输在了自己手上，输在了无休无止的准备工作上。

【专家点拨】

☀ 如果你想要电话联系客户，如果你想询问客户是否愿意成交，如果你想从已有的客户那里获得更多的客户资源……那么你就及时采取行动吧，不要把那些积极的想法只是停留在头脑的想象当中。

☀ 把一切事宜都准备好，这固然可以降低你在营销实践当中的风险，可是任何事情都没有完全准备妥当的那一刻，如果期待万事俱备后再采取行动，那你与客户之间的合作可能永远都不会有开始。

第二章

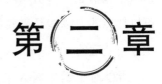

突破"拦路虎"，顺利找到关键负责人

　　企业的前台或秘书人员既是企业与外界沟通的桥梁，又是领导身边的"防火墙"，可以说还是电话销售员面前的"拦路虎"。他们通常具备很强的判断能力，能够随时辨别每个电话的重要性，在长期的工作中也练就了"三板斧"的绝招——"你是谁""你找谁""什么事"。俗话说，擒贼先擒王。电话销售员要想顺利找到关键负责人，就要通过各种途径突破"拦路虎"，以便尽快开展推销工作，加快销售进程。

📞 三种技巧应对前台的婉拒托词

前台和秘书往往是老板、总经理身边的一道"防火墙"，他们的职位看似不高，但在电话销售中，如果与他们的关系处理得较好，往往会成为你找到关键人物的得力助手，关系处理得不好，事情就只能"到此为止"了。

通常，前台和秘书都被多次吩咐过："不要随意透露领导或老板的电话与个人信息。"所以，有电话打进来时，他们首先要判断出哪些电话是可以挂掉的，哪些是需要做记录后再进行回复的，哪些是马上交给老板或领导去处理的。

所以对于销售新人来说，这样的情况很常见：当他把电话打到前台后，开口没讲两句话，对方就会把电话毫不客气地挂掉。因为对方已经从电话销售员的口吻中判断出这是一个销售电话。一旦他们知道对方打电话的目的是为推销东西，那么对不起，不等你把话说完，他们就会不假思索地把电话挂掉。

客气一点儿的前台和秘书会找一些理由婉言谢绝电话销售员的推销，他们最常用的借口就是"老板正在开会，不方便接电话"。许多时候，电话销售员听对方这么一说，明明知道是拒绝的借口，却无计可施，只好鸣金收兵了。

世上哪有那么多碰巧？！面对诸如此类的敷衍之词，电话销售员应该如何处理呢？我们不妨先看看下面这段司空见惯的对话：

电话销售员："您好，请问是大丰收文化吗？"

前台："是的，请问你是哪里？"

电话销售员："我是山东朱氏企业培训集团的王越，麻烦转一下汪经理！"

前台:"汪经理?王先生,请问您有什么事情?"

电话销售员:"是这样的,我们有一份培训计划,我相信可以帮助汪经理有效提升公司的销售业绩,所以想和他当面沟通一下!"

前台:"哦,原来是这样。真不巧,汪经理正在开会,这样吧,你先把大体的情况和我说一下,我回头再向汪经理汇报。"

电话销售员:"好的,那我先给你介绍一下……"

从对话中很容易看出,当前台得知对方是前来推销的,马上便找出一个借口"汪经理正在开会",这其实就是一种委婉的拒绝。可能这位前台不想驳他的面子,想给他一个台阶下,没有直接挂掉电话,而是先让对方阐述一下大体的情况,谎称再由自己转告汪经理。

这位电话销售员"傻"就傻在这里,他没有认识到前台的真实意图,糊里糊涂地就范,中了前台的"圈套"。也许挂了电话还在做着等待回复的美梦呢。殊不知,这样的推销电话前台一天不知要接多少,这种说辞只是他们惯用的拒绝电话销售员的方式之一。

所以,电话销售员在与公司的前台或是老板的秘书打交道时,也要讲究一些技巧。只有让他们觉得这个电话很重要,是必须交给老板去处理的,他们才会把电话转接进去。

电话销售高手惯用以下三种技巧来应对前台"老板正在开会,不方便接电话"的婉拒托词。

1. 突显身份的重要性——"我是×××"

做个换位思考,如果你是前台,突然有一天接到一个电话,对方在电话里理直气壮地说:"我是王总,你们刘总的老朋友,帮我接下他的电话。"那么你还敢怠慢或是提出质问吗?对此,你的第一反应往往是:这是老板的熟人,找老板一定有事。所以,你会乖乖地帮着对方把电话接进去。

这就给电话销售员提供了一种思路:面对前台和秘书时,要学会突显自己的身份,也许你只是个小小的业务员,但是要适当地包装自己,学会给自己封一些头衔,如"某老师""某总""某经理"等。

来看个例子：

电话销售员："转刘总！"

前台："请问您是哪位？"

电话销售员："我是汪老师，他知道的。"

前台："好的，我马上转过去，您稍等。"

请注意，在这一小段对话中，电话打进去之后不需要问"请问是某某公司吗"，也不需要问"请问某某在不在"，而要表现出一种对这里情况非常熟悉的语气，这样才更让人信服。

再看一段对话：

电话销售员："你好，帮忙转一下耗子！"

客户："耗子？谁是耗子？你是谁？"

电话销售员："就是张好，我是他的朋友。"

客户："哦，好的。"

在这段对话里，先称呼要找的人叫耗子，接着在前台询问时直接说出对方的名字，同时语气也很自然，对方想当然地觉得你们之间很熟悉，不多想便会将电话转进去。

再如：

电话销售员："转刘海涛经理！"

前台："请问你是哪位？"

电话销售员："我是她朋友。"

前台："找她有什么事情？"

电话销售员："朋友之间，当然是私事。"

前台："好的，我马上转过去。"

在和前台对话过程中，电话销售员要掌握一定的技巧。至于什么是技巧，比如自我介绍为"王经理""王老师"都是可以接受的，因为作为客户经理本身就是经理的职位，作为见习讲师也是实实在在的老师。比如你直接称呼对方老总的全名，而不是称呼为某总，或者直接说"叫某某听电话"，都是属于可以应用的销售技巧。

2. 强调事情的紧迫性——"我有十万火急的事"

当事情听上去很重要或者很紧急的时候，前台就不敢随意拒绝了，一般会按照对方的要求把电话转接到相关人员那里。因为前台搞不清楚事情的真相，也害怕承担相应的责任，听说事情很紧迫，就只能按照电话销售员的意思行事了。

看一段相关的对话：

电话销售员："您好，请转张晓东，张经理！"

前台："张经理正在开会。对了，请问您是哪位？"

电话销售员："我是山东朱氏药业集团的王华。"

前台："王先生，不知道您找张经理有什么事情？"

电话销售员："想问他关于今天送货的事情，时间很紧，再晚就来不及了。"

前台："好的，我马上给您转过去。"

再来看一段对话：

电话销售员："请转一下杜总！"

前台："杜总？他正在会议室，您找他有什么事情？"

电话销售员："有件事情很紧迫，时间紧，任务量大，想问问他准备得怎么样了。"

前台："好的，您稍等一下。"

当电话销售员表示事情很重要的时候，语气要加重，要表现出几分诚恳，表示事情很紧急的时候，语气也要显得急促。只有做到心口如一，才会让前台信以为真。同时，在表示事情很紧迫时，一定要让所提及的事是前台无法处理的，且必须由老板或是相关负责人出面来处理，这样前台就只能把电话转接到相关人员那里。

3. 直接向对方施压——"这件事情你无法处理"

虽然销售人员提及自己是很重要的人，也提到了有非常紧急的事情要找主要负责人，但是前台却总是打破砂锅问到底，不弄清楚个究竟就是不罢休，这种情形在现实中也屡见不鲜。如果这时电话销售员逢问必答，以一副求人者的姿态对话前台，很可能会被问出破绽。恰当的做法是，在对方问过一两个问题后，态度可以适当地强硬，告诉前台"这件事情你无法处理"，潜台词是：如果你不给转接的话，产生的一些后果由你来承担。

来看一段对话：

电话销售员："请帮忙转接一下徐总！"

前台："徐总？您是哪位？找他有什么事？"

电话销售员："生意上的事，事情很重要！"

前台："他正在开会，什么事方便和我说吗？"

电话销售员："和你说可以，但是你能做得了主吗？"

前台："那您不妨先和我讲一讲，一般的事情我是可以处理的。"

电话销售员："时间紧迫，几百万元的生意在等他拍板，如果你能拍板，我就讲给你！"

前台："哦，那好吧，我帮您转接一下。"

在和前台对话的时候，态度可以强硬一点儿。必要的时候，加大施压力度，电话反而更容易被转接进去。记住：在面对前台质问的时候，如果你彬彬有礼，态度软弱，反而会助长前台的牛气。

举个例子：

小王："您好，帮我找一下高经理。"

前台："你是哪位？"

小王："免贵姓王，是他生意上的一位伙伴，有重要的生意要找他谈。"

前台："哦，王先生，你和高经理有过联系吗？"

小王："没有，第一次。"

前台："是这样，要不你留个电话？等高经理方便的时候让他再跟你联系。"

小王："我现在就想与高经理通话。"

前台："不好意思，高经理正在开会。"

小王："你还是帮我转接一下吧，求你了，事情真的很重要。"

前台："对不起，这件事情我没法帮你办到。"

小王："就一次，一两分钟的事。"

前台："王先生，如果没有别的事，我就挂电话了，还有其他的事情要忙。"

这个案例中，小王在前台的质问下表现得过分软弱，让前台很容易就猜出他可能是做电话推销的。一般来说，在对待诸如电话推销之类的电话，前台都会表现得很强势，甚至会毫不留情，根本不把电话销售员当回事儿。

再来看一个例子：

小孙："您好，帮我转一下王经理。"

前台："你是哪位？"

小孙："免贵姓孙，是王经理的朋友，有重要的事要找他谈。"

前台："哦，孙先生，之前你和王经理有过联系吗？"

小孙："没有。"

前台："是这样，王经理正在开会，孙先生，要不你留个电话？等王经理方便的时候给您回过去。"

小孙："你太不把王经理当回事儿了，怎么能让他给我回电话！王经理没有告诉过你吗？有重要的事要及时汇报。"

前台："不好意思。王经理正在开会，不方便接电话。"

小孙："到时王经理接不接我的电话是他的事，现在转不转就是你的问题了。"

前台："那好吧，我帮您转一下试试。"

对话中，小孙在前台开始发问时，便表现出咄咄逼人的强势，让前台不敢看低自己，摸不清自己的底细。现实的情况也是如此，你越是表现出说话的气场，表现出你的强势，对方越不敢低视你；相反，你越是客气、软弱，对方越会不断地猜忌你。

【专家点拨】

☀ 在面对"老板正在开会，不方便接电话"的婉拒理由时，电话销售员要根据当时的情况，选择针锋相对的方法，把该说的话说到位，让前台或秘书心甘情愿地帮你把电话转接进去。

前台让你把事情告诉他怎么办

电话销售员把电话打到前台,前台人员在了解了对方大体的情况后,如果说"有什么事情讲给我就可以了",那就意味着前台事先得到过上级领导的批示与授权:可以自行处理一些骚扰电话或是销售电话。正因为如此,前台在得知对方是销售人员后态度会变得很强硬。

所以,当有前台人员对你说"有什么事情讲给我就可以了",你千万不可正面回答对方的问题,如果绕不过去,也要注意暗示对方:跟你讲可以,但你要能解决问题才行!

面对这种情况,有以下几种说话技巧范本可供参考:

1."老总特意交代过,这件事必须亲自向他讲"

有些得到领导明确授权的前台,在接听电话时,态度一般较鲜明:业务上的重要电话,会记录下来,态度也礼貌;对于销售电话,如果直接挂断会有损公司形象,所以常用"有什么事先讲给我……"的口吻回应对方,其实,这就等同于在说"我们不需要,你别再白费口舌了"。

作为电话销售员,在前台开口说这句话之前,应该想好应对之策,这样才能在应对时做到自然、贴切,让说出的话听上去很真实。在实战中,如"老总特意交代过,这件事必须要亲自向他说"这种应答方式往往能出奇效。

例如:

电话销售员:"您好,李经理在吗?"

前台:"哪位?找李经理有什么事啊?"

电话销售员:"我是刘主任,有关生意上的事。"

前台:"李经理很忙,现在没有时间,有什么事就先讲给我,方便时我再转告李经理。"

电话销售员："事关机密,李经理特意交代过,这件事必须亲自向他讲。"

前台："那您稍等,我这就帮您转接。"

一句话便解决了一个难题,这就是巧用说话技巧的关键所在。一位不知深浅的电话销售员,很可能在这个问题上使用常规语言技巧,如会说"我必须要向何总说""这是生意上的事,你管不着"等,如此,便会与前台纠缠不清,最终得罪了前台,老总的电话也没法得到。

2. "如果你能做主,讲给你当然没问题"

在一些杂七杂八的小事上,即使前台自作主张,也不至于铸成大错,这一点前台也心知肚明,但是在一些重要的事情上,就需要思量再三了。试想,当你把电话打到前台,人家问你:"有什么事?"你说:"我给张经理发了一个快递,不知收到了没有?"那么前台很容易答复你"收到"或是"没有收到",那么接下来你再去绕着弯子索取张经理的电话就会显得很牵强。

所以,聪明的人一般不这么做。可以为前台设一道他做不了主的"难题",从而"迫使"前台不得不把电话转给你要找的人。

看一则对话:

电话销售员:"是山东朱氏药业集团吗?"

前台:"是的,您好,请问有什么可以帮助您?"

电话销售员:"麻烦转一下朱总经理。"

前台:"不知道您找朱总经理有什么事情?"

电话销售员:"事情很重要。"

前台:"什么重要的事情?"

电话销售员:"这件事情要由他本人处理才行。"

前台:"您不妨先和我讲一下,如果真的很重要,我再帮您转过去。"

电话销售员:"当然可以,有笔价值50万元的生意等着他签字呢。"

前台:"哦,好的,我马上给您转过去!"

可见这位电话销售员的说话技巧很高明，他并没有回避前台的问题，而是迎难而上，抛出了一个让前台想都不敢想的问题，前台自然知难而退且心服口服。

3."这是一个技术问题，没你想得那么简单"

一般的前台对之前介绍的两招都会有所防范，运用得不好就会露出马脚，为了确保成功率，电话销售员有必要掌握一种硬方法，这种硬方法就是打技术牌。或发挥自己的专业优势，或研究某一领域的现状与前景，或学习一些深奥的学术用语……总之，一张口就要让人觉得：此人是专业人士，或是学者，或是专家，而不是想象中的销售员——口若悬河，句句不离推销术语。

一旦掌握了这一点，那么应付起前台来就会自如许多。

看一段对话：

电话销售员："您好，叫你们的杨经理接个电话。"

前台："您是？"

电话销售员："我姓牛，叫我小牛吧。"

前台："您好，杨经理不在，有什么事先和我说吧。"

电话销售员："也好，不知怎么称呼您。"

前台："我叫小丽。"

电话销售员："小丽您好，上次和你们杨经理谈过了，这次就网络的数据传输……控制线程……主机频率……"

前台："不好意思。我不是很理解您说的话，要不这样吧，您稍后打过来？"

电话销售员："为什么？"

前台："杨经理正在休息，15分钟后，您再打过来。"

电话销售员："好的。"

其实，电话销售员自己也未必了解那些专业术语，但是只要讲出来就会让前台产生压力，因为他根本不懂你在说什么，至于你说得是对是错，他更是一头雾水。如此一来，你就可以大大方方地要求他帮你转接电话，如果确实能转，他也找不到合适的借口来拒绝你。

【专家点拨】

💡 许多时候，虽然前台得到授权，但毕竟前台或者秘书不可以打探一些关键事情，比如关系到财务、税务方面的问题，他们只是简单地判断你找某某是不是真的有重要事情，仅此而已。所以，这就给了电话销售员充分施展说话技巧的空间，只要说话技巧到位，前台或秘书就会按照你的"旨意"热情地把电话转给你要找的人。

如何让前台不得不转接你的电话

当前台问"你找 ×× 有什么事"的时候，通常电话销售员会说："我们公司推出了一款新产品，可以在某些方面帮助到贵公司。"前台会很干脆地表示"×× 正好在开会"或者"正好不在"，或者"你先给我讲一讲"，或者"你发一封邮件过来"，等等。究其原因，这和前台每天会接到无数类似的推销电话是有关系的，他们已经养成了一种听到推销电话就准备挂掉电话的条件反射应对模式。因此，除非情况特殊，建议电话销售员说话不要太直接。

这时，需要给前台一个明确的答复，即让前台清楚：这个电话不得不转接，且在这件事情上前台问得再多也没有用。那么该如何回答前台的这个问题，才能达到预期的效果呢？

1."有私事要谈"

碍于面子，即使对别人的私事再感兴趣，人们在别人谈及个人隐私问题时也会做出回避，这是人之常情。在电话销售中，电话销售员也要利用好前台的这种心理。当被问及"你找 ×× 有什么事"时，不妨说"我找 ×× 谈一点点私事"。这样对方就不便过问，从而跳过这个问题。

电话销售员："您好，帮我找一下任总。"

前台："您好，您是哪位？"

电话销售员："我是刘佳，任总的好朋友。"

前台："您找任总有什么事吗？"

电话销售员："哦，有一些私事要谈。"

前台："哦，是这样，您稍等。"

这样的例子在电话销售中很常见，但是当这个方法用得多了也会露出破绽。比如，你经常给一个公司的老总打电话，每次都说"找 ×× 有点私事要谈"，不免就会让前台怀疑：既然有私事要谈，为什么一定要上班时间打来？况且，既然能谈私事，关系就不一般，可为什么你没有老总的电话呢？

且看一个案例：

电话销售员："您好，转接一下赵主任。"

前台："你是谁？什么事？"

电话销售员："我是他的朋友，小牛，有些私事要谈。"（换了称谓）

前台："哦，声音好熟悉，你不是之前打过几次电话吗？"（心想：找哪个领导都有私事要谈，很邪门！）

电话销售员："找赵主任还是第一次。"

前台："你不是他的朋友吗？怎么能没有他的电话？"

电话销售员："这不是手机丢了嘛。"

前台："你三番五次地打来电话，不会是做销售的吧？"

电话销售员："呵呵，瞧你把人想的。"

前台："还想骗我！"（挂机）

可见，即使这招儿再灵，也不能逢问必用。如果对要找的人不是很了解，或是一点儿都不了解，使用这招儿的风险就较大，如前台顺势问你几句，你可能就答不上来了。只有当你非常熟悉要找的人时，才可以适当使用这种方式回答。

2．"之前约好的一件事"

说自己之前已与 ×× 有约定，也可以在一定程度上消除前台的疑问。在前台看来，你们早已认识，并且一定是有重要的事要谈，所以没有必要从中阻拦，以免对客人造成不尊重。

电话销售员："您好，帮我找一下刘科长。"

前台："您是哪位？找刘科长有什么事？"

电话销售员："哦，我是小王，之前与刘科长有一件约好的事要谈。"

前台："那您稍等一下。"

当然，这样的回答也是有风险的，当前台不信任你，并且要验明正身后才肯为你转接相关的电话时，事情就不好办了。

比如：

电话销售员："您好，帮我找一下刘科长。"

前台："您是哪位？找刘科长有什么事？"

电话销售员："哦。我是小王，之前与刘科长有一件约好的事要谈。"

前台："你的全名是什么，我找刘科长确认下再回复你。"

电话销售员："呵呵，称呼我小王就可以了。"

前台："对不起先生，单位有规定，我不能随便转接领导的电话。"（似乎看出了问题）

电话销售员：……

可见，有时这招儿也未必能蒙混过关。遇到较谨慎的前台，这种回答方式就要慎用，若是碰到要找的人就在前台或是秘书身边，那岂不是直接撞在枪口上了。这时即便你要找的人接起你的电话，也不会有好态度，更不要期望他会给你时间介绍你的产品了。

3．"财务方面的事"

任何公司或单位中掌握财务的人往往都是老总或是领导最信任的人，且与掌管财务的人联系较紧密的人，往往都不是普通的人，要么是重要客户，要么是各级主管领导。前台也深知这个部门的特殊性。所以，在他问起"你找××有什么事"时，用"有财务方面的事要谈"来回应，偶尔可以起到不错的效果。

电话销售员："您好，找一下贺经理。"

前台："您找贺经理有什么事吗？"

电话销售员："上次关于一些财务方面的事还没有谈妥，今天约好要详细谈一谈。"

前台："那您稍等，我帮您转接一下。"

使用这种方法要注意一点，那就是这个要找的人一定要与财务部有关，或者懂财务，不过，一般能够负责的人多少都对财务有所了解。

4．"专业方面的事"

前台一般掌握的专业知识较少，与他们谈一些专业性较强的问题，一方面可以打消他们继续盘问的兴趣，另一方面使其不敢轻视你。比如，当他提出"你找 ×× 有什么事"时，借机和他说"找 ×× 有些专业方面的问题要谈"，一听是专业问题，说不定他会就此放过你。

电话销售员："您好，请找一下李经理。"

前台："您是哪位？找他有什么事吗？"

电话销售员："我是山东朱氏药业集团的小丰，找李经理有些专业问题要谈。"

前台："那您稍等一下。"

有些时候，以谈专业问题为由反而会坏了事情，这是因为你和非业内人交谈的时候，往往会有种说不清道不明的感觉，且对方也很反感你这种卖弄的样子，两个人说不到一块儿去，自然就不会为你转接电话。

请看下面的例子：

电话销售员："喂，您好！"

前台："喂！什么事啊？"

电话销售员："我想找一下你们总经理！"

前台："总经理！总经理今天没有来，什么事？"

电话销售员："有些专业方面的问题想找他谈谈。"

前台："我们公司谈不上专业不专业的，你先说来听听。"

电话销售员："是关于网站设计与网络布控的事。"

前台："我们公司的电脑能上网啊，好用着呢。"

电话销售员："相信你不太了解这个，我还是找你们老总直接谈吧。"

前台："不就是个网站吗，我们这儿不要，你还是找其他单位吧。"

电话销售员："我们的价格很优惠的，且保证免费升级……"

前台："那你给老总直接打电话呗。"（说完，挂断电话）

案例中的情形对于刚刚加入到电话销售业务中的人来说，可能会经常碰到。但是，如果我们先设法找到网络部的负责人，然后再从专业人员口中寻找与决策人联系的方法就不会出现上述情况了。

【专家点拨】

☀ 在面对"你找××有什么事情"时，因前台不同，涉及的具体问题不同，应采取不同的回答方式。不管怎么说，都要切忌说出自己是来推销商品的，否则即使拐弯抹角地与前台绕圈子，浪费了大量时间也很难撬开前台的嘴。

巧借前台帮助你顺利"渡河"

在打销售电话时,有些时候目的不是很明确。比如,你想探询某个公司对某种产品或是服务是否有采购意向,在既不知道该公司负责人的姓名,又不知道该负责人的电话时,就需要把电话打到前台,通过前台来找到关键负责人,这种情况下更应该注重说话的技巧与方法。

如果方法和技巧正确,前台或秘书人员不但不会成为前进的障碍,相反,他们会帮助你顺利"渡河"。下面总结了一些说话技巧高手惯用的通过前台巧"挖"关键负责人的说话技巧。

1. 歪打正着:试错法找出机会

在电话销售员不知道谁是关键负责人时,可以试着错报一个人名,引导前台给出真正的关键负责人的姓名。这样的例子在电话销售中很常见,如:

电话销售员:"您好,我是山东朱氏药业集团的,帮我接一下营销部的王总。"

前台:"王总?我们这里没有姓王的经理呀。"

电话销售员:"不会错的。就是市场营销部的王总。"

前台:"一定是你搞错了,负责营销部门的是赵经理。"

电话销售员:"我怎么会记错呢?不管这些……"

电话销售员本来就报了一个错误的名字,对方一旦纠正,便会无意中把正确的信息泄露了。

2. 热情求助:谦虚礼貌问出机会

人们往往都乐于帮助别人,并希望从帮助别人的过程中,让人感受到自己的重要性,前台或者秘书也不例外。因而,电话销售员可以用诚恳的态度请求帮忙，既满足前台或者秘书上述的心理需求，又能借此挖到关键负责人。

秘书："您好，××公司，有什么需要帮忙的吗？"

电话销售员："您好，我是山东朱氏药业集团的××，有件事情需要您的帮助，我先谢谢您！"

秘书："您说吧，什么事？"

电话销售员："麻烦您给我接通总经理办公室，我有一件很重要的事情需要和总经理沟通。请务必帮忙！"

秘书："好的，请稍等！"

3. 赞美有方：真诚沟通夸出机会

电话销售员的真诚赞美能够给前台或者秘书送去一份好心情，并能就此赢得他们的好感，有利于双方营造良好的沟通氛围，并为获得他们的帮助创造条件。但要注意：赞美时语言要适当，尤其是对于不太熟悉的前台或秘书人员。

前台："您好，××公司，请问有什么事吗？"

电话销售员："您好，麻烦您给找一下李总，谢谢！"

前台："请问您怎么称呼？"

电话销售员："我是山东朱氏药业集团市场部的陈乐，您可以叫我乐乐。您贵姓？"

前台："我姓王！李总不在！"

电话销售员："王小姐你好，你的声音真好听。听声音就知道你是一位端庄大方又有气质的美女。"

客户："谢谢！过奖了。"

电话销售员："王小姐，我也做过文秘工作，很了解您的心情，也懂得这份工作的艰辛。我那时也曾经转接过一些无关的推销电话，遭到过领导批评。其实您多虑了，我要和你们李总谈的内容，他一定会感兴趣的。"

客户："很感谢您的理解，可是我们李总现在真的不在。他下午4点才回公司呢，那时您再打过来吧，我一定给你转过去。"

电话销售员："好的，太谢谢了，咱们下午再聊！"

客户："再见！"

这名电话销售员赞美秘书称职和声音好听，使对方放松了心情，又站在对方的角度体谅其不给自己转电话，尊重了对方的工作，进而获得了对方的好感。之后，对方也以诚相待，从而达到了良好的沟通效果。

4. 寻找理由：找到突破口赢得机会

想要让前台或者秘书转接电话，需要有充分的理由，否则，他们只会把电话销售员的来电当作不相关的推销电话予以拒绝。

电话销售员："您好，是山东朱氏药业集团吗？"

前台："是的，请问您有什么事吗？"

电话销售员："我是××公司市场部小黄，应贵公司李总的要求，前几天给贵公司寄了一批我们的会展资料，李总说今天会给我们一个反馈，请您给转接一下，好吗？"

前台："你说的是灯饰产品展览会吗？"

电话销售员："对。麻烦您给转接一下！"

前台："好的，稍等！"

只要细心归纳就会发现许多合适的理由，如：熟人引荐、和关键负责人认识、通话对负责人事关重大等。

5. 乔装打扮：巧用身份创造机会

一般情况下，前台或者秘书对待不同身份的来电者的态度是不同的，电话销售员可利用他们的这种态度和心理，就自己的身份进行"乔装打扮"，争取到前台或者秘书的合作。

（1）利用好"老相熟"。向前台或者秘书表现出自己和关键负责人认识，以上司熟人的身份找到关键负责人。

电话销售员："给我转接一下老杨！"

前台："你说哪个老杨？"

电话销售员："就是你们人事部杨经理！"

前台："请问您是哪位，有什么事情吗？"

电话销售员："我们好长时间没联系了，有点事情想聊聊，你直接给我接过去就行了！"

前台："好的，请稍等！"

这名电话销售员在言语中透露出自己和人事部经理是熟人这条信息，前台对上司的熟人自然不敢怠慢，所以不加多想，赶紧就把电话给接了过去。

（2）保留神秘感。对自己的身份秘而不宣，这种神秘感更能给前台或者秘书制造心理压力，使其为电话销售员"服务"。

电话销售员："我有急事，马上给我转接李经理电话！"

秘书："请问您是哪位，有什么事吗？"

电话销售员："我没那么多时间和你闲聊，给我接李经理电话！"

秘书："您到底有什么事？"

电话销售员："我说，给我接李经理电话！"

秘书："您稍等，马上给您接过去！"

这段对话中，该电话销售员一开始就表现出"趾高气扬"的强硬态度，给前台造成了很大的心理压力。再加上应答前台时所表现出来的气势咄咄逼人，使前台完全处于心理弱势，这让前台觉得对方一定大有来头，得罪不起。在这种情形下，前台只能接受电话销售员的要求为其转接电话。

6. 厚颜"无耻"：持之以恒赢得机会

坚持能体现出一个人的恒心和诚心，如果电话销售员能够做到这点，那么前台或者秘书很有可能会被你的这种精神所感动，进而主动帮助你。

电话销售员："您好，我是山东朱氏药业集团的，请给我转接黄总！"

前台："怎么又是你？我说过了，他不在！"

（前台很快挂机，电话销售员过了一会儿又打过去。）

电话销售员："您好，您还是给我接过去吧，要不我还得继续打下去，多浪费您的时间啊。再说了，我要谈的东西你们老总肯定会感兴趣的！"

客户："你这个人还挺有韧劲的，看在你这么真诚的分儿上，我就给你转过去！只一次啊。"

【专家点拨】

💡 不论采用哪种说话技巧，电话销售员都要注意一点，那就是要尊重前台或是秘书的工作，他们做好本职工作也不容易，只要带着理解与尊重，再结合必要的说话技巧就一定可以拉近彼此间的距离，清除他们设置的各种"路障"。

提供拒绝的便利只会很"受伤"

正所谓"可怜之人自有可悲之处"，有些电话销售员工作不可谓不卖力，态度不可谓不热情，但是却常常在前台与秘书面前很"受伤"，不是被拒绝得灰头土脸，就是好话说尽却换来一句"下次再说吧"。他们的郁闷很少有人能够体会，他们的烦恼很少有人能够理解。其实，说到底问题还是出在自己身上，是因为自己为前台或秘书提供了拒绝上的方便。

归纳起来可以发现，缺少实战经验的电话销售员常会为前台或是秘书提供如下几种拒绝上的方便：

1. 诱导对方说出"不需要"

有些电话销售员不善于牵引前台的思路，而只会惯性地引导对方做出否定的回答。也就是说，电话销售员总是会给前台留出两个选项："行"或"不行"，就像猜一个硬币的正反面，一次、两次可以猜对，但总有一次会猜错。如果把电话销售员比作出题者，前台就像是一个猜谜者，只要有一次"猜"错，那么通话就会到此为止。

电话销售员："您好，请问是××公司吗？"

前台："是的，请问你是哪里？"

电话销售员："是这样的，我是山东朱氏药业集团的，我想找一下李总。"

前台："李总不在，请问你们是做什么的？"

电话销售员："我们是全国销量最大的贴膏生产企业，主营产品包括妇科、儿科、风湿骨病等贴敷类产品，年生产能力达8亿片以上。"

前台："我们暂时不需要……"（挂断电话）

没说两句话就被挂了电话，可谓失败得一塌糊涂。下面我们来分析一下其失败的原因，也就是说，电话销售员是如何为前台提供拒绝上的便利，诱导其说出"不需要"的。

首先，电话销售员不够自信，说话太过客气，让对方很容易听出：这个人一定是第一次打来电话，所以挂掉电话时也就不会考虑对方的面子问题。

其次，在没有找到关键负责人时就开始谈论产品问题，推销的意味太浓，让人立刻意识到，这是一个销售电话，自然也就拒你没商量。

最后，在通话中电话销售员始终处于被动地位，始终被对方控制着话语主动权，在对方刚试探性地问了一个问题："你们是做什么的？"电话销售员便如实相告。

2. 没有表示理解或感谢

有些前台是很敬业的，同时出于职业习惯，他们拿起电话一般会例行程式般地提几个问题，诸如"你是谁""你找谁""什么事"等。当他们了解了相关的情况并为来电者提供相应的服务，或提出一些质疑时，却很少能够得到对方的理解与信任。时间久了，他们就只把接电话视为一项工作，而很少会与人进行情感上的沟通，所以他们的态度往往是不冷不热的，遇有不礼貌或是粗鲁的人打进电话，他们首先想到的便是尽快结束这次通话。

作为电话销售员一定要了解前台的这种心理，即使他们的态度再冷淡，也要表示出自己的理解与尊重之情。

看下面一则对话：

电话销售员："您好，请问是高迪公司吗？"

前台："是的，什么事？"

电话销售员："帮我转一下秦总。"

前台："你哪个公司的？"

电话销售员："我是山东朱氏药业集团的，找你们秦总有点儿事情。"

前台："秦总出差了，有什么事可以先跟我说，到时候我再转告给他。"

电话销售员："我觉得还是亲自告诉他比较好。"

前台："那你改天再打吧！"（挂断电话）

在电话销售中，这样的失败司空见惯。从这段对话中，我们很容易感受到前台的态度发生变化，在电话销售员说出"我觉得还是亲自告诉他比较好"时，前台顿时会产生一种不被信任、不被尊重与理解，甚至被人藐视的心理，一气之下他当然会选择挂掉电话。

这里要指出的是，电话销售员还犯了以下几个错误：①当前台说"到时候我再转告给他"时，没有表示感谢与理解；②没有关注对前台的称呼，只把对方当作"佣人"来对待；③没有约定再次打电话的时间；④没有说明自己的情况，如姓名、职位等。

也可以说是电话销售员的错误在前，才诱导了前台更迅速地挂掉电话。

3．对方说啥就是啥

电话销售中，电话销售员与前台其实也是一种博弈关系。许多时候，老板、经理人之所以要安排前台与秘书，除了让他们帮助自己跑腿办事外，还有一项重要的安排，就是让他们帮助自己过滤某些电话。

所以，经常在前台与秘书岗位上摸爬滚打的人，他们对电话销售员的心理和某些做法往往分析得很透，也知道该如何应对这些销售人员。如果你不小心落在这些前台或是秘书手里，说话就更要谨慎了。

举个例子：

电话销售员："您好，请问是大华实业公司吗？"

秘书："是的，请问有什么事？"

电话销售员："是这样的，我是山东朱氏企业培训集团的婷婷，我想找一下你们人事部的经理。"

秘书："是关于哪方面的事情呢？"

电话销售员："培训方面的。"

秘书："这样吧，你先发个传真过来，到时我会交给相关负责人的。"

电话销售员："我觉得还是跟他通个电话比较好，请帮我转一下好吗？"

秘书："我们公司有规定的，我也没有办法帮你，如果你觉得方便就发传真吧，我们有需要的话会主动联系你的。"

电话销售员："好吧。"

可以肯定地说，即使把传真发过去也不一定会有机会获得回音。这是前台或是秘书惯用的手法。但话又说回来，对方为什么能把电话销售员"逼"到这种地步，主要还是因为电话销售员给了对方这样的机会，也就是说，电话销售员犯了如下几个错误：①过早地暴露了目的；②没有问具体的传真号与负责人的姓名；③对方问什么答什么；④态度不够坚决，说话较客气，有一种"打扰"对方的心理。

4.主动打退堂鼓

有人说电话销售员的脸皮一定要厚，虽有一定的道理，但也不尽然，更多的还是要讲究实战技巧。若碰到难啃的骨头，不等对方发难就主动退出，自然不会获得预期的效果。越是在这个时候越要有意识地与对方博弈，这样才能显出你说话的功力。否则，主动打退堂鼓，对方自然会拒你没商量。

电话销售员："请问是佳诚公司吗？"

前台："请问您是哪里？"

电话销售员："我是山东朱氏企业培训集团的优优，请问王总在吗？"

前台："请问有什么事吗？"

电话销售员："我跟王总打过电话的。"

前台："王总出差了，有什么事情你可以跟我说，我是他秘书。"

电话销售员："那他什么时候回来呢？"

前台："很难说。"

电话销售员："请问您方便告诉我他的手机号吗？"

客户："不太方便，要不然这样吧，把你的电话留给我，到时候我让王总回给你好吗？"

电话销售员："136……"

前台："好的，到时候王总会与你联系。"

等王总的电话？快别做美梦了！与其说这是一种承诺，不如说是一种礼貌的拒绝。综观这个对话，电话销售员句句碰壁，每次碰壁后又会找一个新问题出来，接着还是会碰壁，这样几次下来后，从他的话语中能够明显地感觉到自信心越来越不足，最后只能将就着有个体面的收场——对方要了他的电话（不一定记下）并答应让王总给他回过去。

分析其失败的原因，主要有以下几种：①没有询问秘书姓甚名谁；②让对方清楚地意识到自己与对方的负责人关系不熟；③匆忙留下电话号码没有实际意义。

【专家点拨】

以上是4种常见的容易给前台提供拒绝借口的通话方式。在实际操作中，要尽可能让前台做出较利于你的回答，而不要为前台接下来的拒绝提供便利。其中的方式与技巧不同，带来的效果也就不同。

📞 反客为主巧妙应对难缠的前台

我们先来看一则小故事：

从前，有个国王举行大考招驸马，考什么呢？没人知道。招亲这天，全国上下的单身男子都来了。他们进到王宫一看，嚯！好家伙，宫女们在宫墙下站成一排。这就是国王出的题目——谁能把公主从里面认出来，谁就是驸马。谁也没见过公主，怎么认？应试的人都傻眼了。其中有个年轻人想了想，马上就有了主意。只听他高喊一声："我认出来了，公主头上有只凤。"听他这么一说，和公主站在一起的宫女们都扭头往公主头上看，哪里有凤呢？

就在这一瞬间，年轻人知道谁是公主了。

办法总比问题多，只要方法正确就没有解不开的难题。在这个故事中，年轻人的聪明之处就在于，他知道在自己说出那句话时人们下意识的反应是什么。也就是说，他的话能让人们表现出自己下意识的一面。正因为如此，那些宫女才没有"扰乱"年轻人的视线。

在电话销售中，前台同样会给电话销售员设置许多障碍，如果电话销售员精通反客为主的说话技巧，善于应对一些难缠的问题，那么他们就会成为自己的向导。

在面对一些难缠的前台时，以下几种反客为主的说话技巧很值得参考。

1. 把问题抛在前面

发问，是电话销售中反客为主的重要方式之一。问得巧问得妙，不但可以把前台原本想提给你的问题挡回去，而且会使你化被动为主动，轻松化解一些难缠的局面。

（1）连续式发问

通过向前台连续提问，不但可以强化说话的力度，也可以在潜移默化中引导对方的思路，这样在一些细节问题上前台就无暇再与你进行纠缠了。举个例子：

电话销售员："您好，我这里记录的电话是87654……等一下，分机号是123，请问这是不是老总的办公室呀？"

前台："不是，那是刘经理的办公室。"

电话销售员："哦。怎么和老总的分机号一样啊？"

前台："一定是你记错了，老总的是321。"

电话销售员："对了。不知该怎么称呼你们老总？比如，是叫李经理好，还是叫李总好，或是称其名字？要不打过去时称呼不对，也不合适呀。"

前台："呵呵，我们领导姓常，当然应叫常总了。"

电话销售员："哦，我知道姓常的，谢谢你的提醒哦。"（其实他根本不知道）

前台："不客气。"

在这个对话中，电话销售员一开始就采用试探性的方式连续发问，没有给前台提问的机会，反而轻松地获取了领导的电话。所以，连续式发问的最大优点就是可以做到以假乱真，形成一种语言上的攻势，让对方在忙于应付的过程中把事情的真相透露出来。

（2）暗示式发问

这种问话的意图虽明显，但是表现得较自然，不容易引起对方的怀疑。在提出一个问题时，可能会给对方某种暗示，比如，"我与你们老板关系不一般"，"在业务上有要紧的事要处理"等，也就是说，要让对方意识到自己很有来头，且对方没有理由拒绝。对电话销售高手来说，他们对前台有大体的了解后，经常会使用这种暗示式发问来提升自己说话的可信度。

来看下面的一段对话：

电话销售员："我这里有一个快件要寄给王经理，王姓太多，担心直接写'王经理'会发生错收，所以，请您告诉一下王经理的全名？"

前台："我们这里有两个王经理，你说的是哪个王经理？"

电话销售员："事业部的，看来我的担心还是有道理的呀。"

前台："呵呵，那就是王小点了。"

电话销售员："真是感谢您。"

这是一种典型的暗示式发问，如果直接问"你们事业部的王经理叫什么名字"，就很容易引起对方的防范心理，因为在他回答你的问题前，总是要考虑一下是否方便透露王经理的姓名。如此一来，问题就比较难办了。

像对话中的那位电话销售员，采用暗示式提问不但显得得体自然，且会给对方这样一种暗示：对方与王经理认识，或有业务上的往来。这样他就会觉得于情于理都应该如实相告了。

（3）臆造式发问

所谓臆造式发问，就是指要摆脱推销电话一贯的腔调，设计一些特殊的情节或制造一些偶然性，把对方的注意力吸引到问题本身，而不是去考虑打来的电话是不是销售电话。

如下面这段对话就运用了臆造式发问技巧：

电话销售员："我是山东朱氏药业集团的，上午我们经理让我把一些文件传给你们老总，真不巧，我不小心把纸条弄丢了……上面有你们老总的名字与联系方式，请您帮个忙，能否再告诉我一下。"

前台："哦，是这样啊。我们老总姓曹，电话是010888……"

电话销售员："这个我知道，最好告诉我他的全名。"

前台："全名叫曹小双。"

电话销售员："谢谢。"

前台："不客气。"

这位电话销售员表现得就很聪明，他开始说的那段话透露给对方的意思很明确：我与你们老总有业务往来，并且现在有要紧的事要与他联系。前台一听他的话，也觉得事情合情合理，于情于理都应该把真实的信息告诉给他，而不会把注意力集中在其是否是电话销售员的方面。

2. 巧说善意的谎言

在一般人的印象里，销售员都是能说会道的，善把黑说成白，所以他们的话可信度往往较低，如果是电话销售员，不见其人，只闻其声，那么可信度就更低了。正是基于这一点，获得客户的信任对电话销售员来说非常重要。有时，一些电话销售员为了让客户相信自己，经常用一个谎言去掩盖另一个谎言，最终不攻自破，满盘皆输。

这种做法是不可取的。在诚实无欺的基础上，电话销售员不是不能说一点儿谎言，在面对难缠的前台时，可以说谎言，但一定是善意的，是不损人的。

举个例子：

前台："怎么又是你？"

电话销售员："我也不想三番五次地麻烦你，不好意思，刚接到你们张经理的电话，上次的事他让我与老总商量一下再给他回复，我这不着急嘛。"

前台："那你打老总的手机吧。"

电话销售员："要是能打的话我早就打了，他的手机关机了，我着急啊。"

前台："是这样，那你稍等。"（转接电话）

不会说谎言就算不上合格的电话销售员，这位电话销售员的谎话说得可谓天衣无缝，让前台难辨真假，又听对方说事情很急，自然怠慢不得，还是趁早给转接过去为好。

运用善意的谎言虽然可以轻松地得到自己想要的信息，但这种方法不适宜常用，最好在遇到较难缠的前台时偶尔使用一下，否则，一开始就编故事，几次下来后就会给人一种谎话连篇的感觉，若是那样，即使说句真话也没有人敢相信了。

3. 灵活运用"三点论"

所有问题的答案，都可以概括为"是""不是""不非不是"三种。

如果我们把这三种结果都考虑进去，那么在回答一些问题时就可以做到无懈可击了。

我们先来看这样一则小故事：

传说创世之初，宇宙间有三个神：天使、魔鬼和佛祖。当时，人类总是感觉生活在恐惧之中，于是问神怎么才能摆脱恐惧。

天使说："作恶会使你们泯灭良知，所以不要作恶。"

魔鬼说："行善会使你们失去利益，所以不要行善。"

问到佛祖的时候，佛祖说："无挂碍，故无恐惧。"

"无挂碍，故无恐惧"，意为人类无牵无挂就什么也不怕了，所以人们就开始信佛了。可见，佛祖的回答更有水平，而天使和魔鬼的回答就很片面，缺乏说服力。

在应对难缠的前台时，电话销售员可以适当运用这种说话技巧，让自己所说的话表现出一定的哲理性与智慧，从而增强说服力。

举个例子：

电话销售员："您好，我是××经济学会的，有一些内部消息我们要跟张总核实一下，他的电话是……"

前台："不会又是销售吧？"

电话销售员："如果您这么想，您可以挂机，但后果您来承担。"

前台："那您说吧，什么事，我代您向张总转达就是了。"

电话销售员："当然，我可以告诉您，但是我想还是亲自跟张总说比较好。因为告诉您之后有三种结果：第一，我违反了学会里的纪律，办事不力；第二，您因为知道了一些未被证实的内部消息容易被领导误会；第三，有些专业性的东西您没有办法准确转述。"

前台："那还是您亲自说吧。"

这样的回答，可谓是滴水不漏，并有严密的逻辑性，前台会因无言以对而痛快地告知老总的电话。

【专家点拨】

💡 在面对难缠的前台时，电话销售员要克服程式化、千篇一律的通病，应掌握更多的语言技巧与销售说话技巧。这样才可以化问题于无形，避免一些不必要的纠缠，让前台准确快速地把电话转接到你要找的人那里。

第三章

开场不平淡，一张嘴就"黏住"对方

开场白就像一本书的书名，或是报纸的头版标题，它是最具吸引力并能引起人们好奇心的招牌。如果在最初通话的十几秒内，你能够把话说得娓娓动听，感染力十足，那你接下来的交谈与销售就会变得轻松、愉快；反之，如果你的语言索然无味，满嘴生意人的口气，就只会迫使对方尽早结束通话。也就是说，打动客户的开场白不需要10分钟，而只需要10秒就足够了。

📞 巧报自己的职务引起客户的兴趣

匆匆十几秒的自我介绍，是电话销售能否继续下去的关键。可以说，是否能在简短的自我介绍中赢得客户的好感，直接关系到此次电话销售的成败。失败的自我介绍使销售无法展开，而与众不同的自我介绍，则很有可能让你找到与客户的契合点，进而顺利地进入下一个推销环节。

电话销售员："您好，是张先生吗？"

客户："是，您是哪位？"

电话销售员："我是××保险公司的销售员，请问您想买保险吗？"

客户："我不需要，你们是怎么得到我的电话的，不要再骚扰我了，小心我投诉你们！"

下面再看另一个情景：

客户："您好，请问哪位？"

电话销售员："您好，张先生，我是××保险公司的理财顾问。我有一些投资方面的问题想向您咨询一下，能耽误您几分钟时间吗？"

客户："您有什么问题呢？"

第一个情景中的电话销售员把自己的职务报得很"实在"，没注意到不期而至的电话销售普遍受到人们排斥的这一现实情况，结果吃了闭门羹。而第二个情景中的电话销售员则巧妙地报出了自己的职务，因为他深谙"销售员"和"理财顾问"这两个称呼给客户造成的心理感受是不一样的。"理财顾问"这一职务称谓更加专业，与之交流的客户也会觉得更受尊重，这种情况下展开的电话销售也更容易成功。

1. 自我介绍要力求简洁

电话销售员在向客户报出自己的身份时，应力求简洁，避免为求新意而令你的说辞变得繁杂冗长，甚至将过多的时间浪费在不必要的细枝末节上，导致本末倒置。

2. 巧报职务，赢得客户好感

在电话销售中，贸然表明"我是销售员"很容易引起客户的抵触情绪。因为"销售员"的称谓近于"卖"东西的称谓，而换一种称呼则可以让销售人员摆出以专家身份"指导"客户或者向客户"咨询"的姿态。

这样一来，就会降低客户的防卫心理，从而在不知不觉中展开推销工作。从事保险、证券业的电话销售员一般称自己为"理财顾问"，会展销售人员则称自己为"会展策划师"，而其他行业常用的称谓则是"客户经理"或"客户代表"，正是基于这种考虑。

【专家点拨】

☀ 一般来说，电话销售员给客户打通电话时要先亮明身份，告诉客户你是谁，是做什么的。但如果只是毫无新意地表明"我是××公司的电话销售员××"，绝大多种情况都会引起客户的反感而遭到拒绝。因此，巧报自己的职务，称呼自己为"客户经理""理财顾问"等，更容易引起客户的兴趣。

借助第三者这座便于沟通的桥梁

电话销售员："刘总，早上好！"

客户："哪位？"

电话销售员："我是山东朱氏药业集团的李双，是××的朋友，是他特意介绍您给我认识的。××一直对我说您是他非常敬佩的人，您可以说是贴膏贴剂方面的权威人士啦。他还特别叮嘱我，在给您打电话时，一定要先向您致敬！"

客户："客气了，不敢当！"

电话销售员："除了对您表示敬意之外，我还有一个问题需要得到您的指教，××说这个问题对您这样的专业人士来说是小菜一碟……"

客户："什么问题，我很乐意为你提供帮助。"

电话销售员："是这样的，刘总……"

经由第三者进行转介绍，无疑是最好的"自我"介绍方式之一。有了第三者这座便于沟通的桥梁，客户对你的信任度会大大提升。所谓"不看僧面看佛面"，碍于情理，客户总要给转介绍人一些面子，至少不会那么直接地挂掉电话。

在本案例中，这名电话销售员在自我介绍时，说明了自己是××的朋友，从而拉近了与客户的距离，也为产品的介绍作了铺垫，引起了客户的兴趣。在使用这个技巧的时候，电话销售员要注意以下几点：

1. 在使用第三方转介绍的方式时，要充分借用第三者的作用

在自我介绍时，要先把自己和第三方的关系表明，否则客户始终会对你有所怀疑，这样就不利于业务的开展。随后，再借用第三方之口来赞美客户，有了赞美这个谁都不会抗拒的润滑剂，接下来的对话就容易许多。

比如可以这么说：

"我和张经理是多年的好友，在给您打电话之前，他特别告诉我您非常喜欢看经典的文学佳作，所以我给您准备了这份小小的礼物，希望您笑纳……"

"吴老师多次跟我说，您是消费趋势调查与监测方面的专家，而且还是好多大型食品公司的特邀顾问……"

2. 所选的介绍人的品质要值得信赖

在选取第三方的时候，一定要选择值得信赖的人，否则提了还不如不提。另外，作为电话销售员，对于第三方与客户之间的利益关系、情感纠葛等方面也要有所了解，以免弄巧成拙，引起不必要的尴尬。

3. 不要急于求成

电话销售员虽然有了第三方做"引路人"，但也不能刚上来就借着第三方的名义向客户推销产品。不然就会适得其反，白白浪费了大好的客户资源。

例如，下面这样的说辞就很难让人接受：

"您好，是您的朋友××向我介绍的您。我们是一家致力于招聘的专业的猎头公司，您现在有这方面的需求吗？"

这样的询问如此直接，在没有开发需求的前提下就强行推销产品，尽管通过第三方进行介绍，也免不了销售失败的结局。

4. 无法提及第三方姓名时该如何圆场

当电话销售员在自我介绍时需要借用第三方来介绍的情况下，有的客户会问是他的哪位朋友介绍的，而电话销售员可能有不便提及第三方姓名的情况，那么此刻电话销售员该如何作答呢？

"您的那位朋友非常贴心，他担心他的引荐会给您带来压力，所以一再叮嘱我先不要透露他的名字。而我也答应了他，所以我就应该信守承诺，诚信是做人的基本道德准则。您人这么好，肯定不愿意让我陷入不讲诚信的境地吧？"

相信这样的说辞就能让客户产生与你继续沟通的兴趣。

5.如何寻找转介绍资源

许多电话销售员会问，到哪里寻找这么多的转介绍资源呢？答案其实很简单，只要你维护好与客户的关系，转介绍就是从你以前的客户里面找出能帮助你的那位，然后请他帮你一个小忙而已。因此，不要轻易丢掉任何一个和你有着合作关系或有过合作关系的客户，他们很可能会给你带来更多的客户。

【专家点拨】

💡 第三方的介绍是有效联结你与陌生客户的纽带。因此，在拨通客户电话之前，不妨先花点时间对客户的亲朋好友做一番了解，从中寻找可能的第三方，这样就能在开场白中说明自己是客户的熟人引荐的。显然，这一方法定会让你在电话销售工作中事半功倍。

利用别人名望给自己戴顶高帽子

电话销售员："韩经理，下午好！"

客户："你好，你是哪位啊？"

电话销售员："我是山东朱氏药业集团的王岩，我们是中国最大的贴膏贴剂生产厂家，同时也是东阿阿胶、同仁堂、修正等企业的战略合作伙伴。您现在讲话方便吗？"

客户："方便，方便。"

电话销售员："我们的主营产品包括妇科、儿科、风湿骨病等贴敷类产品……"

下面再看另一种失败的表述方式：

电话销售员："周经理，您好！"

客户："你好，哪位？"

电话销售员："我是北京××科技有限公司的王辉，我们公司是一家……"

客户："不好意思，我还有点事情，先挂了。"

有时候，知名度不高的企业往往很难引起客户的兴趣，对这些企业的电话销售员来说，刚做完自我介绍就被客户挂断电话的情况如同家常便饭。因此，这就要求电话销售员要学会借用其他有名望的企业来提高自己企业在客户心目中的地位，进而提高电话销售的成功率。

在第一个情景中，电话销售员先提到自己是某公司的员工，接着马上向客户表明自己公司是东阿阿胶、同仁堂、修正等知名企业的"战略合作伙伴"，充分借用了几个大公司的名气提升了自己公司的形象，自然地引起了客户的兴趣。而第二种表达方式中，电话销售员墨守成规，结果，老老实实地做完自我介绍，马上遭到了客户的拒绝。

在使用这个技巧的时候，电话销售员要注意以下几点：

1．如果有，给自己挂一块"金字招牌"

现在许多企业之间都存在战略合作关系，或者是业务外包关系，因此，如果可以的话，一定要向电话那端的客户亮明你的"金字招牌"，例如：

"您好，我是中国电信客户服务部的王淼，我的工号是 315366。是这样的，赵经理，如果有一种方法……"

上面案例中的王淼其实是某项增值业务代理商的电话销售员，但在自我介绍时他并没有表明自己的具体身份和职务，只说"我是中国电信客户服务部的××"。该公司代理的是中国电信的业务，那么电话销售员在自我介绍时自然是选择"中国电信"这个家喻户晓的"金字招牌"，这样会更容易赢得客户的信任。

2．给自己找一些"光环"，提升自己公司的形象

可能很多电话销售员会说，自己所销售的产品很难找到类似上面案例之中的东阿阿胶、同仁堂、修正等如此知名的合作伙伴。那如何才能够做到借力东风呢？请记住一点：方法永远比困难多。无论多么名不见经传的小公司，只要电话销售员用心，都可以找到可以借力的东西，打造属于自己的"光环"。

下面的例子就是最好的证明：

"我是××广告有限公司的黄海波，我们公司是联想、方正、创维、海尔等知名企业的合作伙伴……"

实际上，这家广告公司只是一家名不见经传的小公司，其服务对象也仅限于当地的几家小型公司。虽然它仅仅为上述介绍中的企业在本地的办事处做过定制条幅、设计展台之类的服务工作，但说是"合作伙伴"也并非毫无依据。这样的介绍虽然难免有狐假虎威的嫌疑，但至少并没有脱离事实。因此，把这当成电话销售中的一个卖点，也未尝不是一个好主意。

【专家点拨】

💡 电话销售员要善于借助各种力量——尤其是有着巨大影响力的外部力量，来为自己的销售服务。具体来说，电话销售员可以在自我介绍时借用其他企业的名望给自己戴一顶"高帽子"。这样，既没有增加一分钱的成本，又提升了自己和公司的形象，何乐而不为呢？因此，电话销售员如果能在开场白中酌情借力于"东风"的话，就更容易马到成功。

☎ 语出惊人的开场引起客户好奇心

电话销售员："您好，请问是董亮先生吗？"

客户："我是，你是哪位？"

电话销售员："董先生，您好，我是山东朱氏药业集团的王茂。"

客户："怎么又是朱氏药业集团的，你们已经打了好几次电话给我，给我的生活带来了严重的困扰，请你们以后别再打电话来烦我了。"

电话销售员："很抱歉，给您造成了困扰，这也是今天我给您打电话的原因。"

客户："什么意思？"

电话销售员："董先生，我看了我们公司员工的联系记录，发现我们的员工和您联系了三次以上，是吗？"

客户："是的，我也不知道我最近怎么了，老是接到你们公司的电话。"

电话销售员："在这里我首先对我们公司员工多次给您致电，因此而给您造成困扰表示诚挚的歉意，对不起。"

客户："没事。"

电话销售员："董先生，说心里话，我很感谢您。"

客户："什么意思？"

电话销售员："正是您的严厉批评，让我们的部门有了不断的进步，对我们部门提高销售业绩有了很大的帮助。告诉您一个好消息，我们部门这个月的销售业绩在公司排名第一，我们可得感谢您啊。"

客户："这是为什么呢？"

电话销售员："我想在您有空的时候向您请教一些管理方面的经验，您看可以吗？"

客户："应该是大家相互学习，谈不上什么请教。你说是吧？"

电话销售员："对，相互学习。您看，咱们这么有缘分，您能告诉我您公司主要销售的产品是什么吗？好让我看看我们两家公司之间是否有机会合作。"

客户："好的。谢谢你。你把你的邮箱地址给我，我这就把我们公司的资料发给您。"

电话销售员："好的。董先生，您别客气。我很高兴能帮得上您。假如您现在有空的话我可以给您介绍我们公司的业务，您看看对贵公司的发展是否有用，您看可以吗？"

客户："好的，你说吧。"

电话销售员："好的，谢谢您。我们公司主要经营……"

对于电话销售来说，开场的好坏，直接决定电话销售的成败。因此，一个语出惊人，能够引发客户兴趣的开场白才能够打动客户，从而让客户有兴趣继续听你介绍产品。

在本案例中，客户三番五次地接到同一公司打来的电话时，产生了厌烦心理。针对这一类客户，这名电话销售员出其不意，以向客户道歉和道谢开场，成功地引起了客户的好奇心，抚平了客户厌烦的情绪。然后，这名电话销售员逐步向客户说明了道歉和道谢的原因，从而获得了客户的信赖，得以继续推进产品推介工作。但在这一过程中，也有一些需要注意的问题。

1. 给自己打电话的行为找个充足的理由

电话销售员在打电话时，不要总是重复着自己千篇一律的开场白。要想获得与众不同的销售业绩，就必须具备与众不同的开场白。其中，最重要的是要为自己的说辞准备好解释的理由，同时在向客户陈述理由的时候，要让客户信服。

只有做到了有理有据，客户才能对电话销售员产生信赖感，降低心理防备指数，电话销售员才能"有机可乘"。因此，这就要求电话销售员在打电话前做好各项准备工作，对自己要说服客户的说话技巧细心推敲，做到胸有成竹。

2. 以提问的方式开场，吸引客户的好奇心

电话销售员："莫总，您知道这世界上最懒的东西是什么吗？"

客户："那还用说吗？不是考拉吗？一天有20个小时都在睡觉。"

电话销售员："不是不是，其实世界上最懒的东西就是那些被您藏起来不用的钱。它们本来可以让您用来购买空调，让您度过一个凉爽的夏天的。"

电话销售员要想获得销售的成功，就必须在一开场就抓住客户的心理。而巧妙的提问无疑能够给客户制造神秘气氛，这样更能吸引客户的好奇心。然后，电话销售员就能够在解答疑问的过程中将产品介绍融入其中，这样既弱化了推销的功利性，又容易让客户接受，为你的销售增加成功的砝码。

【专家点拨】

☀ 在电话销售中，电话销售员要学会设计开场的技巧，在短时间内用简短的几句话引起客户的好奇，让客户对你产生浓厚的兴趣，这样才能为销售的成功打下良好的基础。

激发客户固有的"占便宜"心理

电话销售员："您好，请问是刘女士吗？"

客户："我是，您是哪位？"

电话销售员："刘女士，您好，我是万家建材公司的孙国兴。我听说您要更换家里的水龙头是吧？"

客户："对啊。我家水龙头的把手坏了，所以我想换个新的。"

电话销售员："刘女士，其实把手坏了，您可以直接换掉把手，这比直接换水龙头划算。我给您算一下，换水龙头把手您只需要花5元钱，而您换新的水龙头则需要花35元。您觉得哪一个划算呢？是不是换水龙头把手划算？"

客户："这还用说，换水龙头把手要实惠多了。但是怎么换呢？"

电话销售员："其实很简单。我告诉您吧，在水龙头把手上面有一个小盖子，您用螺丝刀将小盖挑开。当挑开小盖之后，您就看到一颗螺丝，您把螺丝拧开，就能取下坏的把手，然后把新的把手换上去，拧紧之后，您家的水龙头就能正常使用了。"

客户："好的，那您给我介绍一下你们店里哪一种水龙头的把手比较好用。"

电话销售员："我们店里的把手有二十多种，不知道您喜欢哪一款，您看您能抽空到我们店里来看看吗？如果您觉得自己换把手麻烦，我们店的工作人员可以为您提供免费的上门服务。您看这样好吗？"

客户："好的，那今天下午3点我到你们店里看看，然后让你们的工作人员上门帮我换把手。你告诉我你们店的地址吧。"

电话销售员："好的。我们店的地址是光华路36号。那咱们下午见。"

客户："再见。"

几乎所有的客户都对"省钱"有着很大的兴趣。一个优秀的电话销售员懂得通过为客户提供省钱的方法来推销自己的产品，让客户感受到自身的利益一直被关注着。这会使客户更加坚定自己与电话销售员合作的意愿。

当你站在经济实用的角度上为客户省钱时，客户才会让你赚钱。因此，当你与客户沟通时，不要将目标放到如何销售产品上，而是要想办法让客户花最少的钱买到最合适的产品。一旦你这样做了，你就会发现你身边的客户会越来越多，而且也会意外地发现你还很轻松地赚到了钱。比如，可以采用这样的说话技巧，"您的需求我大致了解了，我们公司过一段时间会有一个促销活动，有一款产品更适合您，款式跟这个差不多，价格比这个还低。要不您先等等，到那时候您再来看看？"

为客户赚钱、为客户省钱都是电话销售员用以激发客户购买兴趣的关键因素。如果电话销售员在与客户沟通交流时多给客户提供省钱的建议的话，能让客户感到实惠，从而更加愿意购买物超所值的省钱产品。相信没有客户不喜欢这样真心为他们省钱的电话销售员，只有真正维护客户利益的销售人员，才能够缔造销售上的传奇。

【专家点拨】

任何人都想获得"物超所值"的产品，都有"占便宜"的心理。电话销售员应该抓住人性的这一特点，把自己与客户拉到同一个战线上，从为客户省钱的角度出发，让客户购买他们认为是省钱且实用的产品。总有一天你会发现，身边的客户越聚越多，你们的合作气氛也越来越和谐。

为客户解决问题才是销售的主题

电话销售员："您好，请问是嘉艺公司的柳总吗？"

客户："我是，请问你是哪位？"

电话销售员："柳总，我是鸿德公司的叶玫。如果有一种方法可以帮贵公司解决生产效率与生产需求匹配的问题，并且能够使贵公司利润翻番的话，您愿意给我几分钟时间简单向您介绍一下这种方法吗？"

客户："什么？我们公司技术部讨论了无数次的问题你能解决？真的假的？"

电话销售员："当然是真的，您听完后自然就能作出判断了，您说是吗？"

客户："那你说来听听。"

电话销售员："我们公司的产品能够……"

客户："我在网上看到过你们的产品，只是不知道效用竟然有这么大。"

电话销售员："柳总，您在网上能看到的只是我们公司的部分产品，实际上我们公司的产品远不止这些。假如您对我们的产品不满意，您可以提出您的特殊需求，我们可以在设计产品时参考您的意见，从而更好地为您公司服务。那么，我想知道您对这款产品有什么特别的需求吗？"

客户："我们需要外形更加小巧、使用更加方便的机器，这样既能够节约空间，又便于搬运。"

电话销售员："很高兴您能说出您对产品的需求，您所说的这些意见也是很多客户的想法。正好，我们公司根据客户的需求，研发了一款新产品，希望这一款产品能满足您这样高品位客户的需求。您看您什么时候有空到我们公司看看产品的样图呢？周三或周四下午这两天时间您有空吗？"

客户："好的，那就周四下午我到你们公司看看样图吧。"

电话销售员："好的，柳总，我们周四下午见。"

客户："再见。"

电话销售员要想获得客户的信任，最好的办法就是及时帮客户解决问题，让客户消除对销售人员的排斥心理。在本案例中，电话销售员通过提问，发掘客户未得到满足的需求，并给客户提出了解决问题的方案，最终促成了双方的合作。

显然，客户的问题没有得到解决，其潜在的需求就无法发掘出来，自然也就无法接受电话销售员推销的产品。为客户解决问题，时刻以客户的利益为中心，才是销售永恒的主题。在使用这个技巧的时候，电话销售员要注意以下几点：

1. 全面了解客户的问题

"您对产品还有什么意见吗？"

"请问您对这个问题是怎么看的？"

"您目前使用的产品哪一方面是您最满意的？"

"您所说的这些问题对您的工作和生活有什么影响吗？"

"我想请教您，您对这一款产品不满意的地方在哪里？"

诸如以上的这些问题，都是电话销售员在与客户沟通时应该了解的，并且你了解得越多，在为客户考虑问题的时候就会越全面，越有利于你及时提出有针对性的解决方案。

当电话销售员通过提问发现客户对产品或是服务存在不满的地方之后，再以提问的方式将客户的这些不满明确化，才能引起客户的高度重视，从而做到有的放矢。

2. 让客户意识到问题的严重性

为了发掘客户的需求，你可以向客户说明他所面临问题的严重性，利用这种危机感迫使其主动向你寻求解决方案。这时候，你就可以给客户提供有参考价值的建议以帮助客户解决问题，这就给你销售目标的达成创造了一个绝佳时机。

【专家点拨】

☀ 一个能吸引客户的产品一定是能够帮助客户解决实际问题的产品。因此，电话销售员在销售过程中，一定要以为客户解决实际问题为中心，这样才能受到客户的信任和欢迎，从而为你推销自己的产品打下良好的基础。

从财产安全角度出发有效留住客户

电话销售员："您好，请问是花园小区 A 区的业主王先生吗？"

客户："我是，有什么事情吗？"

电话销售员："是这样的，王先生，我是 ×× 机构的。最近您所在的花园小区连续发生好几起严重的失窃案，广大业主遭受了非常大的经济损失，您听说过这件事吗？"

客户："好几起倒是没有听说过，不过我们这栋楼好像有一家失窃了。要怪就得怪现在的治安环境，物业机构应当提高安全保卫意识才是呀。"

电话销售员："您说得没错，但除了物业机构应当加强安全保卫外，一个小区的良好治安环境，主要还得靠广大业主自身的防范，您说对不对？"

客户："这倒是。"

电话销售员："所以，我今天想特别给您提醒几个需要注意的防盗隐患，希望您多加注意。"

客户："好的，你讲。"

电话销售员："对于您这样忙于事业的人，一个足够安全的保险柜是必不可少的。我现在就给您讲一下，如何识别一个保险柜是否足够安全。市面上有的产品，是由内外两块很薄的铁皮组成的，中间灌以泥沙，这种箱子敲击起来会发出很沉闷的声响。

"足够安全的保险柜，是由钢板一次性冲压形成的，四面的钢板衔接程度非常好，几乎没有缝隙，具有非常好的防撬性能。而我们公司现在推出的保险柜就是这样制作的，它最明显的特点是敲起来会有很清脆的声响，相信您能够很容易地甄别出来。"

客户："哦，原来是这样，你们的保险柜在哪里有卖啊？我想要看看。"

电话销售员："我们的地址是……"

显然，财产安全无论对谁来说都具有非常重要的意义，因此，在电话销售过程中，从客户的财产安全角度出发能够更好地拉近与客户之间的距离，能够更容易抓住客户的兴趣点，从而使电话销售向好的方向发展。

在本案例中，电话销售员通过业主身边实实在在的例子指出了客户财产安全存在的隐患，并借机说明了自己的产品——保险柜的重要性。然后，又通过告知客户如何甄别一个保险柜的好坏表明了自己产品的质量，从而轻松地唤起了客户的购买欲望。

在使用这个技巧激发客户兴趣的时候，电话销售员要注意以下几点：

1. 关注客户的财产安全

财产安全是每个人都关心的现实问题。在电话销售过程中，如果你能够从安全的角度出发，指出你的产品在设计时是如何考虑客户利益的，就会促使电话那端的客户更愿意顺着你的思路听下去。

你可以这样开头："您好，有件事情关系到您的财产安全，您有兴趣了解吗？"或者也可以这样开口："我知道一种能更好地保障财产安全的方法，您愿意听一下吗？"相信没有人可以拒绝这样诚恳的建议。

2. 抓住客户保障财产安全的需求目标

电话销售员想要得到的是产品的成交价值，而客户想要的是保障自己财产安全的使用价值，如何能达到两者的和谐统一呢？那就要找到客户对产品的真正需求，也就是要站在保障客户财产安全的角度上来推销产品，让客户感受到购买产品会为自己带来的某种好处，感受到产品会给自己财产安全带来的保障，这样客户才会产生继续听你说下去的意愿。

【专家点拨】

💡 有时候，客户愿意听你说，并不是出于对你的产品有多大的兴趣，而是出于对你所说的涉及自身财产安全的问题有兴趣。因此，在开口推销产品之前，如果能将产品与客户的财产安全联系起来，就能够有效地留住电话另一端的客户。

不妨从客户的健康问题上做做文章

电话销售员："您好，是王大爷吗？"

客户："对，我是。您是哪位？"

电话销售员："希望没有打扰到您，我是××保健机构的客服代表，我的工号是666。今天我特意给您打电话，是因为您在我们上周的健康知识讲座中提到了一个问题，我们担心这个问题可能会对您的健康造成影响，所以特地给您打电话问一下。"

客户："我提的哪个问题？"

电话销售员："王大爷，上次您在讲座中提到自己坐得久了会有肩膀发酸、疼痛的症状，是吗？"

客户："是的，这让我很痛苦。"

电话销售员："针对您的描述，我们从医学的角度进行了研究，您的症状正好和××病症有点相似。为了您的健康起见，我再向您问几个问题来确认一下好吗？"

客户："好的，你问吧。"

电话销售员："王大爷，我只是简单地了解了一下您的症状，为了保险起见，我建议您到专业的体检中心做个颈椎、腰椎、胸椎的专项检查。"

客户："那么哪个体检中心对这方面比较专业呢？"

电话销售员："我们的保健机构对这方面的研究已经达到了世界领先水平，您什么时候方便，我可以为您安排预约。"

客户："好的。"

如果说客户对于财产问题相当敏感的话，那么关系到客户健康的问题则可以称为极度敏感了。所以，在电话销售过程中，不妨从客户关心的健康问题着手，这样往往能够在第一时间吸引客户的注意。

在上述案例中，电话销售员以"我们担心有个问题会对您的健康造成影响"开头，成功地抓住了客户的敏感问题，继而循循善诱，对客户进行引导，最终让客户下定了购买其服务的决心。

在使用这个技巧激发客户兴趣的时候，电话销售员要切记以下几点：

1．从客户的身体健康的话题入手

在给客户打电话的时候，不妨从关心客户健康的话题入手。诸如"有个问题会对您的健康造成一定的影响，您愿意听我说说吗""这个健康问题非常多见，您能给我1分钟让我帮您分析一下吗"此类的询问都能够很好地吸引客户的注意，使客户从销售人员的关怀中产生情感上的共鸣，从而促进销售的成功。

2．真诚地对客户表示关心

被人关心是人的基本感情需求，没有人是不愿意被人关心的，而关心又以对健康的关心最显体贴。在给客户打电话时，应尽量以真诚的语言询问他们健康方面存在什么样的问题，需要什么样的帮助。打电话时，你的语言一定要和蔼、真诚，这样的语言虽然普通，但是却能表达出你真实的关切之情。如此一来，客户的需求就会被点燃，你的交易也更容易达成。

【专家点拨】

☀ 俗话说："身体是革命的本钱。"这句话形象地指出了健康问题对于人们的重要性。在电话销售的过程中，如果你能从客户的身体健康入手，真诚地表明你是在为客户的身体健康着想，往往能轻易地打动人心。当然，至关重要的一点是，不捕风捉影，不危言耸听，真诚而恰如其分的表述才能够使客户愉悦地接受并信任你。

强调一下你能给客户带来什么好处

电话销售员："早上好，李经理！"

客户："早上好，你是哪位？"

电话销售员："我是凯达通信的石磊。李经理，我有一种方法能够使贵公司的生产效率提升 20％以上，而按照贵公司现在的年产值来计算，可以使年利润提升 100 多万元，而这仅仅需要不到 10 万元的投资。您是否愿意花一点时间来了解一下呢？"

客户："你说的是真的吗？"

电话销售员："您放心，我说的这个方法已经被联想、方正、同方等企业证明是行之有效的，您有兴趣了解一下吗？"

客户："当然，你说说看吧。"

"人为财死，鸟为食亡。"这直白的一句话，却道出了人类的本性之一——关注利益。因此，在一开始销售人员就应当直截了当地告诉客户，你能给他带来什么省钱或赚钱的好处，这往往能够迅速激发客户的兴趣。

在上述案例中，电话销售员一开口就提出能够帮助客户以较少的投资提高生产效率，提升利润，从而使客户对其提及的方法产生了强烈的好奇心。于是，客户的兴趣立刻就被激发出来了。

在使用这个技巧激发客户兴趣的时候，电话销售员要切记以下几点：

1. 货比三家

当通过电话向客户介绍产品时，你可以将新产品的功能与同类产品进行比较，或是和以前的产品进行比较，并告诉客户："您想要物美价廉的产品吗？我们的产品比起同类的产品有更齐全的功能、更低的价位，对您来说既经济又实惠，您何乐而不为呢？"

2. 开门见山

一般来说，客户的时间都是非常宝贵的，对于目的不明确的电话他们通常不会愿意浪费时间。因此，在客户接通电话时，你可以开门见山地问他："您想要省钱或挣到更多的钱吗？我们能给您提供一个方法，您有兴趣吗？"

3. 在描述利益时，能用数字进行说明的就尽量用数字来说明

在与金钱挂钩的时候，人们对于数字的敏感性就会被放大，而且数字也具备权威证据的意义。因此，明确的数字更容易获得客户的信任。

例如："如果有一种方法，可以帮助您提升利润，并且这个方法已经被很多企业证明是行之有效的……"这样的介绍很常见，但"可以帮助您提升利润"这个概念非常模糊，很难让人信服。因此，电话销售员应该换一种更加清晰、更具有说服力的说明方式。

例如："如果有一种方法，可以帮助您提升 30% 左右的利润，这相当于使贵公司的流动资金至少提升 1000 万元。"相信换作这样的说辞，会让你更容易获得客户的兴趣和信任。

 【专家点拨】

💡 以省钱或赚钱的利益诉求为中心进行产品推销，是一种比较现实的电话销售方法。它将商品带给客户的价值放在了第一位，以此来吸引客户，抓住了客户的求利心理。因此，在电话销售过程中，帮客户省钱或赚钱的说辞更容易在短时间内打动客户。

第四章

展开心理战，赢得客户的信任和好感

在电话销售过程中，赢得客户的好感和信任颇具难度，但这却是销售成功的前提。那么，如何才能快速赢得客户的好感和信任呢？灵活运用心理战技巧能够为电话销售员带来意想不到的惊喜。

引导性提问是电话销售的必杀技

电话销售员："鲁先生，前几天我带您看的房子，您考虑得怎么样了？"

客户："不论是房子的建筑风格还是结构格局，甚至车库和游泳池，都挺不错的，整体上我非常满意。"

电话销售员："您喜欢我们的房子我很高兴，但是我今天有一件事情必须得告诉您，现在这栋房子的房款涨了 6 万元。"

客户："什么？你们怎么能这么做呢？"

电话销售员："鲁先生，我很抱歉，但这是业主的意思，我也没有办法。但是，我能问您几个问题吗？"

客户："什么问题？"

电话销售员："我记得您跟我说过您打算在这座城市定居，我想您肯定会在这里居住 30 年吧？"

客户："事实上，我可能在这儿住更长的时间。"

电话销售员："那您觉得房子周边设施以及交通状况怎样？"

客户："交通很方便，设施也很齐全。"

电话销售员："那您觉得这个房子的价值可能以每年 2% 的速度增长吗？"

客户："这当然有这种可能。发达的公路网和完善的基础设施很有可能使它在短期内价值翻番。"

电话销售员："那么您再回答我一个问题，您拥有了这座房子，然后能够享受它带给您的每年 2% 的增长价值，而且还能够在它的相伴下幸福快乐地生活 30 年，您不觉得房子即使涨 6 万元也划得来吗？"

客户："嗯，你说得有道理。"

电话销售员："那您什么时候来签一下购房合同呢？"

客户："我这周六有空，周六吧。"

电话销售员："好的，那我周五再打电话向您确认。"

销售是说服的艺术，但是如果只说不问的话，销售就会走进一条死胡同。而引导性的提问是一个电话销售员必备的技能，它是引起客户注意、获取相关信息、争取主动权、引导客户思考的法宝，是取得电话销售成功的关键所在。

在上述案例中，房款上涨本来使客户陷入了消极的购买情绪，但这名电话销售员通过对客户进行提问，逐步引导客户重视房子的优点和潜在的价值，从而使客户愉快地做出了购买决定。在这一过程中，也有一些需要注意的问题。

1. 利用客户的兴趣进行提问

客户在听你介绍产品时，通常会带着个人的主观色彩，着眼于自己的意愿和兴趣。因此，电话销售员在用引导的方式向客户提问时，要着眼于客户感兴趣的点，不断地引导客户说"是"，这样才能够减少电话销售中的阻碍。

2. 引导客户肯定产品的优势

客户对于产品有微词的时候，电话销售员不妨对产品保持一种热情的态度，同时利用产品优势吸引客户，让客户转到对产品优势的欣赏上来。比如，可以进行如下提问："您觉得安全便捷、可管理、易维护的系统所提高的工作效率和稍微贵一点的价格相比，哪个更重要呢？"

3. 用引导的方式向客户提问的时候要条理清晰、简明易懂

向客户提问时，不要夹杂太多的专业术语，也不能啰啰唆唆、不知所云。作为一名电话销售员，在平时应该多积累话题素材，养成随时随地收集各类信息并使之成为话题的习惯，这样才能在引导客户的时候条理清晰，更具说服力。

【专家点拨】

💡 在电话销售的过程中，当客户提出反驳，改变决定或者做出其他出乎意料的事情时，不妨向客户进行引导性的提问，让客户认识到产品的优势，促使客户进行积极的思考，从而获得潜在客户的兴趣、信任和依赖。

肯定式提问使客户作出正面回答

　　电话销售员："张总您好，我是××公司的周昆，我之前发给您的策划方案您看了吧，不知道您有什么意见？"

　　客户："总体上还可以，不过有些细节问题还需要再商榷一下。"

　　电话销售员："那您的意思是同意我们提供的策划方案了，是吗？"

　　客户："是的，但是你能否具体解释一下接下来如何实施这份方案。"

　　电话销售员："这个您放心，这个方案是我们公司高级设计师结合贵公司的实际情况量身定做的，只要再在细节上润色一下，一定能够提高贵公司的利润和影响力，您说是吗？"

　　客户："没错，那是毫无疑问的。"

　　电话销售员："那么，假如贵公司按照我们的方案进行试验，并且对我们的策划产生的效用您也感到满意的话，我们是不是下一步就可以签订合同了呢？"

　　客户："对。"

　　电话销售员："那我们先签订个协议吧，这样能够更好地保证您公司的利益，您说是吗？"

　　客户："可以。"

　　电话销售员："那我明天到您公司去拜访您，您看合适吗？"

　　客户："明天？好的，没有问题！"

　　电话销售的过程，就是与客户进行博弈的过程，只有引导客户作出肯定性的答复，使客户逐步认可你的产品，才能逐渐促使客户下决心购买。在本案例中，电话销售员用一系列的"肯定句"向对方提出问题，得到了客户对于每个问题的肯定答复，从而获得了交易的成功。

在这一过程中，需要注意下面的问题：

1. 创造良好的洽谈气氛

很多时候，客户对电话销售员都会有一定的偏见，因此，如果没有打消客户的偏见就采用肯定式提问的话，客户很有可能会认为你是在强买强卖。因此，在采用肯定式提问的时候，首先要在明白客户问题的基础上打消客户的猜疑、防备的心理，甚至敌对情绪。因为这些问题在一定程度上会影响客户对产品的评价，即使你采用肯定式提问，客户也不会作出肯定的回答。

下面的说话技巧能够创造出良好的洽谈气氛，客户一定爱听。

电话销售员："您一定认为在整个家庭中，您肩负的责任最大，承担的最多，是吧？"

电话销售员："您一定很愿意在人才管理方面获取更多的经验与方法，是吧？"

2. 用肯定式提问为客户提出解决方案

要想用肯定式的提问获得客户的认可，最有效的一种方法就是结合客户的实际情况提供一个最佳方案。只要客户对你的这个肯定式的提问作出肯定回答，即使他暂时不会购买你的产品，也会使你在整个销售过程中更加主动，在谈判中获得更多的回旋余地。比如，你可以采用这样的说话技巧来处理客户的不满情绪。

电话销售员："您看，我们给您把发货单发过去之后，再给您做个新品促销计划书，您看可以吗？"

 【专家点拨】

☀ 电话销售员在和客户沟通的过程中，如果提出问题时采用一种肯定式的语气，往往能够有效帮助对方作出正面的回答。

真诚地求教客户就会喜欢你

电话销售员："您好，周经理，我是山东朱氏培训有限公司的张勋，昨天在××杂志上看到您的一篇关于人才培养、培训的文章，真是受益匪浅。所以我想打扰您几分钟，请教几个问题，您看可以吗？"

客户："是吗？你说吧，能帮你解答的话，我一定尽力帮你。"

电话销售员："您在文章中谈到，人才的培训，要以问题为突破口，也就是培训师要根据学员的问题与需求对其进行对口的培训，这样才能产生实效，才能对学员的成长起到立竿见影的效果。对于您的这个观点，我非常认同，但我有一个疑问。我觉得让老师带着学员的需求进行培训实施起来是非常困难的，您觉得呢？"

客户："你说的没错。我们公司每年在培训投资上都要花费上百万元，但是请来的老师大多都是按照自己的课程进行授课，对于学员的问题和需求普遍重视不够，这也是我最大的困惑，所以我才写出了那篇文章。我现在正在准备自己组建培训师团队，让培训体现实效，也就是要确保培训能够按照问题、办法、实践、检验的四步流程进行。"

电话销售员："周经理，您的这个想法很有建设性，许多和我们合作的企业也在采用这种模式，事实证明非常有效。周经理，您有没有考虑过，让您的学员在听课的时候也充当一下讲师呢？"

客户："学员的水平如果能够充当讲师，那还要培训师做什么呢？"

电话销售员："周经理，我们公司最近设计出一种新的培训模式，称作导演式培训。顾名思义，就是讲师是导演，学员是演员，进行现场实战演练的培训。这样，学员就能够通过提出自己的问题与需求，让讲师安排培训内容，他们的问题和需求也就融入演练的角色中去了。"

客户："那你们这个培训成果怎么样呢？"

电话销售员："通过这种模式的培训，学员的受训效果有了很大的提高，我们已经与许多企业达成了长期合作的协议。我觉得，我们的培训模式与您的培训思路刚好不谋而合，您觉得呢？"

客户："嗯，确实是，我也考虑过这些方面，只是苦于没有时间和精力实际操作。"

电话销售员："嗯，我了解您的难处。不过您作为领导，只管去提要求，剩下的事情让我们去做就行了。您觉得我们的合作有价值吗？"

周经理："客气了，这样吧，你把你们培训模式和合作方式的材料发给我一份，我再研究一下。"

电话销售员："好的，周经理。我相信我们会有一次愉快的合作的。"

笔者比较喜欢问销售人员的一个问题是"销售的本质是什么"，在笔者看来销售的本质是一种利益交换，客户购买了我们的产品和服务，而我们则从客户那里得到了收入和利润。但是这个交换的过程没有我们想象中的那么简单，这种交换的过程还包括了情感的交流、信息的传递、知识的分享以及关系的建立。那么在销售的过程中放低姿态真诚地向客户学习求教，也是赢得客户好感的一种方法。

1. 适当的恭维

人人都渴望得到他人的尊重，因此，在进行电话销售之前，电话销售员最好先对客户的情况有所了解，从而能够对客户进行恰到好处的"恭维"。比如面对某个制作网站的公司，打电话时可以这么说："您好，王先生吗？我看到您公司的网站做得非常吸引人，听说是您负责的……"

通过这样的恭维，提到与客户相关的内容，非常有利于电话销售的进行。

2. 以学习求教的名义

"好为人师"是人们普遍具有的心理特征。尤其是社会中有一定地位的人，内心深处都有一种指点别人的欲望。所以，可以根据客户喜欢充当"老师"的心态，在沟通开始阶段，采取请教式的提问。

比如，电话销售员可以在与客户的沟通中采用这样的说话技巧，"王经理，我知道您在信息技术方面非常专业，在业内具有一定的权威。我是××公司的一个销售人员，我有一个问题，也许只有您能给我指教……"

3. 请教提问时，可以借第三方的名义

这种方法与客户转介绍非常类似，要借用第三方的名义，来提出自己的求教目的，这样就不会显得自己是在巴结他了。例如，可以采用这样的说话技巧，"王经理，前几天我跟××公司的赵总聊天时，他提到您在××方面有丰富的经验。正好我现在有这方面的问题，不知能否得到您的指教……"

【专家点拨】

☀ 将对方摆在较高的地位，放低姿态真诚地向对方请教，这是一种电话销售中非常有效的方法。通常，对方会心甘情愿地回答你的问题，而一旦对方愿意就你提出的问题作出回答，你离销售成功就不远了。

☎ 限制式提问只给客户相对的自由

电话销售员："您喜欢什么样的车呢，我们可以根据您的喜好安排生产。"

客户："我还没有整体想过，具体有什么指标吗？"

电话销售员："我问您几个问题来确定您的喜好，然后您自己进行选择，您看好吗？"

客户："行，你问吧。"

电话销售员："您是喜欢什么颜色的车呢，红色的还是黑色的？"

客户："我比较喜欢黑色的，看起来比较沉稳。"

电话销售员："那您是喜欢两个车门的还是四个车门的？"

客户："嗯，四个车门的。"

电话销售员："那对于车的玻璃，您觉得染色的玻璃好还是不染色的好？"

客户："这个倒无所谓，不过还是选染色的吧。"

电话销售员："那您希望车底涂防锈层还是不涂呢？"

客户："当然要涂防锈层了！"

电话销售员："好的，那对于汽车胎，您是喜欢银圈还是白圈？"

客户："白圈的吧。"

电话销售员："嗯，您的具体意见我都记下了，我们可以在5月9上午8点到12点或者是下午2点到6点交货，您看哪个时间比较适合呢？"

客户："下午，3点左右最好了。"

电话销售员："好的，您的车现在马上就可以安排生产，我在交货前会再给您打电话确认的，祝您生活愉快。"

在本案例中，电话销售员以限制性问句向客户提问，看起来给了客户很大的自由度，使其在产品的规格、颜色、数量、送货日期等问题上有了充分的自主权，从而让双方在轻松的氛围里走向成交。

限制性提问往往是在成交几乎已经决定的前提下展开的。这里要注意的是，一定要给客户充分的选择权，重要的是在借助一个个的提问实现友好的沟通，从而逐步坚定客户购买的决心。在这一过程中，也有一些需要注意的问题。

1．不要谈话一开始就对客户进行限制性提问

如果电话销售员一开始就采用限制性提问的话，很可能会让客户觉得提问带有侵略性，认为是在"逼问"他。客户可能会原谅你的鲁莽，但绝对不会原谅你的逼问。因此，刚上来就像机关枪似的对客户进行限制性的提问，很可能会引起客户的反感，他也许会这样回绝你："我说要买你们的产品了吗？"

2．尽量缩小谈话的范围

采取限制式提问法，一般最好不要替客户作出什么决定性的回答，而是一种参考性的回答，主要目的是缩小谈话的范围，便于沟通和交流。一旦在客户作出肯定回答后，就可以引入到自己要谈的主题中，然后在自己设计的圈子里，逐步达到销售目的。

比如，谈话可以这样进行："您找产品时注重厂家的促销人员的支持还是贷款的结算方式呢？"

 【专家点拨】

☼ 电话销售员使用限制性的提问能够以咨询的方式将选择的自由交于客户，然后让其在这个基础上进行成交的具体选择。只要客户答出其中的一种，就可以认为客户已经在无形中下定了购买的决心，接受了你提出的条件，接下来你要做的，就是按完成交易的流程办理。

提出有价值的建议赢得客户信任

电话销售员："您觉得哪种款式的家具比较好呢？"

客户："我也不太清楚……"

电话销售员："哦，这样啊，您家的客厅大概有多大呢，如果房间不太大的话，您不妨考虑一下我们公司比较小的家具。"

客户："我家的客厅大概40平方米，一般的应该能放得下……"

电话销售员："40平方米的话，我建议您选一套小巧玲珑的。听您的声音，您还挺年轻，小巧玲珑更符合年轻人的特点，客厅的空间也不会显得太狭窄，而且价格也较大套件的家具便宜得多，您觉得呢？"

客户："嗯，你的建议有道理。那我还是关注一下小巧一点的家具吧。"

电话销售员："木质的家具会显得您更有品位，您觉怎么样？"

客户："嗯，木质家具显得大方。"

电话销售员："嗯，好的，我随后发一份家具资料给您，里面有相应的图片，您看您喜欢哪一套。"

客户："嗯，好的。"

电话销售员："那您把您的邮件地址告诉我吧，我马上就把资料发给您。"

客户："我的邮箱是……"

在与客户沟通的过程中，电话销售员可以主动地采取建议式的提问来探知客户的想法。这样就能进一步了解客户的真实需求，还能够更好地获得客户的好感和信任，进而坚定客户购买的信心。在本案例中，这名电话销售员正是站在客户的立场上为客户着想，采取主动性的建议式提问，在得知了对方客厅的大小之后给出了一个合理的建议，从而获得了客户的认同。在这一过程中，有一些需要注意的问题。

1. 向对自己需求比较模糊的客户提问

很多人对自己的需求认识得比较模糊，对这样的客户，电话销售员要根据其所处境况进行分析，然后提出有价值的建议。这样客户才会明白，他们之前不看好或者觉得自己不需要的产品也许正是最适合他的。

例如，电话销售员可以这样与客户进行沟通。

电话销售员："您采购这些电脑的用途主要是网吧业务，我建议您在键盘和鼠标方面最好选择比较耐用的品牌，虽然是小东西，但是在这种场合却是易损耗品，您认为呢？"

电话销售员："我觉得这款产品更能够满足您的需求，因为……"

电话销售员："销售渠道比较稳定的话，我建议您使用新牌子的产品，因为新牌子更容易带来利益……"

2. 给警惕性较强的客户提建议

在接到推销电话时，大多数客户都会保持高度的警惕状态，而对于这类客户，电话销售员应该通过巧妙的建议让客户放松警惕，接受自己的帮助。

3. 将最后的决定权交给客户

建议式的提问，虽然从表面看来更像是自然的交流和商讨，其实是由电话销售员掌控的"话局"。电话销售员一直在引导对方向有利于自己的方向思考问题，并将最后的决定权交给客户，这是至关重要的一点。

4. 提建议时要中肯，不要怂恿客户

不考虑客户的实际需求，只是提建议怂恿客户的话，反而会弄巧成拙。比如下面的情景。

客户："那我订购一件你们的这个产品吧。"

电话销售员："订购一件怎么够用呢，我们这里还没有客户只订购一件呢。很多人都是成箱地订购，您也来一箱怎么样？"

客户："我现在一件也不想买了。"

在以上情景中，如果电话销售员这样说，效果很可能会截然相反。

电话销售员："订购一件怎么够用呢，这种产品必须要连续使用一个周期才能收到最佳效果。而且，一次性购买一箱的话，您还能享受到一定的折扣优惠。"

客户："好吧，我们订购一箱。"

【专家点拨】

☀ 在电话销售过程中，优秀的电话销售员往往用建议式的提问给客户提出有价值的建议。这样既能避免"强买强卖"的嫌疑，又能巧妙地介绍自己产品的功能卖点，很容易赢得对方的信任和认同。

利用共同点拉近彼此之间的距离

电话销售员："您好！是柳经理吗？"

客户："我是，哪位啊？"

电话销售员："我是山东朱氏药业集团的赵征，我想占用您一点点时间向您做个产品调查，您看可以吗？"

客户："产品调查啊，没问题，你说吧。"

电话销售员："柳经理，听您的口音，像是连云港人，我猜得对吗？"

客户："别说，你耳朵还真灵。是啊，尽管已经离开连云港十几年了，我还是乡音难改呀。"

电话销售员："真是太巧了，我也是连云港的，所以一下子就听出您的乡音了。"

客户："是吗？那你是连云港市区还是郊县的呀？"

电话销售员："我家是县里的，灌南县的。"

客户："是吗？果然是老乡，不过我家在市里，在四中桥那儿。"

电话销售员："呀，简直是太巧了，我高中就是在连云港四中上的呢。"

客户："呀，那真是太巧啦！以前我经常在清水河边玩。那时候，那边的街道还很狭窄，现在连云港变化应该挺大的吧？"

电话销售员："对啊，三年大变样嘛。我也经常在那附近玩耍，现在那边的街道都整修过了，非常宽阔，新修的路四通八达，咱们的家乡越来越漂亮了呢！尤其是清水河边的夜景，非常迷人！"

客户："都说'老乡见老乡，两眼泪汪汪'，虽然咱们未见过面，但在电话里相识也算有缘。既然是老乡，有什么能帮你的，我一定帮忙！"

在本案例中，电话销售员赵征在与客户交谈的过程中听出客户与自己同是连云港人，这是一个非常大的共同点。赵征始终与客户围绕这一共同点进行谈论，给自己的销售工作起到非常好的作用。正所谓，老乡见老乡，两眼泪汪汪。老乡很容易回忆起乡情、乡音，那么沟通起来就变得更加容易，更容易相信老乡说的话，因此在电话销售过程中，如果恰好遇到了你的同乡，不妨主动地进行介绍，并通过适度的赞美，来拉近彼此的距离。

虽然以上例子只是个巧合，但是电话销售员在销售过程中还是应该努力去寻求与客户的共同点，往往会有意想不到的收获。

1. 同姓氏

在销售的过程中，经常遇到销售人员与客户的姓氏相同的情况，那么销售人员就可以以这个为切入点来构建与消费者之间的信任。例如，"张先生，我也姓张，咱们五百年前可是一家子啊，像您这样成功的人士，请您以后还要多多指点我啊！"

2. 同爱好

相同的爱好会非常容易增进人与人之间的交流，人们总是喜欢跟爱好相似的人在一起，正所谓物以类聚、人以群分。如果在与客户的沟通中，恰好客户的某一个爱好与你的爱好一致，那么这也是很好地与客户建立信赖的机会，例如，"王哥，您也喜欢户外运动啊，那可太好了，我也非常喜欢这方面的运动，不过我是菜鸟级的，以后您可要多多指导我啊！"

3. 同经历

相同的经历会有相同的感受，相同的感受会有很多共同的话题，而共同的话题又为进一步沟通提供了很好的机会。在销售的过程中，如果你恰好有一部分经历与客户的经历相似，你就可以与客户就你们的相同的经历进行深入的沟通。例如：客户以前在广东工作过，而你恰好也在广东工作过，那么你就可以与客户进行交流在广东工作的经历。

4. 同窗

在电话销售的过程中，如果恰好客户曾经读书的学校与你曾经读书的学校是一个学校，那么，你就要及时利用这样的共同之处，来与客户进行沟通。大家有共同的学习经历，那么彼此就非常容易建立起信赖的关系。例如，"王哥，您也是市一中毕业的啊，我也是在那里毕业的，不过我毕业比较晚了，看您现在事业这么成功，就知道您读书的时候一定学习成绩非常优异，有机会还真想向您请教一下您是如何成功的！"

5. 同语速

当客户说话快一些的时候，你的语速也要尽可能快一些；当客户的说话速度慢一些的时候，你的语速也不妨慢一些；当一个客户说话斩钉截铁的时候，你也不妨斩钉截铁一些。因为，语速的相同代表着你们性格方面有很接近的地方。

6. 同性别

相同的性别有着类似的视角，有着类似的人生观，有着类似的成长经历，有着类似的价值观，有着类似的人生目标。如果你在电话销售的过程中，碰到相同性别的客户，可这样与客户进行沟通。例如，"张姐，我们做女人的真是不容易，既要照顾家庭，又要照顾孩子，生活压力还真挺大啊！"

 【专家点拨】

☀ 共同点是拉近人与人之间距离的纽带，因此，电话销售员如果能够在销售过程中找到与客户的共同点的话，就能使客户对你产生亲切感，从而顺着你的思路进行沟通。

肯定客户才能够引起对方的共鸣

客户："不知道你们的产品质量怎么样？"

电话销售员："先生，我对您关心产品质量的心情非常理解，那么我想了解一下，您具体担心产品的哪方面呢？"

客户："是这样的，我以前用过类似的产品，但过了一段时间后就出现问题了，后来还拿到厂家去修，结果没过多久就又出现问题了，等再去厂家的时候对方却说不给提供免费维修服务了，非要收1000元的修理费。尽管我跟他们理论，但他们还是不愿意承担这部分的费用，最后，我只好自认倒霉。所以我才会对产品的质量问题感到担忧。"

电话销售员："先生，您的问题我都了解了，那么，除了这个问题以外还有其他问题吗？"

客户："没有了，主要就是这个。"

电话销售员："那好，我很理解您对这方面的关心，您有这个顾虑是对的，确实也有客户关心过同样的问题。我们公司的产品采用的是意大利AA级标准的加强型油路设计，这种设计具有极好的密封性，即使在极端气候，或者润滑系统失灵20个小时的情况下也不会出现油路损坏的情况，所以产品发生漏油的概率非常低。不过，不怕一万，只怕万一，如果真有漏油的情况出现，您也不用担心，我们公司承诺，从您购买之日起1年之内我们公司都会给您提供免费保修，这样您放心了吧。"

客户："这样我就放心了。"

在本案例中，这名电话销售员正是通过"您的问题我了解了""我很理解您对这方面的关心，您有这个顾虑是对的"这样的肯定性的说话技巧表明了自己的观点——他是认同客户的，这就使他很快打消了客户的疑虑。

人人都想得到别人的肯定，因为被肯定的通常是自己区别于常人的特质或能力，这也体现了人的一种基本心理需求。显然，肯定客户能够在一定程度上引起客户的共鸣，甚至能迅速拉近与客户的心理距离，从而为你的销售工作打下良好的基础。在这一过程中，还有一些需要注意的问题。

1．保持亲切友善的态度

亲切友善的态度是对电话那端的客户的最好回应。无论客户提出的观点有多么荒谬，无论你对客户的话语有多么反感，作为一名电话销售员，你必须始终保持一种亲切友善的态度来对待他。这是销售人员的基本素质，也是表示你对客户的肯定以及尊重的必备心态，只有这样，客户才愿意与你谈交易。

2．肯定对方的观点

在客户表达了自己的观点之后，电话销售员最好先对客户的观点表示肯定。肯定的语气是一种有效拉近人与人之间距离的办法，对方在得到你的肯定之后才会心甘情愿地说出自己的问题所在。比如，电话销售员不妨采用下面的说话技巧。

电话销售员："您在护肤品选择方面的认识非常深刻，选择保湿效果明显的产品是个非常明智的选择，这有利于皮肤的滋养。"

电话销售员："您说得没错，洗发水不但要洗着舒服，而且一定要具备养发护发功能才行。我们现在的这款产品在养发护发的功能上有了新的突破……"

3．反驳客户时要注意方式方法

当电话销售员需要对客户的观点进行反驳，以引导其肯定你的产品时，最好不要直接给予反驳，而要选择一种尽量委婉的方式间接提醒对方，或者采用先肯定后反驳的方法。例如：

电话销售员："我们的产品是经过市场检验的，非常不错。"

客户："当然了，你们销售员没一个说自己的产品不好，可我听说你们的产品价格高、性能差。"

电话销售员："我很理解您的心情，我在购买产品的时候也会有这种情况，听到别人对产品有异议时，自己也就不买了。可是，自己终究没有亲眼见过，又怎么能相信呢？所以，我希望您亲自来我们店面看看，反正离您家也不算太远。"

客户："嗯，你说得也有道理，那我抽时间去看一下吧。"

【专家点拨】

💡 作为一名电话销售员，应极力避免与客户发生直接冲突，所以在反驳对方的观点时要格外注意方式、方法。先以肯定的语气引导，压下双方的冲突，再引用道理或事实来向对方说明，这样才更容易让客户接受。

适当安抚客户化解对方的坏心情

电话销售员："您好，我是山东玛尔思商学院电话营销培训公司的张晓，能花您一点时间，让我为您介绍一下我们的培训吗？"

客户："这……"

电话销售员："您好，您能听到我说话吗？"

客户："我能听到。其实，我也想过去参加你们的培训。"

电话销售员："哦，是吗？那您在培训方面有什么需要了解的情况吗？"

客户："既然是电话营销培训公司，那不就只有电话营销方面的培训吗？我了解的也只能是电话营销方面的培训了，这还用问？"

电话销售员："不好意思，先生！是不是我哪句话说得不对，让您生气了，还是您今天有什么不开心的事情呢？"

客户："你是不是新去的，说个话都说不好？"

电话销售员："先生，我在这家公司已经工作了两年多了，只是听您今天说话的语气，我感觉您心情不是太好，是不是因为工作压力太大的缘故呢？"

客户："每天都忙忙碌碌的，压力能不大吗？"

电话销售员："先生，我前一段时间也是因为工作压力大的缘故，心情总是不好，然后我看了一些减压的资料，现在好多了。您看，我今天能跟您通话，也算是缘分，我随后也把这份资料发给您，我相信一定能够帮得上您的。"

客户："是真的吗？"

电话销售员："当然是真的啦，您告诉我一个电子邮件地址吧，我可以马上给您发过去。"

客户："嗯，好的，我的邮箱是××。谢谢你了，刚才是我语气不好。"

电话销售员："没关系，谁都有这样的时候，现在心情好些了吗？那么，您看在培训方面还需要了解哪些信息呢，是培训课程方面的，还是讲师方面的？"

客户："说实话，我们公司马上要做一次电话营销方面的培训，不知道你们公司讲师的素质怎么样？"

电话销售员："讲师的好坏直接关系到一家培训机构的好坏。我要告诉您的是，我们公司的讲师都是素质一流的专业人士，培训的效果也受到了许多新老学员的好评。不过，我一会儿给您发资料的时候也把我们公司曾经服务过的部分公司的联系人和电话发给您，您可以直接向他们了解情况，这样您就放心了吧？"

客户："嗯，这样最好了。"

电话销售员："那好，我一会儿给您把资料发过去，随后我再和您沟通，您看好吗？"

客户："好的。"

案例中，电话销售员刚好遇到了一位心情不好的客户，但他并没有放弃。他采取的办法是先向客户道歉，安慰客户，然后逐步引导客户摆脱负面情绪，最后化解了客户的坏心情，使电话销售向更好的方向发展。

在电话销售过程中，难免会遇到心情不好的客户，或者是客户态度突然发生转变的情况，这时候，客户的种种抱怨会劈头盖脸而来，此时电话销售员最需要做的就是安慰客户，缓和客户的坏心情。然后，可以以此为切入点，了解客户的情况，引导客户对产品产生兴趣。

1. 先从自己身上找原因

服务业有一条黄金定律：客户永远是正确的。所以，当客户的情绪不好甚至冲你发火时，作为电话销售员，你也不要急于驳斥对方，而是首先向对方诚恳地道歉，要从自己身上找原因。要想赢得业务，永远不要给客户挑毛病。

例如，我们可以使用下面的说话技巧来安抚客户。

电话销售员：“是不是我哪句话说得不对，惹您生气了？”

电话销售员：“是我没有给您介绍清楚吗，还是我哪里出了问题？”

2．适时向客户表示歉意

当客户的态度突然发生转变或者是遇到客户心情不好的情况时，不管是不是由于电话销售员所造成的，都最好先向客户表示歉意。这样客户才会明白我们对他的尊重，从而改变态度。例如，可以采用下面的说话技巧。

电话销售员：“女士，不好意思，请问是我的话哪里出了问题？”

电话销售员：“很抱歉，先生，我打扰到您了，可是……”

3．主动向客户询问

在销售过程中，客户的想法和电话销售员的想法总会有所差别。你认为你的话没有问题，但毕竟客户和你的立场不同，他们不会这么认为。因此，当客户的态度发生变化的时候，你要及时主动地向客户询问，了解客户的真实想法，这样才能调整自己的策略，更好地进行销售。例如，可以采用下面的说话技巧。

电话销售员：“先生，有什么我能帮上忙的地方吗？”

电话销售员：“您有什么问题吗，您可以跟我说说。”

【专家点拨】

☀ 拳头不打笑脸人。当客户情绪状态不好时，不妨真诚地安慰一下客户。作为一名电话销售员，只要你始终以积极的心态面对客户，在客户抱怨和发脾气的时候及时采取相应的措施，你的销售工作自然会越做越好。

第五章

别被拒绝吓住，灵活化解客户的托词

在电话销售工作中，遭遇到客户拒绝的概率是非常高的。要知道，成功的销售也都是从拒绝开始的，碰到这类情况，你要坚信没有说服不了的客户，抓住客户拒绝背后的真正原因是突破拒绝的关键。作为一名电话销售员，要想在拒绝中成交，就必须弄懂客户拒绝的真实原因，倾听客户拒绝的真实心声，然后巧妙化解。只有这样，才能在电话销售中占尽先机，达到自己成功卖出产品的目的。

怎样说才不会被客户拒绝

在电话销售工作中，遭到客户拒绝的情况会时常发生。而要想做好电话销售工作，说话也是需要技巧的，只有会说话的电话销售员才不会遭到客户的拒绝。那么，电话销售员怎样说话才不会被客户拒绝呢？

案例一

电话销售员要针对不同的问题给客户不同的答案，但有一点必须记住，每次通话后都要留"尾巴"，为下次电话埋下伏笔。

"说来说去，你还是想让我做广告呀！"

"首先我要声明一下，这不是广告，虽然这样做也具有广告的效应。这是由农研所主办的一次大型行业内科技信息统筹工作，目的是反映我国当前农业科技企业的经营发展状况。不光有《中国农业知名科技企业名录》这本书，还有免费网站可供你登录，另外也将把征集的企业信息汇总到农产品信息中心数据库中，从而为企业和用户之间搭起一座便利的信息沟通桥梁。而一般的广告公司怎么能提供这样大规模的系统服务支持啊？所以这怎么能说是让你做广告呢？"

"要做决定的话，我还得跟合伙人商量一下。"

"先生，我们什么时候可以和你的合伙人一起谈谈呢？"

"关于这个问题，到时我再和你联系吧。"

"也许你现在不会有什么太大的意愿，不过，我还是很乐意让你了解，要是你不参加这次活动对你的损失有多大。我是星期三晚一点给你打电话，还是星期四上午比较好？"

案例二

莘蒂·卡尼是美国新泽西州帕斯班尼市付费处方公司主管。该公司隶属于默克乐药厂旗下某个部门。

"我有事要请教你！"

莘蒂·卡尼在别人录音电话上所留的这句话，总是能让别人回电话给她。这句话的意思就是："我有非常重要的问题要请教您，请马上打电话给我。"

有的时候，她会把话讲得更清楚些，但是也不能太明白。比如她会说："关于那个财务档案，我有重要的事情得请教您。"

这招之所以很管用，就在于它能很好地"挑起对方的兴趣"。首先，对方会对你提出的问题充满好奇；其次，当有人向自己请教时，这个人必定会觉得自己很有分量。就凭这两点，客户便希望能回答所谓的"重要的问题"来帮助你。而对于事情的最后结果，莘蒂·卡尼给出的经验是：录音电话的留言越长，你将越能挑起别人的兴趣。

案例一中的电话销售员在跟客户通话快要结束的时候，巧妙地为自己的下次电话拜访留下了"尾巴"和伏笔，这样当他对客户进行第二次电话拜访的时候，客户就不会拒绝他了。而在案例二中，莘蒂·卡尼通过在别人录音电话上留下"我有事要请教你！"这句话，总能让别人回电话给她，从而让别人无法拒绝自己。而她给客户留言的那句话的意思是："我有非常重要的问题要请教您，请马上打电话给我。"试想一下，对于这样的请求，又会有哪个客户愿意拒绝她呢？

在电话销售工作中，遭到客户拒绝的情况是常见的，对此，你只有会说话才能减少碰壁的机会。当面对客户说"不"的时候，顶尖电话销售员必须保持一种成熟心态。成熟心态是成功不可缺少的组成部分，它使人保持自信，从而逐步地走向成功。

所谓成熟心态，是指如下几种心态：

（1）客户对于可以使其受益的人是不会设置任何障碍的。

（2）只要能够找到有效的方法，客户会对你不设防。

（3）电话销售新手在电话里得到的反应往往是"不"，但客户的拒绝多半不是针对你。

现实工作中，一些未经良好训练的电话销售员给客户打电话时，他们的电话既不顺利又失专业水准，让客户养成了开口即说"不"的习惯。所以，当你第一次给一位客户打电话就遭到粗暴拒绝时，你不要气馁，他多半是不了解你。但不管怎样，你都没必要把客户给"惯"坏了，否则他们会变得越来越难"伺候"，此时因势利导才是可取之道。

如果你不幸遭到了客户的拒绝，你该怎么办呢？下面三个简单的方法可以为你提供有益的借鉴。

1. 列出所有客户可能拒绝的理由

常遇到的拒绝理由包括：

"现在我太忙，没有时间。"

"我们没有钱。"

"你们的费用太高了。"

"我们不做。"

"说来说去，你还是要我做广告啊。"

"要做决定的话，我得先跟合伙人商量一下。"

"我们会再和你联系的。"

"说来说去，你还是想推销东西啊。"

"我得回去和太太商量一下。"

"我要考虑一下，下星期给你打电话。"

"我们没有任何原因。"

"我们收到的传真太多了。"

"凭什么我要相信你啊。"

"我们的产品销路好，不用宣传。"

"我们企业的规模小，产品只在本地区销售。"

"类似的我们做得很多，但效果不是太理想"……

2. 任何一个问题未能得到圆满解答之前不要拿起电话

针对上面的问题，你可以给出多种不同的回答，有必要的话你还可以将其一一背下来，下面举例加以说明：

（1）"我现在很忙，没有时间。"

"我非常理解你这样说，因为我也有时间不够用的时候。不过，仅2分钟，你就会相信我们要谈的议题绝对重要……"

（2）"目前，我们还无法确定业务发展方向。"

"我们先不要担心这项业务日后的发展，你先参加一下，看看本次会议究竟对你有没有用，行不行？"

3. 坚信你能找到最佳的应对方法

客户拒绝你，有拒绝你的原因；客户答应你，也有答应你的理由。

如果客户就是没有任何原因地不愿意参加你们单位举办的某一活动，对于这样的客户，如果你能分析出客户为什么拒绝，结果肯定是：除非他不做，做的话肯定是个大单。

针对这个问题，有一个电话销售员对客户进行了分析，然后对客户说："任何事情都是有前因后果的，不做肯定有不做的原因：是不是您现在太忙，没有时间处理这个工作？我想您要是事必躬亲的话，那要您手下的那些人干什么去呢？是不是经费紧张？是不是现在经营不善，企业亏损？"

经过电话销售员的一番分析，客户最后不仅做了，而且还做了大单。拿下了这位客户以后，该电话销售员对销售工作信心倍增，打电话时的紧张情绪也消除了。

做电话销售工作，被拒绝的情况时有发生，但是一段时间过后，你将会发现这份工作的魅力。任何一种技艺的掌握都是一个渐进的过程，电话销售工作也不例外。而且如果你能用心去工作，就会发现客户的每一次拒绝其实都是为你提供了一次成交的机会。而你只需掌握电话销售工作中说话方面的一些方法和技巧，注意规避语言方面的一些常见误区，销售业绩就会慢慢提升，而客户的拒绝对于你来说也不再是那么恐怖的事情了。

【专家点拨】

☀ 对于电话销售员来说，在跟客户沟通的时候，应该时刻注意自己说话的技巧和策略等。不要忽视这些细小问题，因为稍微不恰当的言辞马上就可以导致客户挂掉电话，让电话销售工作走向失败。可见，"怎样说才不会被拒绝"对于任何一位电话销售员来说，都将是其应付客户拒绝所不容忽视的一个问题。只有会说话，才能少被客户拒绝，游刃有余地应付和化解客户的拒绝，从而让自己的电话销售工作绕过障碍走向成功！

怎么破解"我需要跟太太商量一下"

在电话销售工作中，电话销售员遭到客户拒绝的借口五花八门，客户说"需要跟太太商量一下"就是其中的一种。那么当碰到这种情况时，你应该怎么处理呢？

电话销售员："张先生，您以前在打理企业的时候，如果技术上出现问题的话，您会向谁请教呢？"

客户："这还用说，当然是找专家啊。"

电话销售员："为什么不去找路边摆摊的小贩呢？"

客户："你太会开玩笑了吧，他们怎么懂这些！"

电话销售员："您太太对保险熟悉吗？她对保险有过深入的研究和了解吗？"

客户："不熟悉，也不太了解。"

电话销售员："张先生，您也知道有问题要找专家，可是现在有一个对保险素有研究的人在您面前，您不问他，反而将这个问题丢给不太了解保险的太太去处理，您这样的做法有点不太妥当吧？"

客户（沉默了一会儿）："你说的有点儿道理。可是我也得听听太太的意见啊，这个家毕竟是我们俩组成的。"

电话销售员："尊重太太很好，这是应该的。但是您这样做会不会给您太太造成困扰？"

客户："怎么说？"

电话销售员："您想想，假如您太太说不要买保险，万一将来有事故发生，是不是会带给她灾难？如果她说好，买吧。那您是不是又会想：太太是不是希望早日得到这笔保险金，所以才同意我买保险？况且为太太及小孩买保险，努力为她们提供一个温暖的家及衣食无忧的生活，本来就是一家之主无法逃避的责任。除非您把这一家之主的权力交给太太，否则您应该自己做决定。"

客户（又沉默了一会儿）："你说的有道理……好，我决定给太太和儿子买了。"

电话销售员："恭喜您，您做了一个非常明智的决定……"

在现实工作中，不少电话销售员经常会碰到客户"我要跟太太商量一下"这样的拒绝借口。这个时候，不管你怎么想，反正客户就是在委婉地、间接地拒绝你。对于这种情况，你需要有一个心理准备。

客户提出要和太太商量一下，这也是人之常情。若碰到客户这样说，你可以回答说："好的，先生，你这样说我很理解。那可不可以约您的夫人一起来谈谈？约在这个周末，或者您比较方便的哪一天？您看如何？"如果你能这样做，就可以比较灵活地化解客户的拒绝了。

案例中的电话销售员其化解客户拒绝的本领是非常高的。当他听到客户说"我要跟太太商量一下"时，并没有被客户的拒绝所吓倒，而是采取循循善诱的方式，最终劝服客户听从自己的建议，与之成功做成了生意。他使用的技巧值得我们参考、借鉴。

不过，针对上面这个具体案例，你需要做好如下几步工作：

第一步，出于对客户的尊重和认同，你可以顺便夸对方一下，比如，你可以用"先生，您真是一个优秀体贴的丈夫！""做您的太太一定很幸福啊！"等这样的话来褒扬一下客户尊重太太的态度。

第二步，你可以通过问如下一些问题来初步验证其购买的真实性，比如：

"先生，以前您买过保险吗？"

"先生，您的太太以前有没有跟你一起购买过类似的产品？"

通过以上这些问题，加上倾听客户的声音以及感受客户在电话中的态度等，你就可以判断出其对你的产品是不是真的有需求。

第三步，也是最关键的，如果客户提出要和太太商量一下，那么最有效的做法应该是这样说："不如这样吧，如果您和您太太有空，到时我们会提前通知您，并派专车接你们来我公司洽谈保险的购买事宜。您看怎样？"按照经验，这样做成功率一般能够增加 30% 以上。

第四步，如果你希望客户最好能尽快下决定，那么你应该"利诱他"。比如，您可以说："现在我们的这款产品正好搞活动，如果你在 × 月 × 日之前购买，我们还可以给予您一定的折扣及赠品。"从而促使客户尽快下决定购买你销售的产品。

【专家点拨】

💡 在每天的电话销售工作中，你可能会遇到客户各种各样拒绝你的理由和借口，你认为客户在敷衍你也罢，将成交向后拖延也罢，你这时需要注意的是不要被客户的言语迷惑。你应该学会积极换位思考，要能认识到客户这样说这样做也是人之常情，毕竟客户也怕购买产品回到家中后遭到太太的讥讽或反对。如果你能这样想，再加上灵活变通的方法，那么你化解客户的这一拒绝也就不再是件难事了。

☎ 怎么破解"我对你们的产品没兴趣"

客户常常说:"哎呀,我对你们的产品没有兴趣。"我们知道,通常一个人对一件事情没有兴趣大致有四个原因:了解一点,但有误解,所以"没兴趣";全不了解,"兴趣"无从产生;拒绝推销的借口;真了解,理性使然。

1. 分析客户拒绝的具体原因

电话销售员遇到这种情况时,应该分析客户拒绝的具体原因,区别对待。下面来看看电话销售员小高的做法:

小高是做铅管和暖气材料的电话销售员,多年以来一直想跟吉林的某一位铅管承包商做生意。那位铅管承包商业务极大,信誉也出奇得好,但是小高一开始就吃足了苦头。那位铅管承包商是一位自负骄傲的商人,以打击捉弄别人为能事。当小高给他打电话的时候,总是听他咆哮着说:"你们的产品,我没兴趣!不要浪费你我的时间!"

最近,小高的公司正在商谈,准备在长春市皇后新社区开一家新公司。小高想到那位铅管承包商对那个地方很熟悉,并且在那做了很多生意,因此,小高想试试另一种方式,避免一打电话就说"我是来推销铅管的"而被拒绝。

小高再次给那位铅管承包商打电话时说:"×先生,我今天不是来推销什么东西的。我是来请你帮忙的。不知道你能不能抽出一点时间和我谈一谈?"

"嗯……好吧",那位承包商说,"什么事?快点说。"

"我们想在皇后新社区开一家公司",小高说,"你对那个地方了解的程度和住在那里的人一样,因此我来请教你,这样做好还是不好呢?"

情况有些不同了！多年以来，那位承包商一听是销售人员的电话就大吼着挂机的情景不见了！因为，今天这位电话销售员是特地打电话请教他意见的，想一想，一家公司的销售人员当然知道自己应该干什么，但现在居然跑来请教自己，说明自己在这个行业还是一个举足轻重的人物。

接着那位承包商一改惜字如金的习惯，用了一个多小时，详细地解说了皇后新社区铅管市场的特性和优点。他不但同意那个分公司的地点，而且还把他的分析重点集中在购买产业、储备材料和开展营业等全盘方案上。

再后来，当小高为此登门拜谢的时候，他不仅和那位承包商成了朋友，而且他带回了一大笔装备订单。那位过去对小高的产品一点也不感兴趣的骄傲的承包商，后来常常和小高一起打高尔夫球呢。

2. 化解客户"没兴趣"的语言技巧

通常，客户说他没兴趣的时候，多是一种拒绝手段。如果你碰到这样的客户，劈头盖脸地对你来这么一句，作为电话销售员，你应该这样应对：

"了解后可能就有兴趣了。好多事都是这样，知道了用处，就有兴趣拥有它。所以，不妨让我为您介绍一下它的用处，您觉得好呢，咱们接着聊，最后要不要购买，反正全由您。"

"是，我完全理解，对一个谈不上兴趣或者手上没有什么资料的事情，你当然不可能立刻产生兴趣，有疑虑有问题是十分合理自然的，让我为你解说一下吧，星期几合适呢？"

"×先生，我今天不是来推销什么东西的。我是来请你帮忙的。不知道你能不能抽出一点时间和我谈一谈？"

"油价上涨没人感兴趣，但汽油不买不行呀，没油车怎么开？所以，很多事不是兴趣的问题，而是需求的问题。你我好比一部车，现在可都开到人生高速路上了，我们的产品就是你我油箱里的油和车上的备用胎，不是有没有兴趣带上它的问题，而是必须带上，不然，谁不带，谁就有可能半路抛锚。您说呢？"

"我非常理解，先生，要您对不知道有什么好处的东西感兴趣实在是强人所难。正因为如此，我才想向您亲自报告或说明。星期一或者星期二过来看您，行吗？"

"像您这样的人对保险没兴趣完全可以理解，事业兴旺、生活殷实，怎么会有时间想到风险？想起来都觉得倒霉。这样吧，这种您不愿意想的事情，交给我来为您想，我的工作就是整天琢磨怎样帮助别人摆脱倒霉的事情发生。"

"就是因为您对我们的产品没兴趣，所以您更应该购买我们的产品……因为我们有很多非常好的客户，当他们在一开始跟我们接触的时候，他们都说自己没兴趣，但是当他们看了我们的产品后，往往改变了自己的主意。"

"我能占用您几分钟的时间跟您说一下吗？如果我说了之后，您不感兴趣的话，我会马上结束的。"

 【专家点拨】

💡 对这种形式分两种情况分析：

（1）客户真的不想购买产品，因为目前可能他暂时不需要。这种情况电话销售员应和客户转移话题，不谈关于业务的问题，希望能和对方交个朋友，多方面了解这个"朋友"，希望在以后的日子中能把自己的产品销售给他或者他的朋友。

（2）客户可能找到了一家比自己的产品价格更低，电话销售员应试着去了解这个客户价格对他的影响程度，从而调整好自身的方法去应对。

怎么破解"价格太高了"

在销售活动中，价格永远是销售人员和客户双方争论的焦点，每一场销售几乎都伴随着价格之争。很多客户为了争取到更优惠的价格，往往不是说"你们这里的价格太贵了"，就是说"××那里比你们这里要便宜许多"。其实，客户的这种推脱之词存在两种可能，一是竞争对手那里确实虚报了低价；二是客户无非想通过这种说辞获得更多的讨价还价筹码。对于这两种可能，销售人员要酌情处理。

1. 竞争对手虚报低价的处理

其实，在各种产品、服务的推销生意中，都可能遇到那种狡猾的销售员——虚报低价的骗人老手。他们往往会报出一种虚假的低价格，引诱客户前来购买，然后假装出错、请求原谅，比如说原来的报价漏掉了某些费用，从而趁机以高价兜售同类产品。

当客户说其他商店更便宜的时候，乔·吉拉德平静地对客户说："我想一定是有人搞错了，您不用告诉我那个销售员叫什么名字，我只想知道他是哪家商店的。"客户说："ABC商店。"乔·吉拉德接着说："先生，我想为您做一件事，那就是证明我的买卖绝对是公平合理的。而且，我还会让您节约许多购物时间。您可能不信，那好，我证明给您看。"

说着，乔·吉拉德就打电话给ABC商店，然后把听筒递给那位客户，以便他能听到回音。"下午好，这里是ABC商店。"客户听到了。

然后，乔·吉拉德拿过听筒，问客户："就是这家商店给您的报价比我的低，对吗？"客户点头承认之后，乔·吉拉德就对着话筒说，他要和该店一名销售员讲话。

"先生，三天前，我在本市的一家商店买了一辆车。可是等我今天上午去取车时，那儿的销售员却说他漏报了450美元的价，我现在告诉你我想要什么样的车，如果你出价比那家商店低的话，我就直接上你那儿买去，不过，要是你的报价仅仅是低一丁点儿的话，我就上别处去，你认为怎么样？"

如果那位销售员想让乔·吉拉德去一趟，或者询问他的电话号码，他就说："不，我只想要你给我一个报价。要是合适的话，我和我太太今天下午就上你那儿去。"

几乎总是这样，销售员不大愿意在电话里报价，但是相持下去，他只好给出了报价。结果，那位销售员的报价是12700美元，而乔·吉拉德的只有12200美元。他悄声地问了问身边的客户，客户说那位销售员当面给他的报价是11900美元。

"请你对我的太太重复一遍你的报价，好吗？"乔·吉拉德问道，然后把听筒递给客户。

"12700美元。"销售员说。乔·吉拉德随即挂断了电话，对客户说："瞧，我为您做了些什么？"乔·吉拉德把笔和订单递给他说："请签下您的大名吧。"

有时候，客户会拿出一张推销宣传单，然后指着它对乔·吉拉德说："乔，你看看这个，我能少花100美元买到它。"

遇到这种情况，乔·吉拉德只是说他不可能按那个价买到这件产品，因为那份报价可能没有包括别的一些费用，或者可能只是一种"上钩调包诱售法"。乔·吉拉德解释说，这种推销伎俩就是在宣传品上报价很低，但当你要求购那种型号时，他们会说已经卖空了，并且劝说、鼓动你买一辆更昂贵的车。

乔·吉拉德这样说的时候，他并不恳求客户相信他的话，相反，乔·吉拉德会用前面提到的同样的手法，给那位销售员拨电话询价，但乔·吉拉德不会告诉他看到过这份宣传资料，乔·吉拉德只想知道他的全面价格。

这一招往往百试百灵，乔·吉拉德总能挖到真实的报价，然后告诉客户，并且说服他转而买自己的产品。

2. 价格异议的处理

很多电话销售员都有这样的尴尬：报价时已经是按照公司的价格表报了，有时也能给客户降个 2%～3%，但客户还是不满意，自己除了说质量好或者这已经是公司最低价之类毫无实质意义的话以外，没有其他方法，其实不然，还是有回旋和化解的余地的。来看看下面这个场景：

客户："你们的价格好像有点高啊，38 元一盒，我在其他人那里得到的信息，最便宜的只要 18 元一盒呢！"

电话销售员："王总，您是行家，您应该知道我们山东朱氏药业集团的产品在材料和性能上都是那种只要 18 元的同类产品不可以比的。我前几天快递过去的样品，您一定过目了，相信您只要觉得我们的价格公道且产品可靠的话，是一定会买我们的产品的。"

客户："可是这相差得也实在太大了，价格上这么大的劣势，我担心销量会很难做上去！这冷敷贴本来就是小成本、低利润的商品，只有薄利多销才是上策啊！"

电话销售员："哈哈，王总你说的没错，可是我们也不得不考虑成本呀！王总，以您的眼光肯定也看得出我们这种冷敷贴的成本吧！"

客户："当然，我也不是要求你们以低于成本的价格给我货，要是真那样的话你们也不肯啊！利润大家都得要嘛！可是你们的价格确实有点高啊！"

电话销售员："我们也想便宜点给您，可是现在我们在全国都是统一定价，一旦价格被打乱，我们今后的生意会很难做，对于这一点，希望王总您能理解！"

客户："我能理解你，可是你们不理解我们啊！没有价格上的优势，开拓一个新市场我们会压力很大的！"客户的口气软了下来，电话销售员也因此而判断出客户的价格太高异议并不是真心的。

电话销售员："王总，您何出此言？如果我们不理解您，我们怎么会在您没做我们代理商前就以加盟商的价格给您货呢？我们怎么会对您连铺货数量的要求都没有……王总您讲这话我可伤心了！"电话销售员开始展开心理攻势。这时，王总不再说什么，变得沉默起来。

其实，同样的产品该客户前不久已经拿了一次货了，虽然数量不多，但足以说明该类产品的市场销量还是不错的，提出"价格太高"只不过是客户想多得到一些利润罢了。另外，也正是看到客户是一位潜在的大客户，电话销售员才敢于以加盟商的价格让客户提货。当然，客户王总急着第二次来提货，也说明他比较看重冷敷贴的市场效应，虽然冷敷贴只不过是其收入的一小部分。

正是由于牢牢抓住了客户的内在需要和真实的购买需求，在客户提出"你们的价格太高了"时，电话销售员才敢于适当地对其施压。

后来客户果然按原来的价格签了一千件产品的合同，结果也都在意料之中。

记住，无论你给客户什么样的价格，客户永远都会说价格高。这就需要你对自己的产品很了解，对行业了解。从质量方面说明你的产品价格是合理的是最常规也最有效的办法，但必须具体。另外，以巧妙的方法让客户明白，为了他更大的市场和机不可失的商机，这点投入是绝对值得的！

电话销售员常常会遇到客户讨价还价的行为，许多客户因为价高就不理人了。这个时候，你怎么办？

首先分析原因。所谓价高，并非真的价高，仅是客户一种惯用语。回答策略：一分钱一分货，其实一点也不贵。除此之外，你还可以用如下策略加以应对。

◆同类比较法

说明你的产品和同行的质量不相同，你的产品质量通过认证，有保障，同行不能够做到，所以你的产品价格要比同行高。比如：

"市场××牌子的价格是××，这个产品比××便宜多啦，质量还比它好。我们给你的价格已经是最低的了，比给你同行的都低，我们已经做到我们最大的可能为你服务了，如需要证实，可以把另外一个客人的报价给你看。"

◆诉苦法

"现在原材料的价格在上涨，我们的经营成本也在不断增长，所以我们的价格也需要上涨啊……"

"因运输成本的增加，我们的销售成本也在增长，所以我们的价格才会比较高。"

◆反问法

除产品特色及售后服务优势外，你也可以反问客户"您认为价格多少比较合适"，把球踢给对方，这样能让你了解到客户的心理价位底线，做到胸中有数，然后就可以采取下一步措施了。

◆服务制胜法

"我们提供的优质服务及我公司的信誉都是同行所不能提供给你的。因为我们的服务也需要成本，所以我们的价格会比同行高点。"

你可以列出你的产品的优势，另外还有你的售后服务的优势等。对于客户而言，产品的特色及完善的售后服务体系都是其比较关注的地方。

 【专家点拨】

☀ 在电话销售过程中，无论你给客户什么样的价格，客户永远都会说价格高。这就需要你对自己的产品很了解，对行业、市场很了解。从质量方面对你的产品价格进行说明，是合理的、常规的也最有效的方法，但必须具体。另外，你还需要巧妙地让客户明白这样一个道理：为了更大的市场和机不可失的商机，这点投入是绝对值得的！如果你能做到这样几点，那么以后对于客户"价格太高了"这样的拒绝借口，你就可以轻松应对了。

📞 怎么破解"需要时再打电话"

在电话销售工作中，当客户说"需要再打电话"时，就意味着他已经委婉地拒绝你了。这个时候，作为电话销售员，应该如何应对客户的这个拒绝借口呢？

案例一

客户："谢谢，不过培训我们暂时不需要，如果以后有需要时再给你们打电话！"

电话销售员："不需要没关系（重复认可客户的反对意见）。其实我今天特意打电话给您主要就是想问候一下您，同时就一个问题想跟您共同探讨一下。"（转移话题，移开客户注意力）

客户："什么问题？"（客户视线开始转移）

电话销售员："是关于如何寻找客户资料的问题，做电话销售最重要的是要在开始的时候找对人，但是我发现现在有好多电话销售员根本就做不到这一点。他们整天在与不相干的人（如前台）那里浪费宝贵的时间，这将会严重影响其销售业绩的提高，您说不是吗？"（刺激客户的神经，进一步移开客户的注意力）

客户："是的，这确实是个比较严重的问题！"

电话销售员："最近玛尔思商学院发现，通过一个方法能很好地解决这个让人头疼的问题，所以想征询一下您的意见，看看可行不可行。"

客户："是吗？那究竟是什么方法？"（客户已经将自己的关注焦点转移到寻找客户资料上来了，因为这和他的实际情况密切相关，至于"不需要"的想法，客户早已抛到脑后了）

案例二

客户："什么搜索？我们不需要！有需要时再给你打电话！"

电话销售员："没关系，我非常理解您现在的感受（重复认可客户反对意见），以前我的很多朋友也都有和你一样的想法，主要是因为他们担心通过关键词的搜索还是会找不到自己的目标客户。不知道您是出于哪方面的原因？"（探寻客户反对意见的真正定义）

客户："哦，对此我也深有同感。我们是做程控交换机的，主要是找大客户，但那些大客户自己会主动到网上来找程控交换机吗？我觉得可能性很小。"

电话销售员："我明白您的意思了。但是您为什么会认为大客户自己就不会到网上搜索程控交换机呢？"（继续探寻客户反对意见定义背后的原因症结所在）

客户："是这样的，以前我们也使用过搜索推广这项服务，但是在两个月之内收获寥寥无几，所以我们才会有这种想法。"（这是客户反对的根本原因所在）

电话销售员："我明白了，如果我是您，也会有同感（认可客户，建立亲和力）。顺便问一下，您以前使用的是哪家公司的搜索引擎服务？大概在什么时间？"（继续了解背景之后，就比较容易给出合理的解释了）

在上面的案例一中，电话销售员碰到客户说"需要时再打电话"这个拒绝借口时，他先是重复认可客户的反对意见，让客户感到受到尊重和重视，然后就以要跟客户共同探讨一个问题来转移话题以移开客户的注意力，接着又抛出问题的解决办法，从而将客户关注焦点成功转移到电话销售员所提出的问题上来，很好地化解了客户的拒绝。而在案例二中，面对客户同样的拒绝借口，电话销售员也是先重复认可客户的反对意见，让客户感觉自己受到理解和尊重，然后开始探寻客户反对意见背后的真正原因，接着电话销售员再次认可客户，从而为自己建立起亲和力，然后继续了解客户使用同类产品的相关情况，从而为拿出合理的解释做好铺垫。该电话销售员也很好地化解了客户"需要时再打电话"这一拒绝借口。

电话销售员应该明白，客户购买产品的主要原因是他对你销售的产品或服务有需求。但是你只有让客户意识到现有产品的不足及问题，让客户有了烦恼和困惑，他才会进而产生需求。所以，如果客户对你提出了这样的反对意见，十有八九是电话销售员之前的工作没有做好。这时候，你需要做的是赶快让客户的注意力回归到销售轨道上来。具体地讲，你需要做到如下几点：

1. 重复并认可客户的反对意见

重复并认可客户的反对意见，关于这一点非常重要。这表明电话销售员正在很认真地倾听客户所讲的话，是对客户的一种尊重，可以赢得客户的好感。

不仅如此，在电话销售员跟客户沟通的时候，如果客户突然提出反对意见，由于事先毫无防备，就极有可能让电话销售员陷入冷场和慌乱之中，从而使客户对其专业素质产生怀疑。通过重复客户的反对意见，你起码可以获得几秒钟的思考时间。正是在这短暂的几秒内，电话销售员想好了对策、厘清了思路。所以，如果客户的问题实在很难回答，电话销售员就可以这样讲："您的意思是不是……"将客户的反对意见很认真地重复讲一遍，让客户回答："是的，我正是那个意思……"这样，你就为自己争取了时间去思考对策，还可以让客户认为你很重视他的看法，可以说是一举多得。

认可客户的反对意见，通常是讲你应该认可客户反对意见的合理性。当然，认可对方并不代表赞同对方，这完全是两码事。认可只是一种铺垫，是为沟通创造的一种良好的氛围，而不是让你去和客户打嘴仗。

2. 学会及时转移话题

事实表明，天下没有任何一种产品或者服务能够在保持最好品质的同时还可以提供最低的价格。任何产品或者服务都会有其优势和劣势，这是很自然的、不可避免的事情。但是客户并不这么认为，客户总希望用最少的钱买到最好的产品，所以客户有时候所提的反对意见确实让电话销售员无法给予满意的答复。对于这种情况，实在不行，你就得学会及时转移话题。比如在上面的案例一中，面对客户的拒绝，电话销售员就用"不需要没关系，其实我今天特意打电话给您主要就是想问候一下您，同时就一个问题想跟您共同探讨一下"转移了话题，移开客户的注意力，接下来客户问"什么问题"时，注意力明显已经开始转移。当然，你应该将话题转移到你比较有优势同时客户也比较关注的地方，并且强调你的优势对于客户的重要意义。比如，在上面的案例一中，电话销售员说："最近我们发现，通过一个方法能很好地解决这个让人头痛的问题，所以想征询一下您的意见，看看可行不可行。"于是，接下来客户问："是吗？那究竟是什么方法？"这表明客户已经将自己的关注焦点转移到寻找客户资料上来了，因为这和他的实际情况密切相关，至于"不需要"的想法，客户早已抛到脑后了。

3. 实在不行就请教别人

如果电话销售员实在没有什么好的处理方法，一切都不奏效，此时也可以这样对客户讲："刘经理，您稍等一下，我的手机快没有电了，我换块电池再给您打过去，不好意思啊！"然后马上去问公司的同事或伙伴应该如何处理，找到答案后马上回拨过去（注意：万般无奈之下才可以使用这种方法）。

 【专家点拨】

💡 在电话销售工作中，客户说"需要时再打电话"这句话的潜台词很简单：既然我已经告诉你没有需求了，你就不要再打电话给我了。至于等到有需要的时候客户主动打电话给电话销售员，这样的事情在99%的情况下是不会发生的，这仅仅只是一个美丽的谎言而已。

☎ 怎么破解"我需要老板同意"

电话销售员："您好！我是上次给您打电话的山东朱氏药业集团销售员小陈，您上次很看好我们的远红外理疗贴，我想问一下什么时候能给您送货？"

客户："知道，我想起来了。不过，虽然你们的产品很好，但是我没有权力动用公司的资产，如果买你们的远红外理疗贴，我需要得到老板同意才行。"

当你听到这句话，是否感觉这种拒绝就像一道无法逾越的屏障，让你面对着它一筹莫展？推销过程中，我们会经常遇到这种情况，说话人或者自己就是"一级大老板"，但是他并不想告诉你他就是最终决策者；或者他有权决定是否和你做这笔买卖，但是他上面还有股东、总部、总公司，在程序上需要履行申请与批准的程序；也有可能对方是一位优柔寡断的人，他在很多事情上犹豫不决，不敢做决定，需要拒绝你之后一个人好好想想。但是，不管是哪一种情况，你都不要沮丧，其实客户这样说，有一半以上是谎言——一个令人沮丧的托词。这种反对理由给你的挑战是，弄清楚他真的需要老板同意还是客户担心老板怪罪而不敢做主。一个简单有效的技巧就是：主动"出牌"，让客户来应答这个异议。例如：

一次，山东朱氏药业集团的销售员孙扬做磁疗贴推销，一位客户跟他讨论过各方面条件后，突然话语少了，而且变得闪烁其词起来，但对方又不放下电话。凭经验，孙扬知道客户对自己的产品已经没有什么大的异议了，客户现在在想打压价格的策略，而且很多客户都会说："你的产品不错，但是我需要总部同意，才能和你做这笔生意。"现在，孙扬已经学会了应对的策略，一见客户犹豫不决，他马上问对方："请问，您能代表公司给我一个决定吗？"

客户本来还在犹豫是否要做最后的决定，听孙扬这么一问，马上条件反射地问道："怎么，难道你看我不能决定吗？"

"当然能。不，您本来就是老板。那我们现在就签约吧？"

"好吧！"

孙扬用这一招挡住了不少客户"我需要得到老板同意""这需要总公司批准""这需要向总部申请"的拒绝借口，就这样做成了不少单子。

想一想，当有人问："你可以做主吗？"你心里会有什么反应？大多数人都会表现出自己就是有权做主的人，虽然事实并非如此：电话销售员正可以利用客户的这个心理，成功应对客户"我需要××同意"的拒绝信息。如此一来，客户被迫不得不当场做决定，那时他就没有后路可告诉你："这个我不能做主，恐怕还要经过上级允许才行。"比如，当你想要向售货小姐要求折扣时，如果问她是否能做主，虽然她权限没有那么大，应该向上级请示，可是往往会为了面子，硬着头皮表现出绝对的肯定。其实，她心里已开始做最坏的打算，就算把自己的奖金贴上去，也要撑这个场面。在如此冲动下所产生的议价模式，往往就把利益拱手让给了你。

此外，应对客户需要老板同意的理由或困难，电话销售员还有如下对策：

1. 询问客户有关取得老板同意的程序

如果客户坚持需要老板同意才能够给你答复，你不妨暂时将事情放一边，多问问对方关于老板的批准程序，如"那得多长时间？""是一个人决定就行了，还是需要全体委员会同意……""如果需要委员会通过，他们什么时候开会？""我可以提出企划书吗？""你手头有没有企划书的样本？""我可以跟决策者取得联系吗？"

2. 寻找解决问题的变通方法

有些时候，客户会有一笔可自由动用的预算，有时候预算有最高金额限制，所以如果你能开立数张发货单，把大额数目分成小额数目，可能会非常管用。而其实有很多方法可以避免这种拒绝的发生。

3. 催促客户马上与老板联系

"既然一定要老板同意才行，那么你不如趁我在与你通话的时候就跟老板联络，如果老板有什么情况需要了解，我可以马上答复他，提高我们之间的工作效率。您说是不是啊？"或者请求客户当场和老板通话以判断客户所言是否属实。如果对方解释无法马上和老板联络，很可能你们所谈的买卖并不需要老板批准。当你听到客户闪烁其词时，至少你能够判断出对方到底有没有跟你说实话。

4. 巧妙打探到其他决策人

你的目的是在做商品说明之前弄清楚还有没有其他决策人。在询问是否还有其他决策人的时候，你可以这样问客户："还有没有其他人参与这类问题的决定？"尽量避免问一些太直率的问题，比如："你是公司唯一的决策者吗？"这话听起来不仅销售意味太浓了，对客户也带有点侮辱的意味，这样的话还是少说一些为好。

5. 让客户说出事实

如果你不相信客户说的是实话，那么你可以找出真正的反对对方的理由来。很多时候，客户是否说实话，一试便知："告诉我，××先生，如果不需要老板的同意，你还会不会购买我们的产品？"如果客户回答"会"，那么你就等于已经跨越了做成这笔生意的第一个障碍了，不管老板同意不同意。

【专家点拨】

💡 其实，在电话销售过程中，你时刻都会遭遇到客户各种各样的拒绝你的借口，每当这个时候，如果你真的想要做成一笔生意，就得学会尽全力去争取。别人能够做到化解客户这样的拒绝自己的借口，你也一样可以做到，当然，前提是你需要掌握一定的方法和技巧。总之，不要让所谓的总公司妨碍你接到一笔大订单，到总公司去，把订单拿到手，有人就这么做也取得了成功，而你一样也行！

怎么破解"已有合作伙伴"

当客户对你说自己"已有合作伙伴"的时候，你会产生什么样的想法？这个时候你应该如何去化解客户这一拒绝自己的借口呢？现在就一起来探讨一下这个问题。

案例一

客户："对不起，我们已经有合作伙伴了。"

电话销售员："没关系，今后也许我们还会有合作的机会。现在我先给您报一下我们这边产品的价格，由于您是我们公司的重要客户，所以我给您的报价要比我们市面上的报价低。我不知道您的合作方给您的报价是多少呢？"

客户："那你就先说说，你们这款产品的报价是多少吧？"

案例二

客户："对不起，小马，你晚了一步，我们公司已经找到合作伙伴了，所以你的推荐我们暂时不需要了。"

电话销售员："王经理，您的意思我明白。那您能告诉我是哪家公司这么幸运吗？"

客户："这个可以告诉你，是锐科公司。"

电话销售员："锐科公司在行业内一直都是家口碑不错的科技公司，主要经营的是路由器的代理。"

客户："看来你对锐科公司还是比较了解的。"

电话销售员："假如我能跟你分享一下这个行业的潜规则，让您了解到目前路由器市场各个品牌的进货价，为您今后的采购工作提供方便，我想您应该不会介意吧？"

客户："我想知道具体是怎么回事，你说说看！"

电话销售员："据我了解，目前路由器市场主要有 TP-LINK、D-LINK 和腾达这三个品牌。在这三个品牌中，您对哪个品牌比较感兴趣呢？"

客户："感觉这三个品牌都不错，但我个人比较喜欢 TP-LINK。"

电话销售员："那我就给您报一下 TP-LINK 的进货价，好不好？"

客户："好的，你说吧。"

电话销售员："不过，我在报价前可以向您请教一个问题吗？"

客户："可以，你说吧。"

电话销售员："目前无线路由器的型号市面上有很多，而您的需求决定了您对型号的选择，不知道您这边是……"

在案例一中，电话销售员以低于市场的报价去处理客户"已有合作伙伴"的拒绝，从而为自己赢得了说服客户的机会。而在案例二中，在得知客户已有"合作伙伴"之后，电话销售员通过告诉客户行业潜规则的办法，让客户知道在今后的采购过程中如何争取更低的采购价格，从而让客户更愿意将谈话继续下去。而很多时候，当客户愿意跟你继续沟通下去时，你就等于让自己拥有了更多了解客户、化解客户拒绝借口的机会，也让自己多了一份成交的机会。

在电话销售过程中，当客户对电话销售员说自己"已有合作伙伴"的时候，也等于给电话销售员提供了一个正面的线索：客户对产品确实是有需求的，并且已经采取了行动。

听到客户这样说，你千万不要感到气馁和灰心，你首先要对客户作出的这一选择表示赞赏，以表达你对客户的尊重。同时你可以以增加选择对象为着眼点，将你的产品价格或与产品有关的一些情况适当地透露一部分给你的客户，这样，当客户在作出购买决定的时候，他就会多个选择和参考的对象。

不过，给客户提供选择对象的方法适用于已经有了需求并有多种选择的客户。另外，在跟客户分享参考对象时，你需要想办法将自己所推销的产品成功地插入话题中去,这样你才能给客户提供一个参照比较的对象,从而顺利地推广自己的产品。具体来说,你可以采取如下两个办法来应对:

(1)以价格优势为手段。电话销售员要学会用价格优势去说服客户,因为客户是非常容易对产品的价格优势产生兴趣的,从而给电话销售员提供一个继续对话的机会。

(2)抓住时机打探竞争对手。电话销售员可以在客户挂电话前打探竞争对手。这时,客户往往会因为放松警惕而告诉你竞争对手的报价,你就可以趁机利用公司在其他方面独具的优势来"诱惑"客户选择你的产品。

【专家点拨】

💡 在电话销售工作中,很多时候对于客户的这一拒绝的借口,你不妨把姿态放低一些,表示"像您这样的客户,自然会有很多人想和您合作,当然我们也不例外",接着问客户"我可以问问需要符合什么样的条件,您才有可能把我们列入合作伙伴的名单吗",弄清楚客户选择合作伙伴的标准之后,接下来的事情就很好谈了。相信这个办法也能为你提供有益的借鉴!

怎么破解"发份传真看看"

在电话销售工作中，当你向客户说明来意后，对方却以"发份传真看看"为由来打发你，碰到这样的客户，你是听从其建议把资料传过去然后等对方跟你联系，还是变被动为主动化解客户的拒绝呢？答案很明显应该是后者。既然这样，那么电话销售员应该如何去化解客户的这一拒绝借口呢？

电话销售员："下午好，陈经理。请问您现在方便接听电话吗？"

客户："方便。你是哪位？"

电话销售员："我是玛尔思商学院的陆涛。玛尔思商学院是由山东朱氏培训集团转型而来的新型企业大学，主要为国内广大中小企业提供专业、有实效的企业管理咨询服务，例如企业管理培训、网络营销培训、市场营销培训和人力资源管理培训等。我今天打电话给您是特意邀请您参加我公司本周日在锦华大酒店举办的网络营销研讨会，不知道您周日有空出席吗？"

客户："原来是这样啊，感觉这是个很好的机会。要不你先发份传真给我看看，让我先了解一下吧。合适的话，我会打电话给你。"

电话销售员："好的，我稍后就给您传真过去。但是这只是一份简单的邀请函，发传真还需要花时间去看，不如我用1分钟的时间给您做一个简单的介绍，让您了解到从这次研讨会上您将能获取哪些对自己有利的信息，好吧？"

客户："好的，你说吧。"

电话销售员："刚刚过去的"双11"购物节，××利用互联网狂揽1207亿元，创下了又一个销量神话，也让国民看到网络的强大营销力。未来是互联网的国度，如果企业不通过网络做企业和产品的营销，势必将会被经济社会淹没淘汰。网络营销是一片新大陆，能够开采出更多宝藏，企业营销业绩将会不断被刷新、突破！针对当前网络营销的发展形势和特点，这次研讨会将作出三个方面的预测分析。"

客户："是哪三个方面的预测分析呢？"

电话销售员："具体情况是这样的……"

案例中的电话销售员遇到了客户要求发送资料的情况，但电话销售员非常聪明，他先同意了客户的要求，但马上告诉客户，传真所传达的信息并不比电话沟通全面，并且客户还需要通过电话向电话销售员咨询相关信息，而直接的电话沟通则免去了这道程序，从而能为客户节约不少时间。也因为这个原因，客户最终同意将对话进行下去。

电话销售中，客户以邮寄资料作为借口拒绝销售人员的推销是一种普遍现象。要解决这个问题，电话销售员首先要尊重客户的选择，然后给客户设置一道获取资料的障碍，让客户"知难而退"，从而接受电话销售员的电话销售和产品介绍。比如，你可以用"公司产品资料种类繁多"为借口，让客户对资料作出选择。由于客户对资料并不了解，而电话销售员分门别类地准备好资料后，就等于给了客户选择的机会，并通过客户的选择对客户进行了进一步的定位。

很多时候，客户要求电话销售员将资料传给他，其实就等于在变相拒绝推销。即使电话销售员真的将资料传给了客户，对方也不会认真阅读资料，甚至可能还会对你发过去的资料不予理睬。因此，当你面对客户以传真资料为由拒绝时，不要只是答应下来，还要表明由你亲自向其介绍产品的重要性。具体来讲，你可以采取如下两个办法来应对：

1. 用充足的理由委婉拒绝只递送资料的请求

客户："要不，你先把资料发到我邮箱里吧。"

电话销售员："好的，我待会儿就给您发过去。但我很担心一点，我们的资料中只是方案的纲要和草案，必须配合专业人员的说明，再根据客户的实际情况进行修改，因此，如果没有解说的话，我担心我们的方案可能会误导您。不如这样，我先在电话里给您作一个简单的介绍，您要想深入了解，那我就下周二或周三再过去当面向您作详细介绍。你看可以吗？"

　　对于客户提出的发邮件、传真等形式递送资料的请求，电话销售员要学会委婉地提出拒绝，你只有给客户一个容易信服的理由，你才能让对方放弃他的坚持。这是电话销售员赢得销售主动权的一种巧妙方式，能让你迅速扭转被拒绝的被动局面。

2. 递送资料后要及时回访

　　如果客户真的需要递送资料，那么你可以将简洁清晰的资料通过电子邮件、传真等方式发给客户，并及时做好电话回访工作。在回访中，你要了解客户是否已经阅读过资料，进而了解其真实的购买意愿，这将有利于你作出下一步的工作安排。

【专家点拨】

💡 在电话销售活动中，面对客户的"发份传真看看"这样的拒绝借口，你得善于变通，要能够灵活化解客户的这一拒绝才行。

📞 怎么破解"我想再了解一下"

在电话销售过程中，作为电话销售员，如果碰到客户说"我想再了解一下"这样拒绝你的借口，你应该怎么办呢？你应该如何去化解客户的这一拒绝借口呢？现在就一起来探讨一下这个问题。

客户："我想再了解一下，再打电话去其他店了解下情况。如果我考虑清楚了，就买你们的这款产品。"

电话销售员："你知道吗，王先生？有很多客户在向我购买笔记本之前，也想过要做跟你一模一样的事。我相信你是想以手头现有的钱买到最好的笔记本以及最好的服务，是吧？"

客户："那当然。"

电话销售员："你可不可以告诉我，你还想了解哪方面的内容？"（这时客户说的第一句和第二句话，应该都是真正的反对理由——除非他只是想摆脱你）。

客户："我想了解……"

电话销售员："如果在你跟别家公司做完这些方面（一个个说出来）的比较之后，发现还是我们的产品最好，我想你一定会回来向我们购买的，对吗，理查德先生？"（这会儿是让理查德先生说出打算的时候了。）

电话销售员："我们有很多客户在购买产品之前也想四处询问，但是我们都知道这会占用你很多宝贵的时间。你想买一台笔记本的首要原因，就是想给自己更充裕的时间，不是吗？为了帮你节省时间，我们已经准备好一份市场调查报告，里面是前20名竞争对手的商品一览表、服务项目以及价目表，我现在就给您邮过去，您的邮箱是……好的（一边听一边记），我稍后就给您发过去，麻烦您接收下。好啦！理查德先生，新笔记本你想安装什么系统呢？是 Windows7 还是 Vista？"

在上面的案例中，客户以"我想再了解一下"这样的话拒绝了电话销售员。但后者并没有气馁，而是站在客户的立场探询客户这样做的原因，并向客户提供了已经准备好的一份市场调查报告，里面是前 20 名竞争对手的商品一览表、服务项目以及价目表，电话销售员通过这样一份翔实的书面材料表明自己产品所具备的优势。

另外，电话销售员在做足功课的同时，又大胆地向客户提出了马上作出购买决定的请求，相信这会让客户也吓一跳，自己竟然得马上作出决定，要不就得说明自己真正的反对理由。

总之，案例中的电话销售员应对客户"我想再了解一下"这样的拒绝借口的做法是非常成功的，值得我们学习和加以借鉴。

通常来讲，应对客户"我想再了解一下"的小技巧其具体内容有如下几点：

1. 把本公司与竞争对手的同类产品同表竞价

一张你们公司与别家公司在商品、服务、价格等方面的对照表，可以让你的客户当场作出购买决定，而不会想再到别处看看。

2. 提议由你来替他作决定

不妨提议由你来替客户作一下产品比较。你可以告诉对方，他想比较哪些项目，告诉客户你会将结果以书面形式给他寄过去，由比较结果来决定是否购买。客户会说："我不想让你这么麻烦。"你可以这样来回答："先生，我很重视您这笔生意。我不介意做这些，它可以让我有机会证实一下，我们确实是个佼佼者。况且，我们从来没有输过任何一场竞赛。"然后，鼓起你最大的勇气说："你要现在先买下来呢，还是要等比较结果出来了再说？"

【专家点拨】

💡 在电话销售过程中，如果客户跟你通了话，听你介绍完毕，但是他却说想再看看。这可能不是真正的反对理由。在这种情况下，你的目标应是让客户处于一个今天就会购买的情况，或者让对方说出他真正反对的理由。

怎么破解"我没钱"

在销售中，有时任凭销售员怎么强调产品的好处，客户用"我现在没钱""我目前没这个预算"作为拒绝理由是很常见的。许多销售员面对这样的拒绝感到无能为力，总是不自觉就打了退堂鼓。其实，面对这种拒绝理由，销售员一样可以大胆运用销售技巧使推销活动继续进行。

1. 客户真的没有钱吗

其实客户说没钱并不表示他不需要你所推销的产品。我们都很清楚，"心口不一"也只是拒绝的一种方式。因此，电话销售员捕捉到客户的这种拒绝信息时，千万不要打退堂鼓，紧张心虚，而应该理性看待这种拒绝。

电话销售员冯秀玲虽然做保险不到一年，却也遇到过客户两句话没说就声称自己没钱的情形。

"我没钱买你们的产品，更何况保险有那么多人没买呢！"一位客户在电话中就说三道四，百般挑剔和批评。

对此，冯秀玲的做法是"四两拨千斤"，漫不经心地说道："您说的我都了解，但就是因为您可以拒绝，所以才应该买保险。哪天您拒绝的机会都没有时，这些话会变得很难出口。"

客户："你说的我不懂。"

"今天天气不错，我们还是谈保险吧！"冯秀玲举重若轻的策略常常让客户感到自己再这么总是叫嚷都没意思了，于是，"乖乖地"言归正传了。

其实，被客户明示"我没钱"的，何止保险销售一个行业？其他产品的销售员在推销过程中也都会遇到这种"拒人于千里之外"的客户，"你推销不就是想从我这里拿到钱吗？我现在没钱，你还有什么好说的？"但不论什么样的拒绝理由，到优秀的电话销售员这里总能转个方向，变成反而是应该购买的理由。

2. 找出客户"没钱"背后的真正意思

当客户说他没钱的时候，你要确定他所谓的没钱指的是什么意思，是他的口袋里现在没带钱呢？还是他真的已经身无分文了呢？抑或你的产品不能真正吸引他，他只是把没钱当作一个推脱的借口呢？找出客户所谓"没钱"背后真正的意思，然后想办法帮客户解决这个问题。这个技巧应该如此操作：

◆拉拢客户的心

最简单的方法就是同意他的话，因为当他说"没钱"时，气氛不免有点对立，我们当然不希望彼此存有这种负面的感觉，因此要想办法将对立气氛降到最低。

◆让客户心情放轻松

你要先采取缓兵之计："您没钱没关系，我们可以先做个朋友啊！"这个很重要！先让客户的心情松懈下来，再做要求。许多人对于"做个朋友"这样的提议是不会拒绝的，通常都会附和"做朋友当然可以！"简短几句话。一开始的对立情势，已经转为朋友之间的和缓气氛了。

◆攻破客户心理防线

认了朋友后，电话销售员就可以"以朋友的名义"发问："既然我们是朋友，您可以帮我做件事吗？"当然客户第一个反应是："糟糕！他要我做事了！"一般人都会说："要看是什么事情啊！如果你要我借钱给你的话，当然不行。""不是这样麻烦的事。因为很多客户都不愿意买产品，所以公司要我们做个调查。可不可以请你告诉我，您不买我们产品的真正原因是什么？"

◆针对理由，各个击破

客户在销售员步步"紧逼"的形势下，通常都会想找一个借口搪塞销售员，这时候，应当马上反击："是不是解决掉这个原因，您就愿意买？"这是个过滤手法，客户很可能心生惶恐，连忙说："不是这样，还有别的原因……"之所以惶恐，是因为他知道自己已经被你的话套住了。这样抽丝剥茧，把不相干的理由一一滤掉，就可以探知客户心里真正的想法。比如："我刚开始就声明了，我现在没钱买你们这个产品！这是真正的原因。"

◆粉碎客户最后一个借口

客户说自己真正的理由是"没钱"时，怎么办？这时我们应该说："这个产品这么重要，您就是借钱都要来买……""我了解，现在很多企业的资金都很有限。正因为如此，我们才会推荐我们的产品，它可以用最少的资金得到最大的推广效果！不如让我亲自为您讲解一下好吗？你看这周三可以吗？"

记住：很多时候，你的客户说没钱只是借口，并不意味客户身无分文。客户的真正意思是：我没钱去买不值得相信的产品。如果能让客户相信你，客户才会奇迹般地掏出钱来！

3.以大化小解决客户的异议

用"没钱"当作拒绝理由的客户分两种，一种是真正没钱，另一种是推托之词。若客户连续多次都以没钱为理由而令你无法进行推销时，恐怕此时你必须另觅他法，因为客户可能是真的没有能力购买你提供给他的产品或服务。

若客户是推托之词时，你可以学一学乔·吉拉德的"以大化小法"，继续进行你的推销活动。

乔·吉拉德认为，处理客户"我没钱"或是"价格太贵了"之类的价格异议，最好的方法就是把费用分解、缩小，以每周、每人，甚至每小时计算。例如，一辆标价为15000美元的车，按月付款的话，可能只需300美元，按天计价的话，可能只付10美元！当你说每天只需付10美元时，价格听起来就感觉很便宜了，而客户也就感到买得起了。

另外一些类似的例子如下：

"罗杰斯先生，按照每月付款的方式，您只需每月支付300美元，也就是说，每天还不到10美元；可是，您知道出租车公司出租这种型号的车，每天收取的费用却是39.95美元。想一想驾驶这辆车的无穷乐趣吧。您买得值，不是吗？"

"不错，斯坦利先生，这套计算机系统确实价格不低，但是它能降低您的劳务成本，能把您的雇员从单调重复的工作中解放出来，从而更大地提高生产力。"

"这件500美元的大衣虽然比那件蓝色的贵一倍，但您很喜欢它，不是吗？这种大衣您能穿上10年，它的风格款式依然精美雅致。相反，要是那件蓝色大衣的话，您会很快厌倦它的。500美元的东西能用上10年，这绝对合算。"

"您每天只要省下一杯咖啡的花费，就足以支付每月分期付款的钱，从而拥有这么好的商品。"

以上的说辞，目的都是以大化小，缓解客户的拒绝心理，暂时化解客户的这一拒绝，进而将你的推销导入正常的推销程序中，如果客户能认同产品带给他的利益，"没钱"这一拒绝理由自然不再成为托词或借口。

【专家点拨】

如果你推销的产品确实让客户感到"物超所值"，确实能解决客户的问题，客户是否有预算将不再是最重要的问题。因此，不要一下就被"没钱""买不起""没预算"的说辞击退。

第六章

产品介绍好，客户一定会主动来购买

　　电话销售员对产品的熟悉程度往往会决定其销售的成败。在向客户推销产品之前，电话销售员务必做到将产品的知识烂熟于心，这样在跟客户沟通时才能表现得专业和自信，这样的工作状态也才能吸引客户，打动客户。相反如果事先没有对产品做足功课，当客户问到有关问题时，电话销售员要么是答非所问，要么是茫然不知所措，这样的工作状态，是不可能让客户埋单的。而熟悉产品就是向客户介绍产品时要懂得扬长避短，要明白产品的独特卖点，要了解产品的相关知识，要始终相信自己的产品是最适合客户的，只有这样，电话销售员才能真正地做好本职工作。

📞 成为所销售产品的专家才能底气十足

在电话销售工作中，你要想做到巧妙地推介自己的产品，那么在这之前，你就必须做自己所销售产品的专家，这样你在回答客户的问题时才能做到游刃有余，应付自如。否则，要想成功将产品推介出去就会困难重重。那么，电话销售员需要如何做到这一点呢？

电话销售员："您好，我们公司有很多款贴膏，相信一定能够满足您的要求。"

客户："那你们都有哪些品牌呢？"

电话销售员："有嘉业堂、百年华汉、森顿、景天堂等，还有一些品牌我们也在代理。"

客户："那你们生产的贴膏的档次和价格都是怎样的？"

电话销售员："产品不同其档次和价位也都不一样。"

客户："你能具体给我介绍一下这些产品之间的差别吗？"

电话销售员："……"

客户："那我还是先考虑考虑吧！"

在你向客户介绍产品性能和质量的时候，如果你对自己所销售的产品并不是非常了解，只知道一些表面上非常肤浅的东西，如果你不能很好地把产品的性能、特点等介绍给客户，就很能让客户真正了解你的产品，就不可能做成这笔买卖。因此，电话销售员应充分了解和熟悉自己产品的情况，掌握关于产品的丰富知识。比如产品类型、规格、性能、技术指标、质量水准、生产工艺、使用方法、老客户的使用情况、本企业产品与其他企业同类产品的竞争优势、价格情况和产品发展前景、本企业产品与社会文化传统和地域消费习惯的关系，以及本企业产品的不足和有待改进的方面等。关于产品的这些方面的相关内容，都是需要你熟练掌握的。

在上面的案例中，客户只是多提了几个问题，电话销售员就被"问"住了。然而现实是残酷的。殊不知在每天的实际工作中，有许多客户就因为得不到对产品的满意回答而打消了购买产品的念头。导致这一结果的原因可能就是因为电话销售员在跟客户沟通的时候，对自己的产品解释不清或宣传不力而影响了客户作出购买决定，也影响了自己销售业绩的提高。

可见，电话销售员只有百分之百地了解自己的产品，才能做到从容不迫地面对客户的各种疑惑和责难。而一旦电话销售员对客户所提的问题回答不上来，客户就不会再相信他，最终电话销售员只能面临失去客户、失去成交机会的结果。由此可见，对于电话销售员来说，做自己所销售产品的专家是件多么重要的事情！

【专家点拨】

💡 一般来说，要想做好产品推介工作，电话销售员就要非常熟悉自己的产品才行。先做自己所销售产品的专家，这样当你面对客户时才能临阵不慌，底气十足，也只有在这个基础上，你的产品推介工作才能够取得成功。

学会打扮自己的产品赢得客户青睐

作为一名电话销售员，你要有一个基本认识，即世界上从来没有十全十美的产品。任何一个产品都会有它的局限性，当客户盯住产品的缺点不放时，你必须学会扬长避短地介绍产品，多引导客户关注你产品的优势。只有这样，你才能巧妙地推介产品成功。那么，电话销售员应该如何做到这一点呢？

电话销售员："您好，我是移动公司外呼团队的业务员，今天打电话过来，是想向您推荐一款我们公司最近刚研发出来的一个产品套餐，不知道您现在有时间了解一下吗？"

客户："哦，你们移动收费真是太贵了。"

电话销售员："是的，先生。我们移动收费是偏贵了一些，这是现实存在的状况。同时这也是公司政策性问题，不是我们哪个员工能改变或解决的事情。"

客户："是啊，所以你介绍的产品我不需要。"

电话销售员："先生，移动收费除了贵一些外，我们在网络覆盖率、信号、服务、品牌、口碑等方面可都是具有非常明显的优势的。"

客户："这话怎么说？"

电话销售员："先生，虽然我们的产品在价格方面贵了点，不过不知道您有没有听过这样一个新闻呢？就在前些年，有一个业余的登山队伍攀登喜马拉雅山，刚爬到一半，突然遇上了大风雪，大家被吹散了，最后只有一位幸存者，您知道是什么原因吗？因为他用的就是移动的卡，在最关键的时候他拨通了求救电话。请问，对您来说，是生命重要，还是金钱更重要呢？"

客户：……

电话销售员： "所以，先生，我们的这款新产品套餐……"

案例中的电话销售员说服客户的做法值得我们学习和借鉴。实际上任何一个企业都不可能生产出各方面都有绝对优势的产品，能够生产出具有相对优势的产品就已经很不错了。当遇到客户挑剔产品的缺陷时，你只有扬长避短地向对方介绍你的产品，让客户多关注你产品的优点，才能更好地说服客户。

对于电话销售员来说，如果你不会扬长避短地向客户介绍你的产品，那么不管你的产品质量有多好，它也只能被存在仓库里。所以，任何时候你都应该对自己充满信心，即使抓到一副糟糕的牌，也要尽全力把它玩好，毕竟最终的胜负是很难预料的。

中国的四大美女也不是十全十美的。据传她们都有自己的瑕疵，但她们都懂得扬长避短地修饰自己，打扮自己，因此即使她们身上存在一些缺陷，也丝毫不影响她们的美丽。

比如王昭君，据传她是削肩膀，她怎么掩盖这个不足呢？王昭君的方法是使用衬垫，同时她一年四季都在头上戴个斗笠，就这样先用垫子在双肩上一垫，再用斗笠盖上，谁还能看见她的削肩？只能隐约看到她漂亮的五官了。

再比如貂蝉，貂蝉的脖子上有一道疤痕，她是怎样掩饰的呢？貂蝉知道自己脖子上的疤痕会影响美观，于是她精心为自己挑选了一条很宽的项链，宽得像根皮带一样，但颜色和做工都非常精致，这样的特制宽边项链往脖子上一戴，刚好遮住那道伤疤，无论远观还是近看，都看不出任何破绽。

四大美女用这种扬长避短的做法很好地修饰和遮挡了自身的缺点，而优点却被衬托得很明显。她们的做法也是广大电话销售员需要学习和掌握的。

做电话销售，你还需要明白这样一个道理：这个世界上并不是质量好的产品就一定卖得好，这也是营销学上的一个悖论。

中国早期的 VCD 机，卖得最好的是什么牌子？是步步高和爱多，但在消费者心目中，质量最好的却是万燕牌 VCD 机。现在很多人都没听说过这个牌子，因为生产万燕牌 VCD 机的厂家倒闭了，但它的质量在当时绝对是一流的。当初该企业拥有自己的核心研发部门、技术部门，有一流的生产设备，但他们就是卖不过步步高，卖不过爱多。

当产品在质量上输给竞争对手时，你销售的产品就应该具有其他优势，如价格优势、服务优势等，再加上熟练地使用扬长避短的产品介绍技巧，那么你就可以让自己成为赢家。

【专家点拨】

💡 世界上从来就不存在完美无缺的产品，因此，作为电话销售员你得学会"打扮"自己的产品，也即你要懂得扬长避短地向客户介绍你的产品，以此来弥补修饰产品存在的缺陷或不足。

介绍产品时要时刻保持清晰的思路

电话销售员在对客户进行产品推介时一定要注意保持清晰的思路，这一点非常重要。如果你说的话让客户觉得思维混乱，内容缺乏条理性，客户在听电话的过程中就会心生厌烦，进而挂断电话。可见，对于电话销售员来说，在产品推介时保持清晰的思路是件多么重要的事情。那么，电话销售员应该如何做到这一点呢？

电话销售员："先生，您好，这里是××公司个人终端服务中心，我们目前在搞一个调研活动。请问我能问您两个问题吗？"

客户："可以，你讲。"

电话销售员："请问您经常使用电脑吗？"

客户："是的，工作需要啊。"

电话销售员："请问您用的是台式机还是笔记本？"

客户："在办公室一般都用台式机，在家就用笔记本了。"

电话销售员："最近我们公司对笔记本电脑有一个促销活动，不知道您是否有兴趣？"

客户："就是笔记本促销吧？"

电话销售员："是啊，也是，但是……"

客户："哦，不好意思，请你别讲了。我现在有电脑，对你们的产品暂时没兴趣。"

电话销售员："先生，机会很难得啊……"

案例中的电话销售员之所以失败了，一个很重要的原因就在于他讲话的思路不清晰。可见，对于一个电话销售员来说，能否保持清晰的思路将直接决定其产品推介工作的成败。既然这样，在拿起电话前，你还怕麻烦不去整理一下自己的思路吗?

电话销售员在向客户进行产品推介前,要先整理好自己的思路。要检查下自己将要向客户说的话是否思路清晰,语句间是否逻辑连贯、通顺,所讲的内容是否具有条理性。还要问下自己,我如果这样说,客户会喜欢听吗?否则即使电话打通了,你也只是在浪费自己的时间而已,你的电话只会以失败而告终。你要明白,客户对你混乱的叙述不会忍耐多久,客户的耐心没有你想象中的那么好。

在向客户做产品推介时,电话销售员一定要注意自己的措辞,即要时刻注意自己说的话是否具有条理性,时刻保持清晰的思路去与客户交流。具体来说,电话销售员应注意如下几点:

1. 回答问题应有逻辑性

电话销售员在回答客户问题时,语言具有逻辑性,一是一,二是二,就会给客户其逻辑思维非常严密清晰的感觉,这时其专业水准自然而然地就表露出来了。因此,建议你在电话中跟客户沟通时,要尽量使用一些像"第一、第二"这样的词语,以增强自己语言表达上的逻辑性。

2. 配合肢体语言

恰当的肢体语言能帮助电话销售员保持清晰的思路,当电话销售员与客户交流讲到"第一"的时候,要尽量配合着一些手势,你的手势又会反过来影响你的声音,比如在合适的地方加上重音,在适当的地方再稍作停顿等。虽然客户在电话中看不到你所做的动作,但是你的动作却能有效地影响自己的声音,而客户是可以通过声音感受到你的动作及变化的。

3. 积极的措辞

要想做好电话销售工作,你就得学会经常使用积极的措辞。讲话时尽量多用积极的措辞,可以帮助你更好地开展电话销售工作。比如,你在某个行业里有过一个客户的经验,于是你告诉客户,在这个行业里你只有过一个客户,这样的话容易对客户造成消极的影响,客户会觉得你初出茅庐、经验不足。而换个积极点的措辞,你可以这样说:"在这个行业里我已经有过一个客户了。"类似这样的话语，不仅能对客户产生积极的影响，也会提升你在客户心目中的形象，让客户觉得你已经有工作经验了，从而对你刮目相看。

4. 语言简洁清晰

电话销售员的主要工作就是通过电话与客户沟通交流，因此，在通话过程中，你要尽可能让自己的语言变得简洁、明快，因为没人愿意拿着电话听别人在那里高谈阔论。学会简洁、清晰地表达清楚自己的观点，无关紧要的话尽量不说，这对于你做好电话销售工作来说绝对是有必要的。这样，在较短的时间内你就能给客户一个比较清晰的概念，你会使客户感到很愉快，从而令其对你留下好印象。

【专家点拨】

💡 对于绝大多数电话销售员来说，在电话销售过程中会碰到很多问题，对于这些问题，大多数时候你都需要去独立思考，独自面对。因此，在向客户做产品推介之前，事前多演练几遍，能让你发现自己的叙述是否逻辑清晰，思维是否有条理，而这对于你取得产品推介的成功无疑是一个很不错的办法。

别在客户面前过多地卖弄专业术语

在向客户推介产品时，尤其是向非专业的客户介绍产品时，电话销售员切记不要卖弄那些连自己也搞不明白的专业术语，而要用客户听得懂的语言向其介绍产品。只有这样，你的产品才可能被客户接受，否则你就会面临失败。那么，电话销售员应如何做到这一点呢？

有一位客户受命为某办公大楼采购大批办公用品，在电话中客户向电话销售员介绍了公司每天可能收到信件的大概数量，并对信箱的大小及其外观提出了一些具体要求。这个电话销售员听后马上用不容置疑的语言向客户推荐了他们的产品CST。

客户："什么是CST啊？"

电话销售员："这就是你们所需要的信箱啊。"

客户："它是用什么做成的？是纸板做的、金属做的，还是木头做的？"

电话销售员："哦，如果你们想要用金属做的，那就需要我们的FDX了，不过你也可以为每一个FDX配上两上NCO。"

客户："我们有些打印件的信封可能会比较大一点。"

电话销售员："若是那样的话，你们便需要用配有两个NCO的FDX传发普通信件了，而用配有RIP的PLI传发打印件。"

客户（稍稍按捺了一下心中的怒火）："小伙子，我觉得你说的话听起来非常荒唐。我要买的是办公用具，又不是一连串的字母！"

电话销售员："噢，我说的都是我们产品的序号。"

客户："我想我还是再找别人问问吧。"（挂断电话）

在向客户进行产品推介时，用客户听得懂的语言向其介绍产品，这是常识，尤其面对非专业客户，电话销售员一定不要过多使用专业术语。有一条基本原则对所有想吸引客户的人都适用，那就是如果信息的接受者不能理解该信息的内容，那么也就意味着这个信息产生不了它预期的效果。正因为这样，所以，电话销售员对产品和交易条件的介绍务必做到简单明了，表达方式直截了当。若表达不清楚、语言听不明白，只会给双方之间的交流制造障碍。

案例中电话销售员的产品推介之所以以失败告终，原因就在于他在客户面前过多地卖弄了专业术语，结果招致客户的反感，让客户觉得他说话做事不靠谱，甚至有点荒唐。试想一下，一旦客户对你产生了这样不好的印象，你还怎么可能取得产品推介的成功呢？想想自己以往向客户介绍产品时的做法是否有类似失误之处，若有，那你现在应该知道该怎么做了吧？

【专家点拨】

☀ 所以在向客户介绍产品时，电话销售员必须用通俗的语言，并且做到准确、流畅、生动。千万注意不要卖弄专业术语，因为这并不会显得你多么专业，相反只会让客户对你敬而远之。总之，你需要牢记的是：你推销的是产品，而不是那些抽象的代码！

☎ 向客户充分展示产品所具有的价值

价值解说策略是指电话销售员用适合客户需求的产品特性和价值进行有针对性的解说，从而使客户接受产品的营销策略方法。这种策略对于专业电话销售员而言是必须掌握的。那么电话销售员应该怎样做到这一点呢？

客户："我 10 分钟后还有一个非常重要的会议要开。"

张皓："好的，王科长，我会在 10 分钟内把更适合贵企业的建议案说完，绝不会耽误您开会的。

"一辆好的配送车，能比同型货车增加 21％的载货空间，并节省 30％的上下货时间。根据调查显示，贵企业目前配送的文具用品体积不大，但大小规格都不一致，并且客户多为一般企业，数量多且密集，是属于少量多次进货。一趟车平均要装载 50 家客户的货物，因此上下货的频率非常高，挑选产品的时候会比较费时，并常有误拿的情形发生？而如何正确、迅速地在配送车上拿取客户采购的商品，是贵公司目前提高效率的重点。这点王科长是否同意？"

客户："对，如何迅速、正确地从配送车上拿出客户要的东西是影响配送效率的一个关键因素。"

张皓："配送司机一天中大部分时间都在驾驶位上，因此驾驶位的设置要尽可能地舒适，这是配送司机一致的心声。"

客户："另外，车子每天长时间在外行驶，其安全性方面的问题也是绝对不能忽视的。"

张皓："王科长说得很对。的确，一辆专业配送车的设计必须满足上面这些功能。本企业新推出的××型专业配送车，正是为了满足客户对提高配送效率的需求而专门开发设计出来的。它除了比一般同型货车多出 15% 的空间外，还设计有可调整的陈放位置，可以根据需要灵活调整出 0 ～ 200 个置物空间，最适合放置大小规格不一致的配送物，同时能活动编号，依号码迅速取出配送物，贵企业目前因为受制于货车置货及取货的不便，平均每趟只能配送 50 个客户，若使用此种型号的配送车，则可以调整出 70 个置物空间，经由左、右门及后面的活动门依编号迅速取出客户所要的东西？

"配送车的驾驶座如同活动的办公室。驾驶室的位置调整装置可以按照驾驶人的特殊喜好而做适当的调整。坐椅的舒适度绝对胜过一般内勤职员的椅子，并且右侧特别设置了一个自动抽取式架子，能让配送人员书写报表及单据，使配送人员能感到企业对他们的尊重：

"由于配送车在一些企业里并非是由专任司机使用，而是采取轮班制，因此，车子的安全性也是一个很重要的问题。×× 型配送车有保护装置、失误动作防止、缓冲装置等。电脑安全系统控制装置，能防止不当操作给人、车带来的危险。贵企业的配送人员也常有轮班、换班的情形，若使用本车则能得到更大的安全保障。"

客户："×× 型配送车听起来感觉不错。但目前我们的车子还没到企业规定的以旧换新的年限，况且我们的停车场也不够。"

张皓："科长您说得不错，停车场地的问题的确会给许多企业带来一些困扰。贵企业业务每年增长 15%，为了配合业务成长，各方面都在着手提升业务效率。若贵企业使用 ×× 型配送车，每天平均能提高 20% 的配送量，也就是可以减少目前 1/5 的配送车辆，相对也就可以节省 1/5 的停车场地。

"贵企业的车子目前仍未达企业规定的使用年限，淘汰旧车换新车好像有些不划算。的确，若是贵企业更换和目前同型的车子当然不合理，可是若采取 ×× 型专业配送车，不但可以因提高配送效率而降低整体配送成本，而且还能节省停车场地的空间，让贵企业两年内不需要为停车场地的事而操心。

"据我所知，目前贵企业的50辆配车中已有10辆接近以旧换新的年限，是否请科长先同意选购10辆××型专业配送车，旧车我们会以最高的价格估算的。"

在张皓充分进行了利益解说之后，客户同意签订购车合同。

在向客户介绍产品时，电话销售员应对适合客户需求的产品特性和价值进行有针对性的解说，从而让客户更容易接受自己的产品或服务。在这里，"价值"是指产品能给客户带来的益处，即能够满足客户的需求。

在本案例中，张皓通过对客户的调查发现了他们对配送车的需求特征：提高效率。而提高效率的关键点在于客户配送的东西大小规格都不一致，导致每一辆车的装载量比较少、装卸速度较慢。

在明确了客户的具体需求后，张皓便有针对性地介绍他们公司配送车的价值点："它除了比一般同型货车多出15%的空间外，还设计有可调整的陈放位置，可以根据需要灵活调整出0～200个置物空间，最适合放置大小规格不一致的配送物，同时能活动编号，依号码迅速取出配送物。"而在客户说明原来的车还没到企业规定的以旧换新的年限且停车场地也不够用时，张皓更是抓住时机说明"每天平均可以增加20%的配送量，也就等于节省了1/5的停车场地""若采取××型专业配送车，不但可以因提高配送效率而降低整体配送成本，而且还能节省停车场地的空间，让贵企业两年内不需要为停车场地的事而操心"。

最后，张皓根据客户的实际情况，建议将其中10辆接近以旧换新年限的车换成××型专业配送车。在整个销售解说过程中，张皓一直牢牢把握住客户的需求，并结合自己产品的特性和价值来解说××型专业配送车，让客户在价值需求思考下作出购买决定。

可见，在电话销售过程中，你只有向客户充分展示你的产品所具有的价值，你才能获得客户的认可和肯定，客户也才会心甘情愿地为你的产品埋单。现如今，酒香也怕巷子深，只有抓住产品的价值进行解说，你才能通过产品推介取得成功。

【专家点拨】

☀ 一般来说，客户关心的是产品能为自己带来的好处，因此，电话销售员在介绍产品的时候，一定要学会抓住产品的价值进行解说，只有这样，你才能令客户对你所销售的产品产生浓厚的兴趣。

给客户的选择过多容易使他挑花眼

在进行产品推介的过程中，电话销售员要注意不要给客户太多的选择机会。因为如果选择的机会太多，客户就会挑花眼，从而不知道该如何选择了。在这种情况下，客户就可能会放弃购买，那么你的产品推介工作就只能以失败而告终。既然这样，电话销售员应该如何做到这一点呢？

客户："你们的减肥产品主要有哪些？"

电话销售员："我们代理的减肥产品主要有三种：一种是腹泻型的，它是通过大量腹泻来达到减肥目的的。这类产品的优点是便宜，缺点是有副作用，服用后感觉很痛苦，所以，它比较适合那些不怕副作用且身体比较强壮的人使用。具体产品有减肥胶囊、减肥茶等。

"还有一种是抑制食欲型的，常见的就是减肥饼干等。一般人服用后见到饭就会感觉难以下咽。甚至会没有饥饿感。这一类基本都是中等价格，您现在服用的减肥产品就是这一类型的，不过长此下去，对身体也是不小的伤害。

"现在最为流行的是一种高科技减肥产品，它比较安全。这种产品的减肥原理是通过高科技方法，分解人体内多余的脂肪并抑制脂肪再生。该类产品使用效果好，停药后不反弹，也没有什么副作用，价格一般不是很贵，在300元到400元之间。现在我们正有一种这样的产品在搞促销活动，价格很便宜，还不到300元。建议您试一试这种新产品。"

在上面的案例中，电话销售员因为给客户提供了三个可供选择的备选项，并且说明每一个选项的利害得失，让客户从自己的实际利益出发作出认可的选择，最终很好地完成了电话销售的产品推介工作，案例中的客户最终会在电话销售员的产品推介和引导下作出购买决定。

在电话销售领域有这样一句经典的话："学会让客户做选择题而不是判断题。"其意义是：给客户提供的方案必须是多样化的，这样更有利于提高销售的成功率。但给客户多少个选择才是合理的？经调查，选项的具体数目并非多多益善。

其实，产品推介的过程就是找出符合客户要求的产品，然后介绍它们的品牌、型号、配置和价格，最后由客户来选择。你可以给客户多一个选择，但是不要太多，太多选项的话客户就会觉得很迷茫。具体地讲，当你向客户进行产品推介时，你可以只提供三个备选项，并且说明每一个选项的利害得失，让客户从自己的实际利益出发作出选择。

对于那些不太专业的客户来说，过多的选择只会引起他的担心并作出后悔的选择，从而降低购买满意度。另外，客户也可能会因为挑花了眼而放弃购买。所以，你需要时刻记得，在进行产品推介时，每种型号的产品提供三种选择，对客户来讲已经足够了。而最终，客户所认可的那一选择通常也是你提前就为其准备好的选择。只有这样，你的产品推介工作才更容易取得成功。

【专家点拨】

☀ 在产品推介过程中，不给客户太多的选择，不仅可以减少客户选择产品时的难度，也有利于客户快速作出购买决定，从而帮助电话销售员提高工作效率和销售业绩。这一产品推介技巧值得广大电话销售员在工作实践中多加运用。

☎ 介绍产品要找对时机免做"无用功"

对于电话销售员来说，要想取得产品推介的成功，需要注意把握好产品推介的时机。如果你还没有弄明白客户的需求是什么，对客户的了解也不够清楚就开始推介产品，或者你根本就不关心客户的需求，只知道一味地介绍产品，这样一来，不管你的产品有多么吸引人的眼球，也只会引起客户的反感，令你的产品推介工作很难顺利进行下去。由此可见，把握好产品推介的时机，对于电话销售员来说是件多么重要的事情。既然这样，那么电话销售员应该如何做到这一点呢？

刘秋歌刚刚从事保健品推销工作，她的声音甜美，是做电话销售的一大优势。因为她是新人，心里特别想做成单，所以在做电话销售的时候总是操之过急，从而导致业绩一直不太理想。

刘秋歌："您好！李小姐，相信您应该知道蛋白质是我们人体中非常重要的物质之一，也是含量较多的物质之一。而我们公司生产的蛋白质粉可以维持人体细胞的正常功能，并且还能够很好地促进人体新陈代谢。"

李小姐："现在市面上的不少蛋白质粉大都具有这些保健功能，那么你们公司的产品有没有一些比较特别的地方呢？"

刘秋歌："的确是这样的，蛋白质粉的成分都一样。不过我们公司成立至今已经有十多年的历史了，公司能在保健品市场上屹立不倒，这就说明我们公司的产品质量是经得起市场的检验的。此外，我们公司在业界声誉非常高，在消费者中的口碑也很不错。"

李小姐："哦，这个我知道，所以……"

刘秋歌："您打算购买几个系列的呢……"

李小姐："嗯……"

刘秋歌：　"别的保健品也买一些吧？"

李小姐：　"嗯……这个不太需要！"

刘秋歌：　"钙镁片以及维生素 B、维生素 C 要不要也来一些呢？"

李小姐：　"哦，不需要，现在我什么都不需要了。"

案例中的刘秋歌向李小姐推介保健品之所以以失败告终，主要原因在于她没有把握好恰当的产品推介时机，结果无端地为自己招来了客户的反感和厌烦，进而拒绝购买她的任何产品。案例中刘秋歌的教训值得广大电话销售员们加以警惕，从而让自己避免重蹈她的覆辙。

在产品推介这个环节中，当电话接通以后，很多电话销售员不管接电话的人是否是有决策权的人，就向其大力推介自己的产品，这样做简直就是在做"无用功"。而向客户推介产品不注意把握时机，通常会导致如下两种结果：一是过早了解产品信息，会让客户产生抵触情绪；二是如果你没有找对决策人，只会浪费自己的宝贵时间。

更何况电话销售员在进行产品推介的时候，其所面对的客户有的是个人，有的是公司。如果你的客户是公司的话，那么公司内部不同部门的职员对于你所推介的产品都是根据各自的需求来关注的。比如，财务人员最关心的一定是产品价格，技术人员最关心的必定是产品技术方面的兼容性是否达标，而使用人员最关心的肯定是操作起来是否便捷，运维人员最关心的是运行的稳定性和售后服务是否健全。即便是一个部门的人员，对产品在意的方向也不尽相同。这就需要电话销售员在进行产品推介的时候，不要急于介绍产品性能，而应该先了解更多的背景信息再做进一步的打算。

对于电话销售员来说，在电话销售的过程中把握好产品推介的时机需要做到如下两点。

1. 把握产品推介时机倾听是关键

许多事实证明，在倾听中能够很好地把握客户的需求和情况。比如，通过倾听你可以知道客户对产品质量有什么要求，客户要买什么价位的产品。当你详细了解了这些问题之后再去做后面的工作，就可以有的放矢了。

所有人都希望别人能认真听自己说话，更希望有人听自己倾诉，当然客户也不例外。倾听实际上是一种很典型的攻心战略，电话销售员如果不懂得倾听，只顾自己不停地说，不但无法获知客户的许多信息，还会让客户感到不舒服，很容易导致产品推介失败。不管怎样，要想成为一名成功的电话销售员你就得记住，如果客户高兴与你交谈，那就选择做一名忠实的听众，这样做能让你博得客户的欢心，接下来的销售工作就会顺利许多，甚至在自己没有预料的状况下突然成交。让客户感觉欢心有许多方法，而倾听他的谈话就是非常有用的一种。

要让电话销售员花大部分时间去倾听是件很困难的事。但是这样做很有必要。事实证明，让客户说的时间越多，成交的概率就越高，因为销售员用大部分时间去倾听客户的感受与需求，目的在于准确地把握住客户的特点。

2. 在下列情况发生时，推介产品获得成功的可能性会增加

（1）客户有明确的需求，而且电话销售员对这一需求有清楚、完整的认识，同时就这一需求与客户达成了共识。

（2）电话销售员知道解决这一需求的方法。如果你没有办法帮助客户解决需求问题，那就不存在推介产品这一举动。比如，客户需要解决录音问题，而你却推介单放机给客户，这样能成功吗？当然是不能的。

【专家点拨】

☀ 只有客户觉得是时候深入了解产品了，你才可具体说明，这样客户会对产品更感兴趣。要知道，一味着急推介产品，只会让客户怀疑你以及你的产品的价值。

学会客观巧妙地谈论竞争对手的产品

作为一个电话销售员，如果你想成功推介产品，还得注意巧谈竞争对手的产品，即你需要既不过分夸大竞争对手的产品，也不对其妄下结论。如何客观巧妙地谈论竞争对手的产品，是你取得产品推介工作成功所要掌握的技巧之一。那么，电话销售员应该如何做到这一点呢？

案例一

客户："我们一直都与宏达公司合作，关于这点你们难道不知道吗？"

电话销售员："我当然知道贵公司以前都是与宏达公司保持着良好的合作关系的，他们公司确实具有一定的实力。不过，我们公司的具体情况您可能还不太了解……"

案例二

客户："宏达公司的电话销售员也在与我们联系，他们报的价格比你们的产品要低得多……"

电话销售员："虽然他们的价格具有一定的竞争力，不过，产品的价格高低也不是绝对的。如果产品的使用寿命更长、性能更优良，那么您的购买成本实际上等于大大降低了，不是吗？"

客户："可是，你们公司的产品价格与他们的产品价格相比，相差实在是太大了，而且他们公司的产品质量也不错啊！"

电话销售员："我们曾经对他们公司的产品做过研究，做工还算不错。不过，您也是这方面的专家，您可以到我们公司的生产车间实地考察一下。您可以去看看我们产品的制作工艺……"

对于电话销售员来说，如何谈论竞争对手的产品，将会影响你在客户心中的形象，因此，如何和客户谈论竞争对手的产品也是需要掌握方法和技巧的。上面两个案例中的电话销售员，他们在面对客户拿竞争对手的产品来质疑自己的产品时，都通过巧妙地谈论竞争对手产品的策略而使自己避开了客户的质疑和发难。

那么，与客户谈论竞争对手都有哪些方法和技巧需要掌握呢？

1．客观性原则

与客户第一次打交道时，对竞争对手产品的评价要客观准确，不要在不了解事实真相的情况下凭借主观印象对竞争对手妄加评论。在这种情形下，电话销售员完全可以根据客户的反应顺水推舟，然后再寻找机会对本公司的产品进行有力的推介。

2．包容性原则

有时客户为了获得更多的利益，可能会故意拿竞争对手的优势来表达对你的产品的不满。对于客户对竞争对手的种种赞美之词，电话销售员不必急于辩解，更不要试图反驳。因为一旦你反驳客户的说法，客户就会认为你觉得他的判断是错误的，这会引起客户强烈的反感。所以说，你一定要包容客户口中竞争对手的种种优势，即使这些优势并不存在，也不必斤斤计较。

在这种情形下，你不必急切地打断客户的谈话为自己辩解，而要认真、耐心地倾听客户对竞争对手的种种赞美，并且从中准确地领会出客户想要表达的意思。然后，再根据自身产品的竞争优势与客户提出的产品进行客观的比较，用事实说服客户。即使客户仍然坚持自己的观点，你也应该尊重客户的意见，然后想办法转移话题。这样做，一方面给客户留下了回转的空间，另一方面也有利于其他问题的有效处理。

3．表面性原则

在赞美竞争对手的时候，不需要过分地深入，只需根据销售过程中的实际情况进行一些表面性的赞美就可以了。即使客户在这方面表现出强烈的兴趣，你也要想办法控制住局面，要在这个问题上做到适可而止。否则，你辛辛苦苦展开的电话销售就很有可能变成替竞争对手进行免费广告宣传了。

特别提醒，绝对不要在客户面前对你的竞争对手妄加评论，尤其是进行比较明显的负面评论。因为，随便批评对手不仅会显得你缺乏专业精神，更会让客户怀疑你的人格与品质。如果是客户主动请你评论竞争对手的产品，那你最好要拿捏好这中间的一个"度"——对竞争对手进行过多的夸赞可能会把客户引到对手那一边，而对竞争对手作出超出尺度的负面评价又会影响你及公司在客户心目中的良好形象。

在谈论竞争对手的产品时，你可以根据当时的具体情况对其进行一些无关痛痒的好评。如果客户不提，你最好不要主动提起竞争对手在某些方面所具有的优势，尤其是你们公司不具备的优势。如果从客户口中得知，竞争对手曾在某些公开场合对你及公司进行过不良评价，这时候你应该表现得宽容大度，不要急于辩解和争论。要知道，客户看重的是你及产品的实际表现，所以你需要尽量避免跟客户争一时的口舌之快。

【专家点拨】

☀ 对于电话销售员来说，你必须学会巧妙地谈论竞争对手的产品，只有这样，你的产品推介工作才能取得成功。否则你可能会因为这一点而栽跟头，最终失去与客户成交的机会。由此可见，对于电话销售员来说，学会巧谈竞争对手的产品是件多么重要的事情！

围绕客户来介绍产品才能取得成功

电话销售员在进行产品推介时，须时刻牢记不要以你或你的产品为谈话的中心，务必以对方为中心，即你需要学会围绕客户来推介产品，只有这么做，你的产品推介工作才能取得成功，否则你就可能面临失败的打击。既然这样，那么电话销售员应该如何做到这一点呢？

电话销售员："对不起，先生……"

客户："哦？你是谁啊？"

电话销售员："我叫朱鹤……"

客户："你是干什么的？"

电话销售员："先生，我是爱美领带公司的电话销售员。"

客户："什么？你说你是哪个公司的？"

电话销售员："爱美领带公司。是这样的，先生，我这里有一些领带，相信你肯定会非常喜欢的。"

客户："也许是吧，可我并不需要。现在我家里大概有50条了。你看，我不是本地人，至少现在还不是。公司刚把我调到这儿，我出去找房子刚回来。"

电话销售员："那让我成为第一个欢迎您到本地来的人吧！先生，请问您是从哪儿过来的？"

客户："来自被誉为'北国春城'的长春。"

电话销售员："那真是一个非常美丽的城市！"

客户："那当然。"

电话销售员："听起来感觉挺有意思，不过说到领带……"

客户："不，我觉得并不感兴趣。"

电话销售员："这个星期商品大减价，才 98 元一条，不过我今天可以便宜点卖给你，您给 88 元就成。它一定很配您的上衣。"

客户："不，我今天不买。跟你聊天还真有意思，不过我得休息了。今天一整天我都不舒服，而且很累，也不知是怎么回事，和我以前的感觉不大一样。不管怎样，我得休息一下了。今天晚上我想好好地放松一下，在房间里安安静静地喝啤酒。"

电话销售员："这么说，您对我的领带是毫无兴趣了。"

客户："是的。再见。"

案例中的电话销售员因为没有做到围绕客户推介产品，最终没能和客户达成交易，结果令人叹惋。

在电话销售工作中，客户时刻都应是你工作的重点及主要服务对象，在产品推介这一环节也不例外。电话销售员只有紧紧围绕客户推介产品，其产品推介工作才能取得成功。具体来说，每次进行产品推介一定要清楚自己想让客户了解产品的哪些方面，要给客户什么感觉，要达到什么目的。虽然不是每一次产品介绍都会成交，但每次介绍都是为最后的成交做铺垫的。此外，每个人的兴趣爱好不一样，沟通方式也不一样，在介绍产品时，电话销售员要善于因人而异，用客户喜欢的方式去解说。而且一定不要忘了和客户互动，只有让客户亲自参与体验，才会感受深刻，而客户最在意的也就是自己的感受。

电话销售的本质是让客户了解你的产品并最终达成交易，但是在与客户沟通的过程中，你并不一定都要以产品介绍为主。在上面的案例中，电话销售员如果懂得适当地运用一些沟通技巧和产品介绍技巧，把领带的事暂时先放在一边，先和客户聊起来，以客户为中心，也许他还有取得销售成功的机会。

以客户为中心是一种对客户尊重的具体体现，也是赢得客户认可的重要技巧。电话销售员必须摆正自己的位置，即你需要明确自己扮演的角色和行动目标——满足客户的需求，为客户提供最满意的产品或服务。

如果客户是位善于表达的人，那你就不要随意打断对方说话，但要在客户停顿的时候给予积极回应，比如，夸对方说话生动形象、风趣幽默等。如果客户不善于表达，那你就不要只顾着自己在那里滔滔不绝地说话，而应该通过引导性话语或者合适的询问让客户参与到沟通中。

【专家点拨】

💡 为了使产品或服务能被销售出去，你需要尽最大的努力去促成交易。而促成交易很重要的一点便是电话销售员在与客户沟通的任何时候都要以对方为中心，放弃以自我为中心的做法。只有这样，你所进行的产品推介才可能取得成功。

电话介绍产品的技巧和误区

　　电话销售员要想取得产品推介的成功，还应认识并注意产品推介的技巧和误区。那么，电话销售员应该如何做到这一点呢？下面让我们通过一个案例来说明。

　　马青是经营节能马桶的销售业务员，他经常参加一些节能、环保人士的聚会。有一次他在聚会上认识了山东朱氏置业有限公司采购部总监朱永轩，并发现他是一位非常崇尚节能、环保、自然的人士。几天后，马青给朱永轩打了个电话。

　　马青："您好，朱总监，我是马青，我们曾在上次的绿色环保会议上见过一面，不知道您对我是否有印象？"

　　朱永轩："哦，我想起来了。你好，你好！"

　　马青："是这样的，今天打电话给您，是因为知道您是环保的积极拥护者，贵公司在本行业享有盛誉，尤其在环保节能方面做出的成绩更是让人钦佩。一直都想向您请教下，贵公司是如何做到这些的？"

　　朱永轩："过奖，过奖！其实，也没有做出什么成绩，只是自己比较注重，就经常跟大家讨论这个问题，后来形成了一种风气。不敢说自己做了什么贡献。但至少心安理得。"

　　马青："您可真谦虚。我今天打电话给您还有一件事，是想向您推荐一款更能体现绿色环保理念的马桶。"

　　朱永轩："哦？"

　　马青："您能先简单向我介绍下贵公司一般都采用什么马桶吗？"

　　朱永轩："我们一直本着对客户负责的原则，追求高品质、高质量的服务，所选用的产品一般都是国外原装进口的，绿色健康用料、做工精细、功能齐全、设计优美。"

马青："看来你们公司做得好真是有原因的。那么用户感觉如何呢？"

朱永轩："大家都很满意，普遍反映很方便、很舒服，个别人士会觉得有点浪费水。不管是哪种需要，整个程序走下来要用很多水，有些在我看来并不是那么需要，即使不心疼水费也心疼水呀，咱们国家本来就缺水，这么浪费下去怎么行呢！"

马青："您真是一个名副其实的环保人士，听您一席话，真是收获颇多！"

朱永轩："哪里，哪里，你过奖了！你刚才说要给我介绍一种更能体现绿色环保理念的马桶，那它是什么样的呢？"

马青："现在就让我给您详细介绍一下吧。"

……

市场上的产品种类繁多，同一种产品往往有很多企业在生产和销售，这就直接导致了市面上的产品供大于求，让客户很难从诸多的产品中分辨出各类产品的具体情况。虽然说产品的卖点不断推陈出新，但往往一上市很快就被其他企业模仿甚至超越。除了专业人士可以分辨出孰好孰次外，普通消费者是很难看出其中的差别的。

在销售过程中，当客户表达出对产品的兴趣并开始向你询问一些产品信息时，作为电话销售员就要马上进入产品推介环节。产品推介不仅仅是简单的介绍产品信息并销售产品，更重要的是让客户接受并且认可产品的过程。正如人们常说的"酒香也怕巷子深""要让人闻到香肠的香味、听到煎香肠的嗞嗞声，而不是仅让他看到香肠"。电话销售员要积极推介，并且要让客户及时了解所销售产品的优势，吸引客户的注意力，对产品进行逐步导入，给客户一个接受产品的过程。

本案例中，电话销售员马青首先找准了客户，然后根据客户热爱环保事业这个特点进行产品推介，但他并不急于推销自己的产品，而是先让客户把自己的需求说出来，并逐步加深客户对现在产品某些缺点的不满，然后顺势推出自己的产品，很快就得到了客户的认可。该案例中电话销售员并没有鲁莽行事，而是一步一步走向销售的成功。

销售技巧对于电话销售员来说是非常重要的，那么，在产品推介的时候会用到哪些技巧呢？

1. 把话说到客户的心坎上

不同客户对产品的需求是不一样的，但都会在心中有一个大概的心理预期。电话销售员在不清楚客户真实需求的时候就不要盲目地猜测，如果不能在沟通中抓住客户对产品的关注点，以后的销售工作就会变得很困难。所以你应该以真诚的态度征询客户的意见。在了解客户需求的情况下推介的产品才是客户最需要的。即使同一种商品，从不同的角度介绍也会对客户产生不同的影响。另外，你还得注意说话的语气和产品的特点。比如，对待老年人，电话销售员的态度要温和、尊敬，语速要慢，介绍产品特点的时候注重其方便、实用的特点；对待年轻女性，就要像朋友般适当地恭维她的眼光和品位，介绍产品的时候注重其漂亮、时尚的特点。

2. 介绍产品要主动热情

俗话说，有志者事竟成，苦心人天不负。电话销售员第一次给客户打电话，客户总会有所顾虑，通过一通电话就成单的概率是非常低的。但是只要电话销售员能够坚持下来，那么成单就不是一件很遥远的事了。

要想取得产品推介的成功，首先应该让客户明白你的心意，用你积极主动的热情来感化客户，强化客户的购买欲望。热情是促使客户接受电话销售员和他所销售产品的一股无形力量。电话销售员把自己的这份热情传递给客户，让客户感到身心愉悦，也会让客户觉得电话销售员是一个性格好、值得信赖的人。所以电话销售员需要主动热情地介绍产品，唯有如此，才能让客户更好地接受你及你所销售的产品。

3. 数字在产品推介中的巧妙运用

用实实在在的数字来代替"节省""便宜"等抽象意义的字眼，能给人留下特别深刻的印象。每一个电话销售员都知道强调产品能够帮助客户解决问题，获取利益，每一个电话销售员都懂得用"获利""赚钱""节省""便宜"等字眼来吸引客户，但是却往往忽略了这只是一个抽象的概念，客户其实没有办法知道自己购买此产品后可以得到什么样的结果，或者说客户无法清楚地了解，他从此产品中所获得的利益是否值得他去购买。而一个具体可感知的数字却能很好地解决这个问题，那些在你费尽口舌仍然岿然不动的客户会在这些惊人的数字面前怦然心动。

电话销售员要想在产品推介中取得成功，就得善于发挥数字的魅力。用数字介绍产品有三个显而易见的优点。第一，有具体可感的数字做支撑，客户可以清清楚楚地看到自己购买产品后所能获得的最大利益，相信很多人都会心动。第二，数字的精确度和可信度比较高，可让客户感觉到电话销售员确实在为自己着想，有利于客户对电话销售员产生信任和好感。第三，把产品价格细化，虽然整体价格仍然比较高，但是具体到每一个细节却会变得不一样，能够让客户觉得得到这样的利益，花这么多的钱是值得的，从而心甘情愿地购买产品。

4. 运用销售技巧，巧妙规避销售误区

不同的客户对产品关注的点也不同，如果不管接电话的人是谁就开始像背课文一样向客户介绍自己的产品，那么不管你所销售的产品有多好，都很难打动客户。就拿购买手机为例，有的人注重品质保证，有的人注重外形美观，有的人注重功能齐全。如果你跟一个注重外形的客户介绍一款样式普通但功能很多的手机，他自然不会对其产生多大的兴趣。因此，在你第一次和客户打交道的时候，不要急着向客户推介产品，应先对客户的信息进行一番了解，然后再与客户进行更有针对性的沟通。

【专家点拨】

✺ 在产品推介过程中，对于电话销售员来说，掌握必要的产品推介技巧并注意规避其中的一些误区，是很有必要的。具体来说，你需要注意如下几点：

（1）积极询问用户的感受。真诚地询问客户有什么需求，确认客户的具体意见，然后推荐最合适的产品。这样的方式既可以帮助电话销售员迅速了解客户，又能够帮助客户将注意力集中到所谈论的话题上，从而有效地调动起客户的积极性，形成互动，让客户积极主动地与电话销售员配合，参与到产品推介活动中去。

（2）帮助客户解决实际问题。最理想的销售状态是你所推介的产品正是客户所需要的，它能够帮助客户有效地解决当前的需求问题。遇到这种情况，你应该多展示自己产品的卖点，让客户充分体会到产品所具备的优势。

第七章

使出"撒手锏"，让成交最终得以实现

电话销售工作的目标是达成交易。当条件成熟时，电话销售员应根据不同客户的不同情况，采取不同的成交策略。具体来讲，就是电话销售员要能从客户的言谈中"嗅"到成交的信息，按客户的风格"出牌"，适当采取必要的心理战术，并学会利用数学原理和一些"假象"，让成交工作最终得以完成。现实生活中，总有些电话销售员在最后成交的关键时刻出现意外，让整个电话销售工作功亏一篑，这种情况实在让人感到可惜。可见，电话销售员掌握一定的成交方法，将成为他们取胜的重要保证。

🕾 抓住客户的购买信号及时一锤定音

在电话销售中，要想取得良好的销售业绩，电话销售员就要掌握有效促成客户签单的技巧。而要做到这一点，及时识别客户的购买信号就成为关键。那么，对于电话销售员来说，应该如何去识别客户的购买信号呢？

案例一

电话销售员："关于我们的产品，我已经详细向您做了说明，您还有哪里不明白的吗？"

客户："这个……"

电话销售员："具体还有什么问题吗？"

客户："没有了……"

案例二

电话销售员："我们这款印花机现在还剩最后30台，不，是最后300台。不好意思，刚才我一时口误，让您见笑了。"

客户："没关系。"

电话销售员："对于产品的情况，我前面也跟你说过了。它的价格比市场同类产品要低……"（准备不充分）

客户："大概低多少？"

案例三

电话销售员："马先生，恕我直言，这个问题您是不是需要请示您的太太？"

客户："呵呵，不用，我可以做决定。你真会开玩笑啊。"

在案例一中，客户在谈话将要结束时保持沉默，可能有两个原因，一个是他根本没兴趣，另一个就是他有购买意愿，很有可能是在等电话销售员主动提出成交请求。所以作为电话销售员,你回应客户的方式有:"那我现在就为您订购一台可以吗?""既然没什么问题,那您看,我什么时候把产品给您送过去呢?"这些都是非常有效的促成交易的做法。

在案例二中,即使电话销售员说话不够爽快,但客户还是愿意听他继续介绍。这种情形,大多数时候都是客户对产品有了购买想法的表现。在这种情况下,电话销售员应该及时抓住客户的这一购买信号,向其提出成交请求,促成交易。

而在案例三中,当电话销售员向客户提出问题时,客户热情地做出回答,就算电话销售员的问题让他感到有点难以回答也未回避。这种情况也是客户产生购买念头的一种表现,电话销售员不应该忽略客户发出的这一购买信号,而应及时有效地促成签单。

在电话销售过程中,客户发出的购买信号有的是有意为之,有的则是无意识的真心流露。当客户有了购买产品的想法后,就会变得话多起来。另外,客户会直接向你询问产品的成交方式,比如客户会问"如果购买你们的产品,需要签订什么合同吗?"或"我直接打款到你们公司的账户上就可以了吗?"只要你对以上这些内容都把握好了,相信识别客户的购买信号对你来说就不是一件难事了。

通常来讲,在电话沟通过程中,由于受到客观条件的限制,电话销售员没有办法通过肢体语言来获得客户发出的购买信号,只有通过客户的声音和语言来判断。那么,客户会通过声音和语言发出什么样的信号呢?现在我们就从如下几方面来分析:

1. 客户开始关心产品或服务的细节时

当客户向你询问起有关产品的使用方法、价格、保养方法、使用注意事项、售后服务、交货期、交货手续、支付方式、新旧产品比较、竞争对手的产品及交货条件、市场评价等信息时,就表明客户对你的产品或服务有了兴趣,产生了购买意愿。具体来说,客户会问你这样一些问题:

"这个产品价格是多少?有什么优惠吗?"

"有保修包换服务吗？保修期多长？"

"交货期一般是几天？"

"你们发货一般是走航空还是海运？包运费吗？"

"我要好好考虑一下！"

"有什么赠品吗？"

"一旦出了质量问题怎么解决？能上门维修吗？"

"这一型号跟上一代产品相比，突出的优势在哪儿？"

2．客户不断地认同你的看法时

当客户说出"喜欢"和"的确能解决我这个困扰"等，或者客户对商品给予一定的肯定或称赞就表明他已有购买倾向。通常，客户会问你这样一些问题：

"对，你说的没错，我们的确需要这方面的提高。"

"对，我们也是这样打算的。"

"我也是这么认为的。"

"听我们经理说，你们的产品质量确实比较稳定。"

"课程要安排到两个月后，对我们有点不方便。不过，你说得对，为了等到一个优秀培训师的亲自授课，等一等还是值得的。"

"嗯，我们一直想找有这个功能的产品。"

3．在回答或解决客户的一个异议后，客户表示满意时

在这种情况下，客户可能会说如下这些话语：

"你的回答我很满意，但我觉得我还是需要考虑一下。"

"谢谢你，在这方面我对贵公司已有了初步的了解。"

"哦，原来是这样子。"

"听起来感觉不错。请问你们能不能先发一个试听课程给我？"

"我明白你的意思了。就是如果我们买了这台机器，那么你们就会派人过来免费帮我们培训员工，是吗？"

"可是我还是觉得价格有点偏高，你们考虑一下，看看能不能打折。

考虑好了再给我电话。"

4. 客户对某一方面表现出浓厚兴趣时

在电话销售过程中，如果客户对你产品的某些功能及某个问题的探讨表现出了兴趣，那就表明客户有了购买产品的打算或想法。具体来说，客户会问你这样一些问题：

"能谈谈你们的产品是怎样降低成本的吗？"

"你们产品的优点有哪些？"

"你刚才说的话，能重复一次吗？"

"某公司刚刚买了你们的产品，我恰好认识那家公司的老总，有空我会向对方咨询一下的。"

5. 客户在电话那端保持沉默时

如果电话销售员和客户通了几次电话，并且关于产品或服务的很多细节都在电话里探讨过，那么，当客户在电话那端沉默时，你可以向对方提出如下问题：

"您还有哪些方面不清楚吗？"

"您看您还需要考虑哪些方面的问题呢？"

"对于我们公司的专业能力，您还有哪些不放心的吗？"

"您看大概什么时候能确定下来呢？"

如果这个时候客户仍然保持沉默，并没有直接回答你的问题，这就是一个很好的促成交易的机会，你需要果断出手。

 【专家点拨】

☀ 在现实生活中，客户为了保证自己的利益，一般都不会太随便地就与电话销售员达成交易。当客户能接受产品，并且想购买的时候，那种喜悦的心情往往会通过各种方式表达出来。所以，如果电话销售员希望能在保证最大利益的情况下达成交易，就应该抓住时机，及时出击。

多使用关键促成句式帮助交易成功

在电话销售过程中，如果你能多多使用关键促成句式，将有效促使客户签单。那么，电话销售员应该如何做到这一点呢？

电话销售员："先生，我刚才向您详细介绍了这种床的情况，您觉得它怎样？"

客户："说实话，我不太想要这么贵的产品，床只要舒服就行了。"

电话销售员："董先生，我很理解您的这种想法，我以前也遇到过和您有同样想法的客户，不过最后还是有很多客户选择了这种床。主要原因在于，他们觉得人的一生有三分之一的时间都是在床上度过的，因此，拥有一张高品质的床是件多么重要的事情，而多花几千元钱和三分之一的人生比起来实在是微不足道，您认为呢？"

客户："确实，不过还是有点贵了。"

电话销售员："这种床是贵一些，以前我曾接待过一位客户，他选来选去觉得为了一张床花费5000元钱不值得，于是就要了另一种便宜一些的，结果仅仅用了一年就坏了，连修都没办法修，最后只好又买了一张，前后花的钱加起来快有1万元了。其实呢，5000元钱的床看起来有些贵，不过我可以保证您用七八年没问题，平均下来每天也就一两元钱。每天用一两元钱就能够睡一个好觉，您难道不觉得这很划算吗？"

客户："好吧。"

案例中的电话销售员面对客户质疑床的价格比较贵这个问题时，给予了耐心的分析和沟通。比如，电话销售员在跟客户沟通的第一句话就是："先生，我刚才向您详细介绍了这种床的情况，您觉得它怎样？"这句话就是关键促成句式的应用；而在接下来的沟通中，电话销售员又分别以"您认为呢？""您难道不觉得这很划算吗？"等关键促成句式来跟客户沟通，最终打动了客户，促使客户下决心购买产品。

可见，在电话销售过程中，多使用关键促成句式，能缩短客户与电话销售员之间的心理距离，加深客户对电话销售员所推荐产品的了解和好感，从而有效地调动客户购买产品的欲望，帮助电话销售员促单成功。当然，除了案例中所体现出来的"为什么""……不是吗"这些句式外，你在电话销售的促单阶段，还可以灵活大胆地使用"是的……如果……""是的……正是因为这样，所以才……""既然……"等关键促成句式。

语言是一个人内心情感、偏好、观点、思想的直接表达。在电话销售中，你的语言表达方式将直接决定你获得的订单数量。不同的语言、不同的表达方式向客户传达的信息是截然不同的。如你问客户买不买，客户可能说不要，但如果你问客户买几个，客户很可能就会回答你要几个，无论客户怎样回答，最终都是成交，不同的只是订单的大小。对于电话销售员来说，掌握有效的关键促成句式能够提高成交机会、加快销售过程。

1．"为什么"

一旦客户提出一个疑问，若你急于马上解决的话，就会翻来覆去、不厌其烦地跟对方解释，很快客户就会生出一系列新的疑问。再加上客户的疑问通常都带有隐蔽性，他不会告诉你他真正感到疑问的部分，如果不辨原因，很容易驴唇不对马嘴，说了半天也说不到正地方，这样就会把你置于一个接一个的疑问中去，不但拖延了销售进程，也会让客户认为你的产品潜藏着无数的问题而知难而退。其实，遇到这样的情况，你首先应该做的是问一句"为什么"，如果客户只是借口，你很容易就能够从客户的支支吾吾中判断出来。如果是真实的疑问，你就可以有针对性地解决，而不是让客户一个问题接一个问题地问下去。

2．"是的……如果……"

客户提出一个拒绝理由就希望得到相应的解决办法，追求个性的客户要的是产品的独特性，要实惠的客户希望能获得更低的价格和更多的服务，总之，这些客户是有所图的。他们希望得到的对待是肯定，而不是否定，哪怕你先肯定下客户，然后绕一个圈子又回到自己的观点上，也会让客户觉得你是尊重他的，是充分考虑他的意见的，而不是一开始就站在对立面。所以，只要在自己的能力范围内，你可以先认可客户的说法，然后提出相应的解决办法，如"是的，这套衣服的颜色是暗淡了一些，如果有一套同样质量、同等价位的亮色的衣服，您会感到满意是吗？"需要注意的是，使用这种方法的前提一定是要在自己的能力范围内，千万不要为了得到订单就置公司的规定和利益于不顾急于答应客户，最后又无法做到，这样做只会使客户有种上当受骗的感觉。当然，如果客户提出问题是为了获得更优惠的价格且态度强硬，你就需要捂好自己的口袋，不要轻易让步，更不能让步幅度过大，以免客户得寸进尺。

3．"是的……正是因为这样，所以才……"

这种句式的本质就是用客户拒绝你的理由当作他必须购买的原因进而堵住客户的嘴。比如，你可以这样说，"是的，这种保险的保费是贵了一些，但正是因为这样，所以您才更应该买。有高投入才会有高回报，如果您花100元钱买一份意外保险，需要的时候顶多赔付您5000元，按照现在的保费和赔偿标准，到时候您可以获得10万元的赔付，保费仅仅是10倍，回报却是20倍，您说这样是不是更合算？"其中"是的……"会缓和自己的口气，不会让客户听了感觉生硬而产生不快心理，"正是因为这样，所以才……"针对客户的需求提出了自己的看法，有理有据，这样说话很能够说服客户。所以，当客户说"不"的时候，你未必一定要向客户说明他是错的，而只需要告诉他你的方案对他来说就是最合理的。

4．"……不是吗"

这种句式的重点在前一部分，即重点介绍产品的主要特点，然后说出这种特点可以带给客户的好处, 给客户戴一顶高帽子。比如，你可以这样说，"这种手包最重要的特点是价格适中，但是面料高档，设计大方，且非常好搭配衣服，而且是能够彰显您的身份和地位的物品，不是吗？"前面是对产品的描述，后面在言辞间透着对客户的赞美，客户即使想拒绝也会掂量一下你的话。人都会有一种下意识维护自己身份和地位的诉求，如果你给客户一种并不离谱的良性的身份界定，客户一般不会轻易否定自己的身份和地位。

5．"既然……"

这种句式实际上是一种假设法，假设客户接受了产品，并且已经作出决定。问出这个问题之后，如果客户不否定，那么这单基本上就算成交了；如果客户予以否定，也一般会说出为什么不满意，这样你也就等于为自己找到了进攻的突破口。

"既然您对产品各方面情况都已经有了详细的了解，那么您现在要不要订购一台呢？"

"既然这么适合您，您就不要再犹豫了，赶快下决心购买吧。我们这里对回头客是非常优惠的，只要您这次在我们这里购买了产品，下次您就可以享受八折优惠。"

"既然您对这款产品还是很满意的，您看我们什么时候给您送货比较合适呢？"

"既然您这里没有什么问题了，要不明天就给您发货，可以吗？"

"既然您迫切地想看到效果，我们即刻就给您下订单，可以吗？"

【专家点拨】

💡 在现实工作中，关键促成句式分为很多种，不同的句式会产生不同的结果，其使用方法不是一成不变的。同样的句式在不同的情况下会发挥不同的作用，你需要根据客户当时的具体情况和销售中遇到的实际问题作出相应的选择，切不可生搬硬套。

☎ 让客户无法说"不"

在电话销售过程中，如果你想有效促使客户签单，就得注意让客户无法对你说"不"。只有这样，你才能在与客户的沟通过程中占据优势，最后顺利签单成功。那么，电话销售员应该怎样做到这一点呢？

电话销售员："您对我们的笔记本有什么看法？"

客户："我感觉你们的笔记本有点重。"

电话销售员："您为什么会觉得重呢？"

客户："你看，你们的笔记本有 2.6 公斤，而另一家公司的笔记本的重量仅仅只有 2 公斤。"

电话销售员："重量为什么对您这么重要呢？"

客户："因为使用电脑的工程师经常在外面出差，他们希望重量能够轻一些，尺寸小一些。"

电话销售员："我知道了，笔记本电脑是工程师的工作工具，对于他们在外面工作是非常重要的。但对于这些工程师来讲，您觉得还有什么指标比较重要呢？"

客户："除了重量，还有配置，比如，CPU 速度、内存和硬盘的容量，当然笔记本的可靠性和耐用性也是非常重要的。"

电话销售员："您觉得哪一点最重要呢？"

客户："当然，首先是电脑的配置问题，其次是电脑的可靠性和耐用性，然后就是笔记本的重量了。重量是一个非常重要的指标。"

电话销售员："每个公司在设计产品的时候，都会对产品的性能做一个大概的平衡。如果重量轻了，一些可靠性设计可能就要牺牲掉。比如，如果装笔记本的皮包轻一些，那么皮包对电脑的保护性就会减弱一些。据我所知,一般客户最关心的是可靠性和配置,这样就难免会牺牲掉重量方面的指标。事实上,我们的笔记本电脑采用的是铝镁合金材料,虽然铝镁合金重一些,但是更坚固。而有的笔记本为了轻薄,采用飞行碳纤维材料,坚固性略差一些。"

客户:"有道理。"

电话销售员:"根据这种设计思路,我们笔记本的配置和坚固性一直都是业界最好的。您对于这一点有什么问题吗?"

客户:"看来,鱼和熊掌不能兼得了。"

电话销售员:"您的这个比喻非常形象。我们在设计产品的时候非常重视可靠性和配置,而这一点却增加了它的重量。但这个初衷也符合您的要求,您也同意可靠性和配置的重要性。再说只是重了 0.6 公斤而已,不是一个多大的数字,是吧?"

客户:"对,你说的没错。"

案例中的电话销售员在知道了客户嫌笔记本偏重这个问题之后,就开始了慢慢引导与化解客户质疑的工作。电话销售员先问客户他觉得笔记本的哪一点最为重要,客户给出的答案是:首先是配置问题,其次是可靠性和耐用性,然后就是笔记本的重量了。于是电话销售员从客户最为看重的配置问题、可靠性和耐用性等方面入手,告诉客户,自己公司生产的笔记本电脑使用的都是铝镁合金,这种材质虽然会使电脑变得重一些,但是它却可以让电脑变得更坚固;接着,电话销售员又开始强调自己公司生产的笔记本的配置和坚固性一直都是行业内最好的;然后,他又暗示客户鱼和熊掌不可兼得,因为正是公司在设计产品的时候将产品的可靠性和配置摆在首位,才导致了电脑重量的增加,但这个初衷也是符合客户的要求的,因为客户也是同意电脑的可靠性和配置是非常重要的这个观点的;最后,电话销售员又说其实笔记本只是偏重了 0.6 公斤而已,并不是重太多。这样,电话销售员将客户成功说服,并促使其下决心同意购买产品。

总之,案例中的电话销售员找准了客户最在意和最需要的因素——笔记本电脑的配置及可靠性和耐用性等，然后进行重点突击，最终促单成功。

当然，在每天的工作实践中，遇到类似的问题，你除了像案例中的电话销售员那样，找准客户最在意和最需要的因素重点突击外，还可以采取制造惯性心理、利用数字折数百分比、利益需要最大化等具体方法去成功阻止客户对你说"不"。只要你能让客户无法说"不"，那么你的有效促使客户签单工作就等于取得了一个阶段上的成功。

对于电话销售员来说，被客户拒绝既让人沮丧，也很容易令自己的自信心受到打击，更重要的是，一旦客户开始说"不"，他可能就会逐渐地形成不利于成交的心理氛围，很容易对电话销售员的任何一个问题都说"不"，这样要扭转局面，让客户接受产品、服务、价格就很困难了。所以，要想获得更多的成交机会，电话销售员就需要掌握一套行之有效的让客户无法说"不"的说话技巧。具体来说，有如下几点：

1. 找客户的人际圈子里的人作说明

多数人都有从众心理，一旦客户知道自己周围有很多人都在使用这种产品，他心里的犹豫就会降低，并作出购买决定。有的时候你甚至不需要找具体的人，只需要告诉客户你的产品有多少人在用，别人对它的评价是什么，到目前为止你的产品所取得的成就有哪些，然后告诉客户，他和其他那些人的需求是一样的，产品一定能够满足他的需求。

2. 找准客户最在意和最需要的因素，然后重点突击

经过前一阶段的跟进，到了建议成交阶段，客户对产品已经有了相应的理解，而电话销售员对客户的信息也已经了如指掌，这时，可以绕过一些细枝末节的问题，抓住客户最在意和最需要的因素重点介绍产品相对应的功能，只要在主要方面说服了客户，接下来的次要问题就会迎刃而解了。

3. 制造惯性心理

这种方法是肯定式引导法，具体措施就是设置封闭性问题，让客户一直说"是"。在销售的各个阶段都有运用，但在成交阶段的作用更为明显，经过前期的铺垫，这个时候的客户已经形成了惯性思维，而等到成交的时

候，客户就会很容易在惯性的作用下说"是"。不过使用这种方法的时候一定要注意所设置的提问是围绕同一事物进行的，不要一开始就在跨度很大的几个方面之间提问，否则客户的思维跟不上而易产生不耐烦。等到获得客户连续的几个"是"以后，你就可以慢慢扩大提问的范围，最后将所提的问题转移到自己的产品上去。

4．利用数字、折数、百分比

在电话销售中，由于受到不能看到具体产品的限制，电话销售员的解说无论多么详细也很难给客户留下直观的印象，这样，客户就很难对产品产生信任和购买积极性。在这个过程中，如果你能采用恰当的方式打动客户、激发起客户的购买欲望，就能够影响销售的最终结果。而其中数字、折数、百分比等实实在在的数据能够充分发挥作用，让客户产生明确的印象。比如，你可以这样跟客户说，"先生，您现在的电脑组装费用在2000元左右，一般来说，这样的电脑的使用寿命在两到三年，两年后就要频繁维修了，既浪费金钱也浪费时间。而我们这种笔记本电脑的好处是方便轻巧，便于携带，而且很省电，平均下来如果按一天用8个小时计算的话耗电量是您现在所用电脑的一半，按照两年算，您在电费上就可以节省七八百元，更何况您也知道这种电脑的寿命平均都在四年，也就是说您仅在电费方面就可以节省下1000多元，而它却只比您现在所用的电脑贵上1000元，您说是不是很合算呢？"

5．利益需要最大化

俗话说"小数怕长计"，每天节省10元钱，十年下来就可以攒出一笔数目可观的财富了。同样的，可能你的产品每天只能给客户带来100元的效益，但一年就是几万元的效益。在介绍价格的时候，你可以分解价格，但在说到利益的时候，你一定要整合利益，这样就可以给客户一种回报最大化的感觉。比如，你可以这样对客户说，"先生，就算这种服务系统可以将每个员工的工作效率提高10%，如果他们每人可以多创造1000元的效益，您公司有100名员工，那么加起来就是10万元利润。"

【专家点拨】

💡 在销售工作中，不让客户说"不"的直接原因有二：一是避免客户形成拒绝的心理定式，二是避免客户找到轻易拒绝你的理由。要避免这两种结果的出现，最简单的替代方式就是给客户找一个接受的理由，让客户知道，你的产品是他最需要的，而不必把自己的精力放在揣测客户的情绪等方面上去。

交易的关键阶段需要紧紧抓住决策人

在电话销售过程中，你要想有效促成客户签单，就得注意在最后阶段盯紧决策人，否则你跟客户快要谈成的单子可能就会不翼而飞。由此可见，在销售的最后阶段盯紧决策人是件多么重要的事情。那么，电话销售员应该如何做到这一点呢？

电话销售员："陈总，您好，我是阳光广告公司的小刘。上次跟您谈的事情您考虑得怎么样了？"

客户："哦，你说的是刊登广告的那件事吧？"

电话销售员："是啊。上次我跟您谈了些具体细节上的问题。我们公司不仅只收会员费，而且还有针对性地给咱们公司做广告宣传，这对企业来说，既省了钱，还能达到更好的效果。"

客户："是的。"

电话销售员："陈总，您也知道现在广告费用是相当高的，除了咱们这个理事会会员的广告形式，其他哪家公司有可以免费做 4 期每期 4 个版面的广告啊？您说是吧？"

客户："这我知道。"

电话销售员："咱们的理事会会员每年的会费仅仅 1000 元。您想想，现在随便一个整版的黑白页广告最少也需要两三千元。您也说了。这对企业是件好事，那我们就把它放进日程里，把这事抓紧办了行吗？"

客户："行，过几天我们会有一笔现金到账，等现金一到我们就办这事。"

电话销售员："好，那这事就这么定了，您抓紧时间把公司的资料准备一下，再准备两张您的照片。明天我去取，您看行吗？"

客户："这样吧，三天后我给你打电话。"

电话销售员："三天后……那就是星期四，是吧？您看这样行吗，星期三我给您打个电话，咱们先约一下具体的见面时间，您看怎样？"

客户："好的，再见。"

上面案例中的电话销售员在跟客户进行电话沟通的过程中较多地运用了肯定性的语气提问，这样就给决策人提供了一个强烈的暗示，引导对方说出带有肯定性质的答案。并且在交谈中，电话销售员还表现出为客户谋利的心态，将决策人的时间利益和经济利益放在第一位，从而让客户在内心认同电话销售员的诚恳态度的同时，也能够更积极地与电话销售员进行交易。

在电话销售工作中，除了可以积极运用肯定性语气提问的方法外，还应该在穷追不舍、顺从客户的意思、确定决策人的需求等方面做足功课，只有准备充分，才会在销售的最后阶段将决策人牢牢把握在自己手中。

在跟进、引导决策人的过程中，电话销售员可以运用以下几个技巧：

1．要穷追不舍

当客户对你说："我们下次再谈吧"或是"明天我给你回电话"时，电话销售员不能太相信。因为这很有可能是客户在找借口推托，也许他下次根本就没有时间来回应你。事实上，你已经做完了所有工作，只需获得决策人的首肯就大功告成了，而这并不会浪费对方多少时间。

2．顺从客户的意思

在跟决策人交谈时，你应注意观察他的性格和做事风格，尽量顺着决策人的意思进行，这样能使他对你产生好感，慢慢消除你们之间的隔阂，直到顺利达成交易。

3．确定决策人的需求

只有确定了决策人的需求，才能做到对症下药。电话销售员在没有确定决策人需求之前千万不要盲目行事。同时，也需要灵活地运用一些策略去确定决策人的需求。比如，上次在电话里告诉了客户一个关于培训的消息，这次你打电话来询问客户对这个培训有没有兴趣，而客户却明确答复你，自己对这个培训兴趣不大，他需要再考虑考虑。另外，客户从侧面透露给你这样一个信息：他觉得自己在管理方面比较吃力，慨叹自己的领导能力不是很强。作为一个电话销售员，遇到这种情况，你应该怎样去灵活确定决策人的需求呢？可以采取旁敲侧击的办法应对。比如，你可以这样对客户说："那如果我们有一套课程能够有效地提高您的领导力，您是不是想要呢？"相信这个时候客户就能给你一个肯定的答案了，而这也正是你所期望的结果。由此看来，作为电话销售员，你只有确定了客户的需求，你们之间的合作才能够取得成功。

4．多使用肯定性的语气提问

多使用肯定性的语气提问有这样一个好处：它能够营造出一种良好的沟通氛围，给客户一个积极的心理暗示；它能让客户感受到电话销售员的真诚，有利于诱导客户给出同样带有肯定性的答案，从而为电话销售员取得促单成功打下良好基础。

 【专家点拨】

💡 电话销售员在找到真正的决策人之前往往要越过客户公司的层层障碍，如秘书、接线员等，有的甚至还要绕过多重手续，因此，找到决策人是件非常不容易的事情。在交易的关键阶段，你需要紧紧地抓住决策人，因为只有他们才能决定成交与否。另外，对于电话销售员来说，紧紧跟进决策人还是远远不够的，你还得善于引导决策人，要能让其作出你想要的决定。

☎ 用"最后一个问题"赢得客户的签单

在电话销售过程中，如果你想促使客户签单成功，可以在恰当的时候多问问客户这是不是对方问你的"最后一个问题"，只要客户确认这是最后一个问题了，那么你促单成功的概率就相当高了。那么，电话销售员应如何做到这一点呢？

客户："我想问一下，你们确实能做到提前十天交货吗？"

电话销售员："单女士，交货期是您关心的最后一个问题吗？如果我们能够保证在约定的时间内完成订单，那您是不是马上就可以下订单了呢？"

客户："我现在最担心的就是交货期，因为我们工厂现在正急需这批冷疗贴，如果你们能保证提前完成，那我就真的没有什么后顾之忧了。"

电话销售员："好的，我会协调我们工厂的生产安排，把不着急的货往后排一下，尽量先生产您要的货，以保证提前完成您要的冷疗贴。"

客户："那我就放心了。"

电话销售员："关于交货时间的问题，您尽可以放心，我们山东朱氏药业集团一向以诚信著称，保证在约定的时间内把产品如数送到您的公司。单女士，那您看什么时候有时间？明天或是后天，我们把合同签一下吧？"

客户："好吧，你明天上午来我们公司吧。"

电话销售员："好的，单女士，我们明天见。"

客户："明天见。"

在电话销售活动中，有时客户明明是热情高涨、购买意愿非常强烈，但是最后却不了了之，电话销售员不仅没能赢得订单，反而还让客户渐渐失去了对产品的兴趣。造成这个结果的大部分原因就是电话销售员不懂如何用"最后一个问题"的策略去有效促单，结果没有及时抓住解决问题、促进销售的机会，让自己在患得患失间白白失去了一个又一个大好的成单机会，这种情况真是令人扼腕不已！

上面案例中山东朱氏药业集团的电话销售员正是采用了"最后一个问题"的策略回答了单女士最关心的问题，这个问题在得到了单女士的认可的情况下，就快马加鞭、乘胜追击，向客户保证一定会如期完成任务，让其无后顾之忧，最终赢得了客户的签单。由此可见，在电话销售的促单阶段，使用"最后一个问题"策略去促成客户签单，是件多么重要的事情！

在电话销售过程中，你一定得学会经常提出问题，有问题才有解决的办法。经常向客户提问题，即试探性地问客户这是不是最后一个问题，能帮你更快地促单成功。不过在提出这种问题的时候，需要讲究方法。

1．经常性地询问"最后一个问题"

即使通话时间只有短短几分钟，经验丰富的电话销售员也能让客户接受他的成交方案。但是对于大多数客户来讲，作出购买决策并不是盲目的。事实上，只要你销售的产品并不是让所有客户都感到陌生的，'客户就一定会知道你的产品或同类产品的存在。因此，电话销售员经常性地提出成交请求是可行而且非常有必要的，只有经过不断地进行"最后一个问题"的询问，你才能最终瓦解客户的防卫心，逐步达成自己的目标。

我们来看下面的说话技巧：

"吕先生，价格是不是您关心的最后一个问题？如果我们就价格达成一致的话，那您是不是立刻就可以下订单了呢？"

"蒋总，效果是不是您关心的最后一个问题？如果我们谈妥的话，贵公司能立刻跟我们签约吗？"

2．找准客户的利益点

电话销售员在跟客户沟通的时候，只有明确客户的利益点，才能向其说明销售重点，并在客户的利益点上询问这是不是其关心的最后一个问题。一旦找准了客户的利益点，那么接下来的事情就好办多了。

3．化解客户的疑问之后提出"最后一个问题"

电话销售员要及时处理客户的疑问，化解客户的疑问之后也是提出"最后一个问题"的最佳时机。因为，能否处理好客户的拒绝是决定客户是否购买的关键，只要拒绝得到了有效解决，就意味着客户承认了你所推销的产品的价值。此时，只要你用合适的语气向客户询问，就能够获得客户的订单。

"您看，价格不是您关心的最后一个问题吗？现在价格上基本没有什么问题了，我们之间的合作要不就这么定下来吧！"

【专家点拨】

💡 提出"最后一个问题"是非常适合电话销售成交前使用的方法。它往往能够解决客户最关心的问题。而电话销售员在为客户解决问题之后，一定不要忘了用这句话去确认客户的心中是否已经没有疑问了。是的话，就应当机立断，马上提出成交的请求。

杜绝客户拖延的念头有效促成交易

在现实工作中，如果你想尽快有效促使客户签单，就要尽量杜绝客户拖延的念头，甚至是直接打消其拖延的想法。也就是说，你需要不给客户拖延的机会，唯有如此，你促单成功的机会才能达到最大化，否则你就会失去很多成交的机会。那么，电话销售员应该怎么去做呢？

电话销售员："马经理，您好，听说您的企业最近要招聘高级技工是吗？"

客户："哦，是有个高级技工离职了，不过不着急，车间那边还没有正式向我提出这个问题呢。"

电话销售员："那么您觉得为什么车间那边没有人提醒您招聘的事呢？按理说高级技工的职位是非常重要的啊！"

客户："我觉得一些熟练工人也可以处理一些基本问题，半个多月了，也没有什么特别大的事情发生。"

电话销售员："上一个高级技工的离职都已经半个多月了？那您想过没有，资格再老的工人也不是专业技工，如果没有专业的高级技工，工厂真的碰到了较大问题，您该怎么处理呢？"

客户："如果真的出现问题也是大家的责任呀！"

电话销售员："可是，马经理，您想过没有，如果车间里真的出事了，他们有没有可能把责任都推到您身上？因为即使是他们犯了错误，也是因为您没有招聘到高级技工造成的啊！"

客户："对，真的有这个可能。"

电话销售员："所以呀，您迟早都是要招聘高级技工的，既然这样不如尽快招到位，否则如果真的因为高级技工的缺失导致您的心血白费的话，多不划算呀！"

客户："你说得很有道理，要不这样吧，你赶紧帮我们企业招聘几个素质高一点的技工吧。"

电话销售员："好的，没问题，我会尽快帮您安排这事的。"

在电话销售过程中，电话销售员一定要弄清楚客户迟迟不下决定购买产品的原因在哪里，不能让客户自己去考虑，否则这样考虑的结果往往会让你失去交易成功的机会。同时，你需要理解客户的犹豫心理，要多站在客户的立场上，努力帮助客户找到折中点，从而促使其尽快作出购买决定。

当然，要想不给客户拖延的机会，你在销售的过程中不仅要善于分析困扰客户的问题，还要善于分析问题背后所隐藏的危害，只有使客户充分认识到问题的严重性，你才能有效地促成客户签单。在上面的案例中，这名招聘公司的电话销售员正是通过引导客户认识到高级技工缺乏可能会造成的危害，才促成了交易。他的这种做法值得我们学习和借鉴。

具体来说，你可以从下面几点入手：

1. 引导客户认识到物有所值

电话销售员在销售过程中，经常会遇到这样的问题，当一个新产品或新服务推出来之后，很多客户的反应就是一个字：贵。什么是"贵"呢？人们普遍认为"贵"就是多花钱，就是5元的产品花了10元。贵，其实就是一种感觉，通常人们认为"贵了"就是价格高于价值，而"不贵"就是价格等于或小于价值。要想让客户感觉到价值，电话销售员就得用事实来说话，即让客户了解产品的优越性，意识到该产品的价格低于或等于其价值，从而消除客户对价格的质疑，让客户觉得物有所值。

2. 绝不轻易放弃

如果客户说"今天就到这吧，过几天再说"或者"我们两个月后再做"这样的话，你一定要对此保持清醒，不要给客户这种拖延的机会。因为，任何人在做购买决定时都是感性的，等热情一过，他就会慢慢冷静下来。客户会慢慢忘记他为什么在那"一刹那"被你的产品和服务所吸引，他当时的冲动、热情、好奇会随着时间的推移而逐渐衰减。那么，你之前所做的一切努力就会功亏一篑。因此，电话销售员一定要学会趁热打铁，绝不能在客户动摇的时候轻易放弃到手的机会。

3. 暗示客户现有问题可能造成的危害

对于拖延解决问题所造成的危害，电话销售员不要直接提出来，否则很容易让客户觉得你是在危言耸听。因此，对于现在的问题可能给他造成的危害，你不妨暗示给客户，引发其思考，这样你自然也就更容易打开销售局面了。

4. 善于提出引导性的问题

在向客户解释问题的危害时不忘向客户提出具有引导性的问题，也是一个非常不错的拒绝给客户拖延机会的好办法，这样既不会引起客户反感，又能够较好地达到你的目的。比如，你可以这样跟客户说："您公司有没有这样的情况，当接到加急订单的时候，您的生产效率无法跟上，结果造成了退单的后果？"

 【专家点拨】

💡 在电话销售工作中，客户想拖延成交的时间，以便给自己多一些思考、分析和比较的机会。虽然客户这样做是人之常情，但作为一个电话销售员，你不应该给客户这样拖延的机会。要知道，拖延的时间越长，你失去订单的风险就会越大。而最明智的做法就是，抓住机会，让客户尽快作出购买决定。

☎ 为客户营造一幅成交后的美好景象

在电话销售过程中，电话销售员需要为客户创造一幅景象：产品会给他带来什么样的好处和利益。也就是说，你需要为客户描述一幅成交后的远景，让客户先感受一下产品能为其带来的好处和利益。使用这种假设成交法，能帮你更有效地促成客户签单。那么，电话销售员应该如何做到这一点呢？

电话销售员："刘先生，您原来参加过什么培训吗？"

客户："参加过一个'生涯规划'的培训。"

电话销售员："我们山东玛尔思商学院是由山东朱氏培训集团转型而来的新型企业大学，提供的培训可以帮助、指导您未来 30 年的发展。通过这个课程，您可以清晰地看到未来的您在收入、健康、人际关系等方面的发展趋势，完全掌控自己整个人生的过程和细节，实现重大的人生成长和跨越。对于这样的一个课程，您有没有兴趣了解一下呢？"

客户："想。"

电话销售员："刘先生，想象一下，假如今天您参加了我们的培训，它帮助您建立了更好的人际关系，帮助您明确了一年的目标、五年的目标、十年的目标以及您今后要做的事情，让您的家庭生活和您的孩子变得更加舒适和安康，您觉得这样好不好？"

客户："非常好！"

电话销售员："所以，如果说您还没有尝试，那您想不想花一点时间去尝试一下呢？"

客户："想。"

电话销售员："如果当您尝试的时候，您发现它确实有用的话，您会不会坚持使用它呢？如果您坚持的话，会不会因为您的坚持而一天比一天更好呢？因为每天进步一点点是进步最快的方法，您说是不是？"

客户："是的。"

电话销售员："所以，假如今天您来学习这3天的课程，就可能对您和您的家人都有帮助，是吧？"

客户："是的。这样吧，您把申请表格给我传真过来，我填一下。"

给客户一幅成交的画面，让他联想到成交的好处，这种促单策略叫作假定成交法。

假定成交法也称为假设成交法，是指电话销售员在假定客户已经接受销售建议同意购买的基础上，通过提出一些具体的成交问题，直接要求客户购买销售品的一种方法。

通过上面的案例我们不难发现，为客户描述一幅远景，即用假定成交法促单的关键在于：你需要为客户营造一幅成交后美好的景象。让他能从景象中看到买了你的产品后为他带来的许多好处和利益。只有这样，你才能顺利地促单成功。案例中的电话销售员通过假定成交法促单成功的做法值得我们学习和借鉴。

使用假定成交法，主要在于你得向客户说明，他在购买了产品后会获得怎样的价值。比如你可以这样跟客户说："郭总您看，假设有了这样的设备，你们可以省很多电，用电成本降低了，电的利用率也提高了。出现这样的情况不是很好吗？"当然，你也可以这样问客户："假如您购买该产品，请问您将其摆放在何处？假如您要购买该产品，使用者是谁？"

在电话销售工作中，你要想使用该策略，即为客户描述一幅远景，从而有效促动客户签单，可以使用如下模式去与客户沟通：

"××先生，我是××。"

"您好。"

"××先生您好，好久没有听到您的声音了。最近过得怎么样？有没有烦心的事情？"

"没有。"

"想想看，是不是有一两件事令您烦恼呢？想不想解除烦恼？"

"想解除烦恼啊。"

"假如想……"

然后在跟客户讲怎么追求快乐，怎么逃离痛苦，这个时候客户的注意力已经被你吸引，最后他就会认同你所构想的情况，进而同意交易。这就是假定成交法真正的用处，也是通过为客户描述一幅远景而有效促动客户签单的真正意义之所在。

【专家点拨】

💡 当然，在运用假定成交法时，电话销售员需要注意一点，不要硬逼着客户购买你的产品或服务，否则会惹怒客户，使交易走向失败。假定成交法的主要优点在于，它可以帮你节省不少时间，大大提高你的销售效率，同时也能适当地减轻客户的成交压力。

让客户知道你们彼此得到了多少好处

如果你想有效促成客户签单，可以尝试使用"双向托底法"。那么，电话销售员应该如何使用该方法呢？

"您好，王总在吗？"

"我就是。"

"我是××，大钟寺家具建材城的。您想起来了吧？您到我们这儿来过好几次了。"

"让我想想，你是……"

"我就是几天前给您在纸上列过板材种类清单的人啊！"

"噢！想起来了，想起来了。你找我有何事？"

"因为我想您能帮我一把，所以打电话给您。现在的生意很难做，上次您到建材城来，我们谈过地板的事，到现在我只做了两笔小买卖，还是亲戚帮忙给介绍的。"

"你到底有啥事？"

"王总，我也没什么隐瞒的，直说了。像我们那种进口的板材，您也知道我们专卖'××'这个牌子，您说怎么办呢？到现在我这个月就做成了两笔生意，加一块儿共卖了56平方米，挣的钱仅够交门市费的，老板虽然没太怪我，可整天都是黑着脸。没帮老板挣到钱，我心里也不好受。"

"是啊，现在生意都不好做，很多人都下岗了，现如今装修有几个用得起'××'这个牌子？"

"是，所以我看您对这种地板挺有兴趣，也买得起，我就想，若是您在我们这儿买，那也算帮我一个忙。"

"那我还得考虑考虑……"

"您别急，听我说，上次我们谈过这个价格，当时听您说有点贵。要不这么着，我提的7%不要了，您就当帮我一个忙，您这次就在我这里买，我卖出点东西心里也踏实。我每月卖出去卖不出去，都有500元钱保底不是……您看行吧？"

"这个优惠价，其实也很高，跟你说，让我买这么贵的地板，还真有点心痛！"

"王总，您就当帮我个忙，这马上快到月底了，您要就明后天来，如果您下个月来，我可能就不在这里了。"

"不过还得跟老婆商量啊，明天我给你信儿好不好？"

"您不是要40平方米吗？我给您挑最好的，已经给您放着了。您要，就明后天来拿，我就怕错过时间，有小户的来买个几平方米的，别的销售员把我留给您的拉走了。人家要买，我也不能不让人拉走，您说是不是？"

在电话沟通的过程中，如果你能顺利地将你自己或你的观念传达给客户，那么你就等于取得了谈判工作的第一步胜利。要知道，在进行电话销售时，客户也一直在电话的另一头考察你，他想知道你或你们公司将在本次交易中获利多少。因此，电话销售员在游说的时候，一方面讲到了客户可以得到的实际好处，另一方面也毫不隐瞒地告诉客户自己每个月无论怎样都会有500元的保底工资，这就等于回答了客户很想知道的一个问题，即"你给了我这些，而你赚了多少？"这就是一个双向托底。

当然，案例中的电话销售员在说服客户的过程中，还积极配合了其他方法的运用，如用"扶危救难"来激发客户的自豪感，用"机会难逢"来激发客户的侥幸心理等。可见，要想使用双向托底法有效促动客户签单，需要综合运用各种技巧去劝说客户，只有把握好其中的度，才能获得自己想要的结果。

通过上面的案例我们不难发现，双向托底法是一个非常不错的促单方法。运用双向托底法，一方面，要讲清楚客户可以得到的实际好处，比如利润或追加服务等；另一方面，在利润问题上也要给客户一个交代，要回答客户"你赚了多少，我得到了多少"这样的问题。同时，要想取得一个好的促单效果，还要采取多管齐下的游说策略。比如，案例中的电话销售员，就使用了"扶危救难""机会难逢"等策略来激发客户与自己签单。可见，案例中电话销售员的做法确实值得我们学习和借鉴。

【专家点拨】

💡 一般来说，使用"双向托底法"这一促单技巧，能让客户感觉到自己是在平等地分享成交的好处。该方法的内在意义是：我们期望得到的东西，正在提供给我们的客户。同时，该方法也有助于你以一个良好的心态去面对客户。

📞 搁置分歧引导客户认同你的观念

在电话销售过程中，有时你可以将客户的问题暂时放置一边，通过引导使客户认同你的观念，进而与客户达成交易。这种成交方式叫求同存异法。那么，电话销售员应该如何运用这一方法呢？

"您好。是张总吗？"

"对，我是。"

"张总，我是 ×× 售楼处的王慧。上次您来看过楼盘，说要先想想，您现在考虑得怎样了？" ①

"我和家人商量了，考虑到有个 2 岁大的小孩儿，很成问题。"

"您是担心小孩将来入托不方便，是吗？"

"是的。"

"张总，您看，×× 房产在西三环北路，与中关村紧靠，不说小区内的各种配套社区服务，就是中关村现有的多所幼儿园，在设施及管理上的档次我不用说您也是知道的，您完全不用担心，只要是在本区内的住户，各幼儿园都有优惠政策。并且，即使将来孩子上大学的话，这里的条件也是得天独厚的。" ②

"可是。我们得和老人住在一起呀！"

"这好办呀！张总，我给您挑一套向阳的房子。您是喜欢复式的还是别墅型的？"

"我比较喜欢别墅型的，并且最好是楼顶带花园的那种。"

"好的，我们有 2 层的楼顶带花园的别墅居室两套，一套是 150 平方米，一套是 120 平方米，而且都是独门独院的。院子的面积为 20 米 × 15 米，阳光充足，小区内还有竹林、草坪，空气好。老人可以在树下乘乘凉、打打太极拳什么的，房子离最近的公园走路仅需8分钟。"③

"不错，离健身中心有多远？"

"开车不到10分钟。"④

"张总，您希望有一套别墅型的居室，最好是楼顶带花园的，并且要求有一个小院，是吗？"

"是的，且最好离健身中心近一点。"

"好的，我会为您留着的，您是打算和太太一起来看你们的新房子吗？"⑤

"是的，不过这房子太贵了。"

"不错，但要找到这样适合的户型也不容易，而且银行将为您提供抵押贷款，您只要首付房款的30％就可以搬进新家了，余下的70％您可以分10年付清，而银行的抵押利息仅为0.8％。张总，您和太太下周一早上9点来看你们的新家可以吗？"⑥

"可以……就在早上吧。"

"好的，张总，请您带上签约金15000元，下周一早上9点我在售楼处门口等您。"

"好的，再见！"

"再见！"

利用求同存异法有效促成客户签单，其关键在于电话销售的谈判过程中，当你遇到棘手的客户时，你可以暂时把双方的分歧放在一边，引导客户认同你的观念，从而完成交易。

案例中的电话销售员王慧在促成客户签单的过程中，面对客户提出的一个又一个问题，采取循循善诱的方式耐心引导，并一一给出了解决办法，最终，她凭借真诚的工作态度及对问题的有效解决获得了客户的认同，从而让客户答应了自己提出的成交请求，顺利地与客户成交。

如果你能做到不卑不亢地表述，如果你能满足客户的欲望和心理价位的平衡，那么你就能为接下来的成交打下良好的基础。而很多时候，打电话的过程就是一点一点地满足客户要求的过程。比如，在案例中，王慧首先采用的是开放性提问法①，让张总说出自己的顾虑或愿望，然后有针对性地给予解决：小孩儿入托的事是张总的第一个愿望，王慧在②中达成了；而老人锻炼的事，王慧在③中给予了满足；最后，④达成了张总的第三个愿望。

由此，我们不难发现，当你将客户的分散的小愿望累积到一定的量时，你就可以采用请求成交法⑤，即向客户直接提出成交请求，并略施压力，从而为自己节省时间，提高工作效率。关于这一点，王慧就做得很好，当她帮客户达成了其第四个愿望后，再次向其发出了"请求成交"的信号⑥，而张总也欣然同意了。

可见，在电话销售工作中，在有效促动客户签单的过程中，面对客户提出的一个又一个问题，你不必感到胆战心惊，更不必恐慌至极，你完全可以保持清醒理智的头脑，将其先放在一边，通过努力引导客户的方式去和客户达成共识，进而促使客户与你成交。

 【专家点拨】

💡 要想有效促成客户与你签单，注意一些方法和技巧的使用是非常有必要的。不过在使用求同存异法之前，你需要具备耐心，也应对自己的业务非常熟练才行。否则就会很难达到求同的目的。

学会把控客户的经济动机

所谓的经济动机，就是客户在购买产品的时候来自经济方面的动力，主要包括客户的支付能力、预算安排、出资人等。在电话销售活动中，要想获得订单，就必须从众多潜在客户中找到那些有支付能力、有预算、有支付意愿的人，必要的时候可采取恰当的方式来调节客户购买产品的经济动机以达到目的。那么，电话销售员应该如何做到这一点呢？

客户："对于这件事情，我们公司预算有限，你们报的价格已大大超出了我们公司的预算。"

电话销售员："李经理，您可真会开玩笑，仅仅是多付出 1 万元就可以获得 100 万元的事情，难道不值得做吗？"

客户："这也是没办法的事情，以后有机会再说吧。"

电话销售员："李经理，我们都知道，有没有预算其实是取决于这件事情值不值得做。如果值得，能够让您赚到钱，能使您公司的业绩得到提高，即便是真的超出了预算，那该花的钱还一样是要花的。对不对？"

客户："我是真的没办法。"

电话销售员："您真是谦虚。有没有办法，最终还不都得过您这一关？您是这个事情上的一把手嘛。咱就抛开钱的问题不谈，您已经大概了解了我们的产品，我现在针对您的问题详细地介绍一下，您就从专业的角度帮我们评估一下这个系统到底值不值得安装，能不能提高工作效率、节约成本，我也好借此机会向您讨教一番，您看行吗？"

客户："哦，原来这样啊，好，那你说吧……"

案例中的电话销售员在面对客户拒绝的态度时并没有灰心和沮丧，而是耐心开导客户，告诉客户有没有预算其实取决于这件事情值不值得做，如果值得，能够让对方赚到钱，能使对方公司的业绩得到提高，即便是真的超出了预算，那该花的钱还是一样要花的，通过这种话题转换的方式来缓解客户的对立情绪。接着电话销售员又提议针对客户的问题进一步详细地介绍了产品，希望对方从专业的角度评估一下自己的产品到底值不值得购买，能不能帮其提高工作效率、节约成本，并作出讨教的低姿态，从而重新引起了客户的兴趣和注意力，让客户愿意听其介绍下去，进而成功把控住了客户购买产品的经济动机。

具体地讲，在现实工作中，要想把控好客户购买产品的经济动机，你还可以采取如下方法和技巧。

1. 试探客户的预算、支付能力

如果只是小商品，你可以直接向客户推销，而对于大件商品，你就要先弄清楚客户的购买预算、支付能力。可采取的方法有很多，提前对客户的信息进行调查、通过倾听客户的言谈有意识地引导客户等，不必局限于具体哪一种形式，只需达到目的即可。

2. 为暂时没有足够支付能力的客户提供一些变通的购买方式

现在购物的时候支付方式有很多，比如一次性付款、分期付款、信贷等，你可以根据客户和产品的具体情况帮助客户选择恰当的支付方式。此外，优惠折扣、让利买送等也可以作为减小客户购买压力的一种方式，只是一定要在公司允许范围内操作，千万不要为了吸引客户擅自做决定，最后却无法兑现。

3. 对于纯属讨价还价的客户可"先给块糖吃再给一巴掌"

这种方法具体来说就是先给客户一些小甜头吃，以此来吸引客户，让客户冲动起来，然后告诉他"只有您才能享受这样的优惠，过了这个村就没有这个店，再不买就没有机会了"。当然，你也可以向客户要求承诺。比如，你可以这样对客户说："如果我向上司申请您说的那个优惠，您是不是就会签单？"在这里，给客户的那个优惠就是"一块糖"，必须签单就是"一巴掌"，只要客户的购物欲望足够强烈，他就会为了得到那块糖而甘愿"受一巴掌"。

【专家点拨】

💡 在电话销售中,客户的经济能力往往决定了其购买能力和购买意愿。这也表明,如果你让一个只有 2000 元钱的人去买 30 万元的名牌包,或者让一个身家上亿的人像普通人一样到地摊上去淘几元钱的商品,这些做法无疑都是不现实的。因此很多时候,学会把控客户的经济动机,也是个促成客户签单的好办法。

第八章

投诉巧处理，赢得更多潜在客户资源

　　电话销售和其他销售方式一样，都有可能遭遇客户投诉。当投诉发生时，电话销售员首先要学会理解客户，要用真诚化解客户的抱怨和不满，积极与客户商定解决方案，避免和客户争辩。只有处理好客户投诉，我们才能收获许多"优良"的"预定"客户资源，才能把工作做得更好。可见，处理好客户投诉是电话销售过程中一个非常重要的环节，无论什么时候都要认真对待，绝不能掉以轻心，否则最后损失惨重的只能是我们自己。

及时化解客户成交后的消极情绪

对于电话销售员来说，要想做好客户投诉工作，就得善于消除客户成交后的消极情绪。很多客户因为各种原因，他们在购买产品后都会或多或少地产生一些消极情绪，及时化解这些消极情绪，才不会对今后的合作造成不利影响。那么，电话销售员应该如何做到这一点呢？

客户："真的很后悔，一时冲动买了你们的产品。"

电话销售员："女士，您干吗这样想呢？"

客户："你们的产品效果不明显，感觉花的钱都打水漂了。"

电话销售员："女士，我非常理解您现在的感受。您能具体讲述一下您是什么时候购买我们产品，买回家后您是怎么使用的吗？"

客户："我是 × 月 × 日买的，买回去后……"

电话销售员："我了解您的状况了。您是 × 月 × 日买的，产品刚用了一个星期，是吗？"

客户："是的。"

电话销售员："您是严格按照使用说明用的吗？一天用几次？"

客户："是按照说明书用的，一天 × 次。"

电话销售员："最近您还用什么产品了？"

客户："没有。"

电话销售员："您用完产品后身体有不良反应出现吗？"

客户："几乎没有什么不良反应，觉得跟没用前的情况差不多！就因为这我才后悔呢，才觉得上当受骗了，觉得自己一时被你们给忽悠了！"

电话销售员："女士，您现在的情况很正常。由于您使用产品的时间较短，加上我们产品起作用的时间比较缓慢，很多客户都是用了近一个月之后才感觉到其明显效果的，所以，您现在不必担心，您只要按照说明再坚持使用 2 ～ 3 周，就能感觉到它的效果了，好吧？"

客户："你说的这些都是真的吗？"

电话销售员："是真的，我能忽悠您吗？我们这个产品都是用完一个月才会出现明显效果的。"

客户："那好吧，那我就再使用一段时间看看吧。"

在上面的案例中，电话销售员正是通过消除客户成交后的消极情绪才消除了客户的不满，从而为下次成交铺平了道路。

在购买到某些产品或服务之后，有些客户可能会对这场交易产生后悔心理。一些电话销售员对客户的这种消极情绪不以为然，认为"反正东西已经卖出去了，不必理会他们……"其实，这种观点是非常片面也是非常短视的，甚至可以说是对客户和自身工作极不负责的表现。因为，在销售完成后，客户产生的消极情绪如果不能尽早遏制和有效消除，就会影响与客户的后续沟通，甚至影响到更大的潜在客户群的开发。

1. 客户消极情绪及其产生原因

根据对客户心理的分析，在销售完成后，客户的消极情绪类型及产生原因如下：

（1）某些期待没被满足的不甘情绪。有些客户可能会在购买到产品之后才想到自己的某些需求没有得到充分满足，或者自己期待的某些结果没有实现，使他们容易感到心有不甘。

无论客户的某些期待没被满足的具体原因是什么——或许是客户在销售沟通过程中的表达不够明确，也许是电话销售员了解得不够深入，但是最终客户都会把问题的根源归结于电话销售员或者产品本身。对这一问题若不及时加以解决，那么很可能会影响客户下一次的购买行为，或者会因此而失去由该客户介绍的客户群。

（2）某些担心造成的忧虑情绪。在客户支付货款之后，他们可能会担心购买的产品不如电话销售员介绍的那样好，或者担心出现某些问题，从而产生忧虑情绪。产生忧虑情绪的客户可能会在拿到产品时仍然频频询问电话销售员相关问题，或者要求电话销售员做出某些保证等。比如：

"它真的没有副作用吗？使用过程中需要注意哪些呢？"

"如果出现问题，你们确实负责免费维修吗？你能帮我解释一下维修保证书上的某些条款吗？"

"我怕它的尺寸不合适，你保证产品可以在一周之内随意调换吗？"

客户的这些忧虑是完全可以理解的，电话销售员必须耐心解决，否则同样会对未来的客户沟通造成不利影响。

（3）感觉受到欺骗的懊恼情绪。情绪比较懊恼的客户，其表现通常要比普通客户更加激烈，比如指责电话销售员，有些客户可能还会马上要求退回货款等。对于这些客户，电话销售员无论怎么做，损失都在所难免。不过，如果你处理得当的话，就可以使损失降到最低。

所以，真正有效的办法就是用最真诚的态度在电话销售过程中和客户充分沟通。

2. 避免客户消极情绪产生的方法

为避免以上现象的发生，你需要做到以下两点：

（1）提前防范。其实客户的某些消极情绪是完全可以提前防范的，比如客户的不甘心情绪和懊恼情绪等。如果电话销售员能在开始的电话销售沟通过程中充分了解客户的需求，或者对客户提出的某些问题做耐心的解释，再或者对不可能实现的某些客户期待采取其他方式加以补偿，就可以大大减少销售完成后客户所产生的不愉快情绪。比如，你可以这样对客户说：

"真是对不起，您刚才提到的××要求，我们暂时还做不到，不过……"

"您提的这个问题比较特殊，其实这种产品之所以这样设计是为了……"

"您看这样好不好，如果您愿意的话，我们……"

另外，电话销售员还可以运用多种沟通技巧，让客户产生积极感知：

"我现在选择这种产品是比较明智的……"

"经过比较，还是这个电话销售员更让人感到放心……"

"这个价格虽然花费了我近半个月的工资,但它还是物有所值的……"

（2）事后控制。为了有效控制客户产生消极情绪，同时也为了能与客户保持良好的后续联系，电话销售员可以在销售完成以后主动询问客户的某些需求，或者向客户做必要的解释、保证或安慰等。比如：

"您大致浏览下产品说明书，看还有哪些问题不太明确，以便……"

"您仔细想想，还有什么问题要问吗？"

"它绝对是物有所值，这个月的市场行情调查表明……"

"如果您对产品有什么不满意的，只要打个电话，我们就会在 24 小时之内处理……"

"售后服务包您满意……"

【专家点拨】

💡 要消除客户成交后的消极情绪，电话销售员还应注意：

（1）注意客户购买产品之后某些言行背后隐藏的潜台词，读懂这些潜台词可以让你及时识别客户的消极情绪。

（2）能够在成交之前满足客户，就不要推到成交之后；能在一分钟之内消除客户不满，就不要推迟到两分钟，否则拖延的时间越长，所造成的后果就越严重。

（3）积极询问客户的需求，并且尽可能地满足他们，不要为下一次的沟通留下后遗症。

☎ 掌握有效方法妥善处理客户抱怨

在电话销售活动中，遇到客户投诉的情况是非常普遍的。在接到客户的抱怨电话时，有些电话销售员会感觉不知所措，甚至会选择逃避。其实逃避只会使情况变得更加糟糕，令客户产生更强烈的不满，只有正确对待客户的抱怨，才能消除客户的抱怨，才能使电话销售工作更上一层楼。那么，电话销售员应该如何妥善处理客户的抱怨呢？

电话销售员："您好，××机械设备公司。请问有什么可以帮您？"

客户："我是山东朱氏药业集团的王峰，我上个星期从你们公司买了几套设备。"

电话销售员："哦，是王总啊。您有什么事吗？"

客户："你们的设备出现了问题，一点都不好用。"

电话销售员："王总，您先别着急。您能跟我说一下，设备到底出现了什么问题吗？"

客户："你们当初把设备说得天花乱坠，什么提高生产效率、减少次品率、省电。现在只实现了省电，生产效率根本没有得到任何改善，枉费我当初对你们公司的一份信任。"

电话销售员："王总，我很理解您现在的心情。但是，我们公司的设备得到很多客户的赞赏，质量是有保证的。至于您公司购买的设备为什么会出现这种情况，由于我没有看到设备，现在也不好下定论。要不这样，我向公司反映一下，让我们技术部的人员去您公司看看到底是什么原因造成的，您看可以吗？"

客户："那就让你们公司的人尽快过来，我这边还有客户催着要货呢。"

电话销售员："对于给您带来的麻烦，我代表公司向您表示歉意，我会马上给您安排相关人员过去的，您放心。"

在这个世界上，根本不存在十全十美的产品和服务。在电话销售过程中，电话销售员肯定会遇到客户打来的抱怨电话。这时，电话销售员不用惊慌失措，只要掌握正确处理客户抱怨的技巧，就能够重新获得客户的信赖。

在上面的案例中，电话销售员在接到客户的抱怨电话时并没有表现得十分急躁或者慌张，也没有与对方争辩，更没有说出激烈的言辞，而是先肯定公司的设备质量，接着诚恳地接受了客户的抱怨，在缓解了客户的情绪之后又提出了解决问题的办法，就这样化解了客户的愤怒，消除了客户的抱怨。

对于电话销售员来说，要想正确处理客户的抱怨，就需要掌握一些方法和技巧。具体来说，其方法和技巧内容如下：

1. 换位思考法

接到客户的抱怨电话时，电话销售员首先要有换位思考的意识，也就是让自己站在客户的角度来看待问题。如果你表达了自己的歉意还不能消除客户的抱怨，这时你就要学会换位思考，给予客户足够的理解和尊重，只有这样你才能让客户情绪平和下来，从而让客户能够理性地与你共同解决问题。

2. "三明治"法

"三明治"法，顾名思义，就是两片"面包"夹拒绝，也就是说，电话销售员与客户沟通时，既要学会说"是"，也要学会说"不"。这种方法通常适用于解决客户不满意、与客户协商解决方案等。

（1）第一片"面包"——"我能为您做的是……"也就是告诉客户，你会想尽办法来帮助他，给他提供一些可选择的空间，借此来减少客户沮丧的感觉。

（2）第二片"面包"——"您能做的是……"当你控制了局面之后，别忘了还要给客户提供一些可行性的建议。

3．从众心理法

每个人都有从众心理，在客户抱怨时，你不妨利用从众心理法将抱怨的客户和其他客户的感受进行对比，使客户在心理上获得一种平衡，从而取得客户的谅解。比如，你可以采用下面的说话技巧：

"我非常理解您的这种感受，其他客户也曾有过同样的情况，但经过说明后，他们都发觉这种规定是对客户有利的，您觉得呢？"

4．协商让步法

协商让步法是非常普遍采用的一种方法。一般来说，客户打来投诉电话，大多数都是想得到某种认可或补偿。因此，电话销售员可以作出一定的让步，对客户的某种意见加以认可，找出双方都能认同和接受的方案，并且对客户的损失加以适当的补偿。比如，你完全可以这样对客户说："我很同意您的观点，您看我们这样给您补偿行吗……"

【专家点拨】

☀ 对于电话销售员来说，只要你能以平和、积极的心态与客户沟通，并掌握有效的方法，你就能够妥善地处理客户抱怨。

接到投诉你需要立刻采取行动

处理客户的投诉，原则上是越快越好，拖延只会激起投诉客户的愤怒，同时也会使问题变得更加不容易解决。所以，当客户向你投诉某一问题时，你需要立刻采取行动解决问题。那么，电话销售员应该如何做到这一点呢？

在一个炎热的夏季，某市一位女士的小孩起了麻疹，要洗的衣服一大堆，不巧的是，家里的洗衣机却在这个时候坏掉了，心急如焚的女士打电话给洗衣机制造商，让他们尽快派人来家里维修。

洗衣机厂家的员工虽然表示会马上过去看看，不过他说还要请示一下相关负责人，所以请她耐心等待，并表示无法在当天派人过去进行修理。

那位女士十分着急，于是就打电话到附近的电器行，询问他们能不能代为修理别家公司的产品。接电话的电器行老板在接完电话的10分钟后，立即将自己家里的洗衣机送到女士的家中，然后把坏的洗衣机拉回去维修。女士对这位迅速处理了这件事的老板很是感激。此后，任何家电用品她都会在他的店里购买。

案例中的电器行老板因及时帮客户解决了洗衣服的难题，而赢得了客户的信任。

通过上面的案例我们不难发现，处理客户投诉问题时，快速反应意味着你愿意对产品和客户负责，愿意尽自己最大的努力去帮助对方，这样的工作态度在处理客户投诉问题中是非常重要的。

有的公司为了处理投诉，设置了专门的投诉处理流程，但是仅有投诉处理流程还是远远不够的，因为规范的流程只能保证投诉得到正确有效的处理，而要满足顾客"快速处理"的要求，还必须对流程的每一个环节规定完成时限，并严格执行。这些阶段包括受理投诉、进行调查、答复投诉人、采取行动等。

事实上，客户对于某方面的问题，常常会要求商家尽快作出处理决定，他们往往会说"赶快过来""尽快帮我修好"等。这时，"赶快"比任何处理方式都能赢得客户的好感，也更能取得他们的欢心，"迅速"是在处理客户问题时最基本也是最重要的原则。

如果说商家偶尔犯错可以原谅的话，那么及时处理则是这一错误得以被原谅的基本保证。的确，商家不可能不犯错，但若这种错误得不到及时的纠正，在客户看来，就是对错误本身和客户不够重视，这种态度只会进一步点燃客户心中的怒火，并让它越烧越旺，直到让客户对商家彻底失去信心，有时候甚至还会引发各种纠纷或冲突。某乐器店主任对投诉的处理很拿手，几乎所有经过他处理的投诉，都能够获得完美的解决。这位主任处理投诉的秘诀就是一旦听到投诉，立刻去客户家里拜访并迅速的处理。实践证明这个方法是最实用，也是最高明的方法。

随着互联网的发展与普及，现在投诉危机又呈现出一个突出特点，就是网络的影响作用非常大。

有的投诉事件本身没有原则性的法律纠纷，投诉者也没有很充分的理由，但这些事件激起了一种情绪，这种情绪的发泄很难通过官方途径和传统媒体去解决，因为对于投诉者来说，官方途径成本非常高。于是投诉者就采用了网络方式。网络不同于传统媒体，有点类似于街谈巷议，很容易激起共鸣，传播速度极快，信息的扭曲程度也极大，这就让企业感觉到更大的压力。

所以，面对投诉，电话销售员应该做到及时有效地处理，最好能够在24小时内给出补救措施。需要注意的是，处理投诉不能仅仅是去拉拢客户，而是要发自内心地去处理好客户投诉的事情。

【专家点拨】

☀ 在现实工作中，只要客户投诉是起因于你这一端的疏忽，你就必须立即采取补救行动，而且越迅速越好。

☎ 征求客户意见，共同解决问题

在电话销售过程中，当你卖给客户的产品出现问题时，客户自然就会投诉你，这时替客户解决问题就是你义不容辞的责任了。但是在解决问题的过程中，并不是只能由你去挖空心思地想办法，这样做最后的结果可能不会非常理想，而此时征求一下客户意见，与客户共商问题解决的办法，也许能让你有意想不到的收获。那么，电话销售员应该如何做到这一点呢？

亚茹是山东朱氏药业集团一个非常努力的电话销售员，但是她的销售业绩总是不高，还经常遭到客户投诉，虽然每次她都很努力地解决客户投诉中的一些问题，但是依然会得到客户诸如"我决定要退货"或"请赔偿我的损失"的回复。亚茹无奈之下跑去向经理诉苦，经理问她："那你知道客户态度如此坚决的原因吗？"

亚茹摇了摇头。

然后经理又问："你有没有向客户征求问题的解决办法呢？"

亚茹一脸的茫然。

在上面的案例中，亚茹虽然每次都很努力地解决客户投诉中的一些问题，但是由于她不懂得主动向客户征求解决问题的办法，结果她处理的客户投诉多以失败而告终，使得自己的销售业绩也大受影响。

可见，对于电话销售员来说，在针对客户投诉采取解决办法时，最好不要自己做决定，而应该学会发挥群众的力量，即你需要借助客户的智慧和力量去处理这件事情。只有多跟客户共商解决方案，你才能最大限度地让客户因为感受到尊重而减少怒气，才能纠正错误、合理弥补客户损失，让你的客户投诉处理工作收到理想的效果。

一般来说，通过请教的方式，你可以巧妙地探究出客户投诉你的产品或服务的具体原因是什么。

"什么使您决定要退货？"

"您介意我问一下您这样做的原因吗？"

"看样子我们的产品有一些地方让您很不满意……"

在得知是何种原因后，你还应该这样问一下客户："还有没有其他困扰您的事情呢？"

知道原因后，你可以巧妙地提问，向客户征求解决的办法。让客户主动参与到问题的解决中去，这样做能让客户感受到你对他的重视，客户也就不好意思提出一些太难为你的要求了。比如，你可以说：

"难道我们没有一个办法能令双方都满意吗？"

"对不起，我想请教您一下，如果您是我，您会怎样处理这个问题呢？"

"我听说您是这方面的专家，那么在您看来，您有没有更好的解决这类问题的办法呢？"

相信经过电话销售员的好言好语及真诚地向客户征求解决办法之后，客户终会被打动，投诉处理工作也会达到理想的效果。

【专家点拨】

☀ 很多时候，对于客户投诉的问题，你没必要一个人在那里苦思冥想穷于应付，你完全可以采取与客户共商解决方案的办法去处理投诉问题。

与客户争个高低是最致命的错误

在电话销售活动中，遇到客户投诉是很正常的情况。但是为了取得良好的电话销售效果，你必须控制自己，避免与客户起争执。那么，电话销售员应该如何做到这一点呢？

案例一

电话销售员："您好。今天给您打电话是想和您商量下有关您昨天打电话说的那张矫形床的事。您认为那张床有什么问题吗？"

客户："我觉得这种床太硬了。"

电话销售员："您觉得这床太硬吗？"

客户："是的，我并不要求它是张弹簧垫，但它实在太硬了。"

电话销售员："我还是有点不明白。您原先不是跟我说您的背部需要有东西支撑吗？"

客户："对，不过我担心床如果太硬，对我病情所造成的危害将不亚于软床。"

电话销售员："您刚开始时不是觉得这床很合适的吗？怎么才过了一天就觉得不合适了？"

客户："我不太喜欢，从很多方面都感觉有点不太合适。"

电话销售员："可是您的病很需要这种床配合治疗。"

客户："我有专业的治疗医生，这你不用操心。"

电话销售员："我觉得您需要我们的矫形顾问医生的指导。"

客户："我不需要，你明白吗？"

电话销售员："您怎么……"

案例二

杨伟是某电器公司的电话销售员，他付出了很大努力，才向一家工厂销售了几台发动机。

三个星期后，他再度打电话去那家工厂推销，本以为对方会再向他购买几百台的，不料，那位总工程师一听说是他，便抱怨起来。以下是两人的对话。

总工程师："杨伟，我不能再从你那儿买发动机了！因为你们公司的发动机太不理想了。"

杨伟："怎么了？产品出现什么问题了吗？"

总工程师："你们的发动机实在是太烫了，烫得连手都不能碰一下。"

杨伟："史密斯先生，我完全同意您的意见，如果发动机发热过高，应该退货，是吗？"

总工程师："是的。"

杨伟："当然，发动机总是会发热的，但您不希望它的热度超过全国电工协会所规定的标准，对吗？"

总工程师："对的。"

杨伟："按照标准，发动机本身的温度可以比室内温度高 22 摄氏度，不是吗？"

总工程师："是的。但你的产品却比这高出很多。"

杨伟："你们车间的温度是多少？"

总工程师："大约 24 摄氏度。"

杨伟："车间是 24 摄氏度，加上应有的 22 摄氏度，共是 46 摄氏度。对于这样的温度，您自己就是把手放在 46 摄氏度的热水龙头上，也会感到烫手啊！"

总工程师："是。"

杨伟："好的，那以后您就不要用手去摸发动机了。放心，那完全是正常的。"

结果，杨伟又做成了一笔生意。

从案例一中可以看出，这位电话销售员在解决客户的投诉时，首先要面对的肯定是客户的病情与那张矫形床的关系，因此，若说话有一点不慎，就可能会触到客户的伤疤，让客户感到不愉快。如此一来，即使客户非常需要电话销售员的产品，也不会作出让步的。客户会投诉，这就表明他需要更多的信息。电话销售员一旦与客户发生争执，拿出各种各样的理由辩解，即使在争论中取胜，也会彻底失去这位客户。所以，案例一中，电话销售员处理客户投诉失败的原因在于他没有做到很好地克制自己，与客户起了争执。案例二中的电话销售员杨伟之所以能够成功处理客户投诉，是因为他知道和客户争辩没有任何益处，也解决不了什么问题，所以他不和客户争辩，而是采取和客户讲道理的方式来处理，结果，他处理投诉成功，还顺便做成了一笔生意。

通常来说，导致你电话销售工作失败的原因有很多，其中最致命的就是与客户争个高低。电话销售员和客户作为利益不同的主体，在洽谈过程中必然会出现各种各样的矛盾，在异议处理过程中，这种倾向显得尤为明显。比如，在回答客户问题或意见的时候，有时你会发现自己在不知不觉中就跟客户争执起来，气氛变得相当激烈。其实，作为电话销售员你需要铭记的是不管客户如何反驳你或与你针锋相对，你都要保持心平气和的心态，避免与其争辩，不让对方产生失败感和抵触感，同时，无论客户的意见是对还是错，是深刻还是幼稚，在客户面前你都需要保持一颗谦卑的心，只要你明白了"争辩中的胜利者永远都是生意场上的失败者"这样一个道理，你就能够做到这一点。

在电话销售行业有这么一句话：占争论的便宜越多，吃销售的亏就越大。如果客户在争辩中说不过你，他只要做出不买你产品的决定就可以轻松地赢了你。所以，在与客户沟通的时候，不要语气生硬地对客户说"你错了""你连这个也不懂"等类似的话，对于那些比较敏感的客户，你要尽量避免直接或间接地作出可能冒犯他们的评语，要知道哪怕你持有所保留的语气，都可能会扰乱他们的心智。跟这类客户交谈时你要言辞慎重，只需指出事实，让他们了解你只是就事论事，而不是在对他们进行什么人身攻击。如果你能做到以上这些，那么你就能避免跟客户起争执了。

在处理客户异议的过程中，要想避免与客户起争执，你还需要注意如下几点：

（1）忌质问。对电话销售员来说，用质问的口气与客户说话，会很容易伤害客户的感情和自尊心。与客户沟通时，电话销售员要理解和尊重客户的观点，不要勉强客户，无论客户买不买产品，都不可以用质问的口气与他交谈。最好不要用下面的方式向客户发问：

"您为什么对我们的产品有成见？"

"您凭什么讲这个产品不好？"

"您有什么理由说我们公司的售后服务不到位？"

（2）忌命令。在与客户交谈时，电话销售员态度要和蔼，语气要柔和，要采取征询或者请教的口气与客户交流，切不可用命令的口吻。你需要永远记住的一条就是，您不是客户的领导和上级，您无权对客户指手画脚或下命令。

（3）忌批评。在与客户沟通时，如果发现客户的身上存在某些缺点，千万不要当面批评对方，更不要大声指责。要知道批评与指责解决不了任何问题，只会招致客户的怨恨与反感。

 【专家点拨】

💡 不和客户争辩是优秀电话销售员的办事准则。电话销售员要明白这样一个道理：你的工作是向客户销售产品，而不是和客户争辩一较高低，同时争辩也解决不了任何问题，只会招致客户的反感。所以，为了保证电话销售效益最大化，你就必须学会克制自己，要懂得忍耐，尽量不要与客户发生争执。

☎ 善于挽回流失的客户才有好业绩

在电话销售活动中,面对客户的任何异议电话销售员都需要认真对待,坚持做到百分之百地努力和积极争取,否则就可能会导致客户的流失。这对于个人和企业来说,损失无疑都将是巨大的。那么,电话销售员应该如何避免这种情况的发生呢?

电话销售员:"××电话银行3013号客服代表为您服务。您好,请问有什么可以帮您?"

客户:"我想将我卡里的钱都转到同城的另一家银行那里。"

电话销售员:"好的,请把您的卡号告诉我吧。"

客户:"我的卡号是……"

电话销售员:"您好,需要和您确认一下,您这卡里的余额是55万元,有问题吗?"

客户:"对,没错。"

电话销售员:"那我可不可以问一下,您为什么不在我们银行里存钱了呢?"

客户:"在××银行里存款会返6个点,你们银行有吗?要是有的话,我就还把钱放在你们银行里。"

电话销售员:"违规揽储的方式,我们银行肯定是没有,不过我行有一款保本理财产品,年利率4点多,收益比他行返点还多。"

客户:"××行有20多天利率4点多的产品,而你们银行却需要一年时间。"

电话销售员:"那是对于普通客户来说的,我行的星级客户是可以享受到许多优惠的。我刚才看了一下,您现在在我行已经是五星级的客户了,只是您没有开通理财金账户。"

客户："五星级？那等级越高是不是享受的优惠就越多呢？"

电话销售员："那当然了。您现在是我行五星级客户，很多优惠服务都是可以享受到的，不比××银行的低。如果您在我行能再多存些款的话，还会升到六星级、七星级，到时还会有更多的优惠或免费业务可以享受到。如果您现在把钱都转走了，星级就会因此上不去，多可惜呀。"

客户："你说得有道理，那你先不要帮我提款了。"

电话销售员："好的，您可以到我行的柜台去办一张理财金卡，然后您就可以购买我行的保本理财产品了。"

客户："好的，谢谢你告诉我这些。"

电话销售员："不客气。您还有其他什么问题吗？"

客户："目前没有了。"

电话销售员："好的，请您稍后对我的服务作出评价。再见。"

客户流失对电话销售员来说所造成的损失和代价将是巨大的，尤其是老客户的流失。因为，失去一个老客户所造成的巨大损失，是需要你开发许多名新客户才能弥补回来的。因此，电话销售员不能不考虑追回流失的客户。

案例中的这名电话销售员非常善于与客户沟通，她及时发现了这位即将流失的客户是一位优质客户，于是利用自己所在银行的优势巧妙地留住了客户。而实际上，对于电话销售员来说，不放任客户流失，你的销售业绩才能获得不断提升。

对于电话销售员来说，来自客户的任何异议或投诉问题处理不好，都会导致客户的流失。通常在这个时候，电话销售员要找出客户流失的原因，这样你才能有的放矢，做到针对不同类型的客户采取不同的应对办法。

1. 因服务因素流失

对因售后服务不到位而使客户产生的抱怨和投诉，处理不及时，通常是导致客户流失的重要原因。因此，为防止客户因为售后服务不好而流失，电话销售员在销售产品及售后服务的过程中要时刻体现出良好的态度和专业的素质。

2. 因价格因素流失

价格是影响客户选择的非常重要的因素，即指客户转向提供价格低廉产品或服务的竞争者。面对这种情况，电话销售员可以突出自己产品的"好处"，或者是在允许的范围内在价格上给客户点"甜头"，以此来挽留客户。比如，你可以采取以下的说话技巧：

"马总，您都是我们的老客户了，价格方面还不好说嘛。我再帮您争取一下，您看行吗？"

3. 因产品质量因素流失

客户因产品质量因素流失，是指客户转向提供高质量产品的竞争者。一般来讲，这种流失是不可逆转的，因为由于价格原因流失的客户我们可以用价格"买"回来，但是如果客户认为竞争对手的产品质量更好，那么要想把他们再争取过来的概率几乎为零。这时候，电话销售员能做的是向公司反馈，尽量提高自己产品的质量水平。

4. 因产品或服务不够便利的因素流失

这种客户流失的原因是对现有产品、服务的便利性感到不满。便利性主要包括卖家的地理位置、进货时间、等待服务的时间等。对于这种情况，电话销售员不妨用更多的便利条件换回客户的信赖。比如，你可以这样说：

"陈经理，之前您提到取货不方便的问题，我已经和公司的相关部门沟通过了。由于您和我们公司有着长期的合作，为了回馈老客户，我们决定为您提供送货上门的服务。"

【专家点拨】

💡 客户流失率直接反映了电话销售员销售业绩的高低，而一个优秀电话销售员总是能在巩固老客户的基础上开发新客户。因此，电话销售员要善于挽回流失的客户。

☎ 安抚客户的情绪别让他变得更糟

一般来说，当客户打来投诉电话时，一定是在心情通常都不会好到哪里去的情况下。因此，对于电话销售员来说，要想处理好客户投诉，首先就要学会安抚客户的情绪，即此时你要做的事情是关注客户的情感，而不是事实。那么，电话销售员应该如何做到这一点呢？

案例一

客户："是××公司吧？我姓钱。我有些问题需要你们处理一下。"

电话销售员A："您好，钱先生。请问有什么可以帮您？"

客户："我使用你们的笔记本电脑已经快一年了，最近我发现显示器的边框裂开了。因为我知道你们的电脑保修期是3年，所以想看看你们有什么办法可以帮我解决下。"

电话销售员A："您是指显示器的边框裂开了？"

客户："是的。"

电话销售员A："您之前碰过它没有？"

客户："我的电脑根本没摔过，也没有碰过，它是自动裂开的。"

电话销售员A："那怎么可能呢，我们的电脑都是经过检测的。"

客户："但它确实是自动裂开的。你们就是这样对待老客户的吗？"

电话销售员A："那很对不起，显示器是不在我们3年保修范围之内的，这一点我们在协议书上都写得很清楚。"

客户："那我的电脑就这样白裂开了？"

电话销售员A："很抱歉，我不能帮到您。请问还有什么问题吗？"

客户："我要投诉你们！"

案例二

客户："我要投诉！我要投诉！"

电话销售员 B："您好。请问发生了什么事，让您这么着急？"

客户："是这样的，我在你们这里买的笔记本电脑使用不到一年，在没碰没撞的情况下，显示屏的边框裂了。我刚才打过电话，你们的一个同事说没有办法保修，而且服务态度非常不好，你们怎么可以这样对待客户？"

电话销售员 B："哎呀，钱先生，显示屏的边框裂了？裂到什么程度了，现在还能用吗？"

客户："裂得倒不是很大，还可以将就着用。只是我得用胶布粘住它，以防止它裂得更大。"

电话销售员 B："那还好。不过，这对您来说确实是件很令人头疼的事，我非常理解您现在的心情，换成是我，我也不会好受。"

客户："那你说该怎么办？"

电话销售员 B："钱先生，我知道您的电脑在没有外力碰撞的情况下边框裂开，我真的很想帮您。只是在计算机行业中，显示器的类似问题，都不在各个企业的承包范围内。我想这一点您是理解的，对不对？"

客户："其实坦白地讲，我并不是真的想让你们保修，我只是希望你们能给我一个说法，没想到你们第一次的服务态度是那样不好。"

电话销售员 B："钱先生，对于您刚才不愉快的遭遇，我感到十分抱歉。请您相信我们，我们是站在客户的立场为客户解决问题的。让我想想在目前情况下如何处理。对于边框，我倒有个建议，因为边框是塑料的，现在有一些强力胶是可以将其粘住的，所以，您可以试试用胶水粘一下，效果要比用胶布好。"

客户："那我可以试试看。"

电话销售员 B："请问您还有什么问题吗？以后有什么问题，您可以随时打电话给我，我会尽全力为您服务的。谢谢！再见！"

只要是做电话销售工作，你就不可避免地会遭遇到客户的投诉。这个时候如何安抚好客户情绪就成为一件非常重要的事情了。在案例一中，电话销售员 A 由于没有及时安抚客户的情绪，对其反映的问题也没提供具体的解决意见，导致客户的投诉。而在案例二中，同样的客户，同样的问题，电话销售员 B 对客户反映的问题采取了关心并积极配合的态度，在与客户沟通过程中，一直都很注意安抚客户的情绪，最后，他还给客户提供了一个解决问题的建议，成功地处理了客户投诉。

可见，对于电话销售员来说，要想安抚客户的情绪，在跟客户沟通的过程中，就得注意讲话的方式，认真地了解客户所反映的问题或情况，要能设身处地从客户的立场对其所反映的问题作出评价，最好能够给出一些解决问题的办法或者建议。只有做到了这些，才能让客户的情绪得到较好的安抚而不是变得更糟，从而有利于投诉的妥善处理。

在现实生活中，不管是多么好的产品或服务，所能满足的人的需求都是有限的，但人的需求又是无限的，二者之间的落差会让客户心生不满和抱怨，于是投诉出现了。对于电话销售员来说，处理客户投诉的当务之急，就是安抚、平息客户的情绪。比如，先道歉，道歉的话多说一些也无妨。然后，给客户"发泄"的机会，让客户吐尽所有的苦水，在这中间你不要企图狡辩、强辩。等客户说完之后，他的心里就会好受一些，接下来就看你的了。注意，当你进行解释、说明的时候，要入情入理。

当然，安抚客户的情绪是所有电话销售员的责任，任何踢皮球似的推来推去只会让客户感到更加厌烦和反感，这种做法对于安抚客户情绪来说无异于火上浇油。

案例一很明显是个失败的处理客户投诉的电话。与情绪不好的客户打交道，是电话沟通中的一大挑战，处理时很重要的一点就是你得学会如何与客户进行情感交流，即你需要让客户的情绪及时得到安抚，尽快平静下来。

【专家点拨】

💡 在安抚客户情绪时，应比一般的商谈处理起来要更加小心、谨慎、机敏。同时，安抚客户的情绪，不应以平息客户情绪为终极目的，而应尽可能地处理好客户投诉的问题，力争让自己再做成一笔生意为最佳。

📞 把客户的投诉之危转为再成交之机

在电话销售活动中,遭遇到客户投诉有时并不是一件非常糟糕的事情,如果你能想办法将投诉的危机转化为再成交的机会,那么投诉对于你来说将是件具有价值和意义的事情。那么,电话销售员应如何做到这一点呢?

李瑶是一家美妆企业的老板,在海外度假的时候找到了一家度假中心。因为度假中心的风景十分秀丽,李瑶决定多住上几天。可是,没想到第二天早晨,当她推开落地窗时,原先的一大池水全不见了,映入眼帘的是几个工作人员正在打扫卫生的情景。

李瑶非常生气,她决定打电话问个明白。

两分钟后,饭店的值班经理王伟亲自回了电话:"李瑶小姐,非常抱歉,由于我们的客房通知系统出现了故障,没有将泳池定期清理的消息及时通知到您,给您造成了不便,是我们的失误。谢谢您打电话来告诉我们您的不满,让我们有改进的机会。"

王伟接着说:"我了解到您之所以选择我们度假中心,是因为这里风景秀丽、戏水方便。为了表达我们由衷的歉意,昨天晚上的房价我们给您打对折。"

"但由于池子很大,我们需要两三天才能清理完,即使打折也不能解决您无水游泳的问题。这样吧,如果不会造成您太大的不便,接下来的几天,我很乐意帮您升级到私人别墅,里面有独立的露天泳池和按摩池,您觉得这样的安排合适吗?"

李瑶非常高兴地说:"嗯,我觉得这样的安排非常合适!"原先的不快一扫而光。之后李瑶住进了别墅,当晚,在她正浸在泳池中仰头赏月的时候,服务人员送来一瓶高档红酒,这是来自王伟的特别问候。

度假结束后，李瑶向她的朋友们大力推荐这家度假中心，她说："五星级的设备，六星级的服务，你们去了绝对不会后悔！"

通过上面的案例我们不难发现，投诉中同样存在着成功的机会，就看你如何处理和把握了。案例中的王伟在了解到客户李瑶的投诉事情后，及时采取措施补救：他亲自给李瑶回电话，对其投诉表示感谢并解释了原因，接着采取措施给予李瑶适当的补偿，不仅将其昨晚的房价打五折，又在征得其同意的情况下，将其享受的服务升级至私人别墅区。王伟处理客户投诉的做法，获得了李瑶的高度评价和赞赏，使其回国后向身边的朋友大力推荐这家度假中心。而王伟也因为对客户投诉细心周到的处理获得了与客户再次成交的机会。

传统的思想观念认为："没有客户的投诉消息才是最好的消息。"其实，对于现代企业来说，这是一个很可怕的思维模式，因为任何一家公司所销售的产品不可能不出现问题，售后服务再好的公司也依然会有客户投诉。通常来讲，客户投诉是产品或服务质量和水平的最好反馈，电话销售员只要处理得当，就会对接下来的销售产生积极的影响。就像上面案例中的王伟那样，针对李瑶的投诉，不是轻视和忽视，而是积极地消除客户的不满，并以细心体贴的补偿服务满足了客户的需求，因此得到客户的好评，并获得了再次成交的机会。相反，如果王伟没有重视客户李瑶的投诉，或敷衍了事，不仅会失去李瑶这一个客户，还会对度假中心的服务声誉产生不良的影响，从而给度假中心造成巨大的损失。

可见，电话销售员在处理客户投诉时应该遵循以下几项原则：

（1）以认真的态度仔细倾听客户的投诉。

（2）对客户的投诉表示感谢并解释清楚为什么。

（3）真心实意地道歉。

（4）承诺将立即处理。

（5）提出解决方法、计划及时间表。

（6）对客户造成的不便给予适当的补偿。

（7）确认客户的满意度。

（8）表示一定能防止类似的情况重复发生。

【专家点拨】

在电话销售过程中，接到客户投诉属于正常情况。电话销售员只要端正心态，体谅客户的情绪，尊重客户的意见，使客户的不满得到细心妥善的处理，就会使客户的投诉之危转为再成交之机。

用你的真诚让投诉得到圆满解决

在电话销售过程中，不管客户在电话里向你表达出怎样的不满，你都应该做到用真诚去化解客户的不满，唯有如此，你才能做好客户投诉处理工作。那么，电话销售员应该如何做到这一点呢？

电话销售员王磊在工作中常遇到一些因为对公司不了解而误解公司的客户。比如，本来公司可以做到的，客户却认为公司做不到。

一次，王磊在电话中向客户销售电脑，客户对他说："你们没有金属外壳的笔记本电脑。"

王磊解释说："先生，金属外壳的笔记本电脑可是我们公司特有的呢！除此之外，您还有什么疑问吗？"

客户又说："但是，你们没有办法帮我送货上门啊。"

王磊解释道："先生，您大可放心，我们公司的送货上门服务那可是一流的，而且售后服务也是非常好的，您选择了我们的产品绝对是您有眼光的最佳体现，您也应该相信您自己的眼光，不是吗？"

最后，王磊一一解答了客户的各种疑虑，客户非常满意地购买了他们公司的产品。

在上面的案例中，电话销售员王磊因为能够在工作中做到用真诚的态度一一化解客户对自己公司的各种误解和疑虑，让客户的不满得到有效的解决和处理，所以客户最终才会放心满意地购买其公司的产品。

可见，对于电话销售员来说，若想让"对不起"这三个字真正发挥作用，你可以经常这样告诉你的客户："企业在管理方面还不到位，请多多包涵。您有什么事可以直接找我，只要能做到，我一定尽力。我们是朋友，凡事都好商量。"另外，还可以恳请他们再次惠顾，这些都是非常好的用真诚化解客户不满的言辞和方法。

在电话销售活动中，面对客户在电话中所表现出来的不满，你唯有诚心诚意全力补救才能化解彼此之间的敌意。对于这样的客户，你若让他们觉得"这个公司很不诚实"或者"我感觉不到他们的诚意及热忱"，那就"完了"。所谓"完了"，就是指从此以后你们几乎可以不用再联系了，因为你们之间不会再有合作的机会。这就是电话销售员不懂得用真诚化解客户不满所产生的后果。

然而，真诚说来简单，但做到就不是那么容易了，它要求你不但要有超强的意志，还要有不惜牺牲自身利益的精神，总之，你需要竭尽所能地去争取客户的信任与好感。有一点你还必须注意，企业在应对客户抱怨方面的工作必须落到实处，任何一味地标榜都很容易伤害到客户情绪。

比如，一家公司骄傲地向人们宣布他们为客户设计的热线电话咨询、求助、投诉专线等是多么快速和热情，许多客户受到媒体宣传的影响和一些口碑的鼓励，决定亲身来体验一下。然而他们却非常意外地听到了一遍又一遍的"话务员正忙，请稍候"的声音，然后就是一阵又一阵的单调的音乐；或者接通电话还没有说完就断线了，然后费了半天劲也没有再拨通而对方也未打回电话。

又如，你到一家连锁店购买一些日用品，结果却意外地发现了一些质量问题，当你得知这家连锁店有很宽松的退货条件时，你怀着很兴奋的心情去退货。结果在退货处理柜台前，处理退货的人员都板着一张脸，好像对消费者的退货行为很不高兴，而且在处理过程中常常将东西放下去处理其他事情。更让你感到气愤的是，他们对其他不是办理退货的客户是一脸微笑，而转过头对你时却是另一副面孔。此时你的愤怒自不必说，你对企业的信任瞬间就被毁掉了。

如果你的目的只是为了解决客户的投诉，那么你可以就事论事地解决问题，这种方式也许会非常有效。但如果你想让客户成为合作伙伴，就必须用真诚来打动客户。

向客户道歉，态度一定要真诚。而客户之所以会经常觉得你的致歉毫无诚意，不过是在应付他们，这其实只是其出于一种自我防御的本能。

在电话销售发生的投诉中，很多时候，客户抱怨其实是由客户对公司、产品或是对你的误会引起的。因此你必须向客户说明原委，消除误会。但是请注意，作这样的说明切勿太早，因为大部分客户是很难在一开始就接受你的解释的，所以消除误会必须放在认同、道歉之后再做。

另外，消除误会可以避免客户得寸进尺，或是误认为你的公司或你很差劲。假如误会没有解决，客户对你或公司可能会失去信心，进而取消订单，这样就抵消了你前面的所有努力，是非常可惜的。

【专家点拨】

💡 请记住，无论什么时候，只有真诚才能消除误会，平息客户心中的不满。当你献出真诚时，必定能让事情得到圆满的解决。

把客户投诉当成售后服务来做

一个客户的投诉也许也表达了其他没有向公司投诉的客户的心声。有研究结果表明，投诉的客户，若问题能够得到圆满解决，相对于那些从来没有投诉过的客户，其忠诚度会高出许多。因此，如果你能把客户的投诉当成售后服务来做，在为客户解决问题时抱着友好的态度，让客户对你产生信赖感，那么必将为你们未来的合作奠定坚实基础。那么，电话销售员应该如何做到这一点呢？

旭龙是一家汽车公司的电话销售员，他每天的工作就是打电话给客户销售汽车。旭龙每卖一辆车给客户，都会在为对方提供服务时付出大量的额外努力，因此，旭龙总能通过第一次成交后的优质服务就赢得客户的好感和信任。

旭龙认为卖给客户第一辆车只能算是长期合作关系的开端，如果单辆车的交易不能带来以后的多次交易的话，旭龙会认为自己是一个失败者。旭龙还认为，人要想取得成功，就必须为客户提供足够的高质量服务，使他们愿意一次又一次地回来买你的产品。而当你想到一位满意的客户一生中会买多少辆车时，他买的第一辆车也就只能算是冰山一角了。

旭龙估计那些购车客户在一生中大约每人要花几十万元去购车，如果再加上客户介绍来的家人、亲戚和朋友，数额一定会达到 7 位数。因此，他每次都是非常谨慎地对待客户的投诉，并努力把客户的投诉当成售后服务来做，积极解决客户遇到的任何问题。不仅如此，他还会定期给客户打电话，询问车况，一有问题就及时解决。

案例中的旭龙虽然只是一家汽车公司的电话销售员，但是他却懂得把客户投诉当成售后服务来做，为自己的电话销售赢得了许多成功的机会。

可见，客户的投诉也不是洪水猛兽，电话销售员没必要对此感到畏惧，只要对工作足够热爱，只要能拿出做好售后服务的决心去对待和处理客户投诉问题，就能够胜任客户投诉处理工作，从而做好电话销售，取得事业上的成功！

把客户投诉当成售后服务来做，事实表明，这是一个非常明智的做法。现在让我们来看看麦肯锡公司的这些统计数字，看完之后，你就会知道把客户投诉当成售后服务来做，获得怎样的回报：有了大问题但未提出抱怨的客户，有再来惠顾意愿的只占9％；有了大问题向销售员或售后服务部表达出抱怨的客户，不管结果如何，愿意再度惠顾的占19％；表达了抱怨并获得圆满解决的客户，但再来惠顾的意愿占54％；表达了抱怨并迅速得到满足的客户，有再来惠顾意愿的占82％。

可见，客户不再抱怨，是电话销售员或公司与客户关系走下坡路的一个信号。

在全球取得了巨大成功的联邦快递公司，因为其所保证的跨地区或跨国界的准确、快速投递，使客户愿意付出比一般平邮高出几十倍的快递费。从中我们看出，客户对优质、可靠的服务是十分认可的。

"我的办法就是在尝试找到恰当投资方式之前深入了解客户的财政目标。"乔治说，"我干这一行并不仅仅为了获得一份订单就完事。我对建立起一种长期不断的合作关系一直很有兴趣，这也要求我必须掌握全面的情况，这里面包括房地产、保险、遗产、商务状况、退休计划等固定资产的所有信息，以便我能够作出恰当地评估。通常情况下，客户越是富甲一方的人物，做成第一笔交易所要耗费的时间就越长，曾经和我合作的一些人，经常是交往一年之后才能够签下一份订单。"

刚上任的人寿保险代理人可能需要打通几百个电话之后才能获得一个预约承诺。如果一个电话销售员的成交率为20％的话，你可以想象一下他必须投入多少时间和精力才可以拿到一份订单！

这一切都清楚地表明，任何一位电话销售员要想争取到一位新客户都必须付出巨大的代价。所以，一旦你与客户建立起联系，就不要轻易失去它。

然而，有些电话销售员会因为某些非常愚蠢的原因而得罪客户。比如，一位购买了价值 6000 元的新按摩仪的客户打电话给电话销售员，说按摩仪上的一个部件出现了问题。在了解了具体情况之后，电话销售员说该问题不属于保修范围，因为是客户的孩子操作失误造成的人为故障，说完就挂掉了电话。客户心里肯定会不舒服，虽只能自认倒霉，但相信他以后不会再找这位电话销售员购买产品了。

 【专家点拨】

☀ 在电话销售工作中，有时即使是客户的错，甚至可能，你也须尽一切可能让客户满意。这是优秀电话销售员维系客户的一种方法，尤其是当你明白赢得一位新客户需要花费多少时间和精力的时候。无论从哪方面来说，保住一位老客户并且增加其忠诚度，要比争取到一位新客户需要销售员付出的气力要少得多。由此可见，如果你能把客户投诉当成售后服务来做，无疑能让你的客户投诉处理工作取得事半功倍的效果。

第九章

接听好电话，提升成交概率

　　电话销售员接听销售电话时的成交率要远远高于主动给客户打电话的成交率。这就需要电话销售员掌握好接听电话的技巧，快速了解客户的基本情况，努力使自己与客户的沟通更加顺畅，才能够使主动送上门的销售变成实实在在的订单。

📞 有效提问筛选出有用的客户信息

在电话销售过程中，如何有技巧地接听客户打来的求购电话也是一个非常重要的环节。比如，当你拿起电话开始倾听客户的来电时，你该如何通过有效的提问以及客户的回答而快速记下客户的基本信息，从而为成交奠定基础呢？

案例一

电话销售员："对了，卞经理，我能问您一个问题吗？"

客户："可以，你问吧。"

电话销售员："您是从什么渠道了解到我们山东朱氏药业集团的电话号码的？"

客户："×× 公司的老总是我的朋友，是他给我的电话号码。"

电话销售员："原来是这样，那 ×× 公司可是我们公司的老客户了。"

客户："对，他们公司经常和你们公司合作。"

电话销售员："既然这样，相信您对我们的产品价格也有所了解了，我报价自然也不敢忽悠您，您看 998 元的这个产品怎么样？"

客户："嗯，综合看起来，各方面还不错。"

电话销售员："那您要是没有疑问的话，我可以为您下订单了吗？"

客户："嗯，好的。"

案例二

电话销售员："您好，海天人力资源管理公司。请问有什么可以帮到您？"

客户："请问你们这边是专门为企事业单位进行招聘的公司吗？"

（接听电话的电话销售员从客户的声音中判断出客户属于沉着冷静的性格，于是调整自己的说话方式来配合客户。）

电话销售员："是的，我们是一家专业从事人力资源管理的公司。先生，请问怎么称呼您？"

客户："我姓林。"

电话销售员："那我可以直接称呼您林经理吗？"

客户："可以。"

电话销售员："那么，林经理，我想问一下，贵公司是一家什么类型的公司，你们希望招聘到哪一行业的人才呢？"

客户："我们公司是一家专门从事导购培训的培训机构，希望招聘一些优秀的培训老师，主要……"

电话销售员："好的，您的要求我已经很仔细地记在本上了，我们会以最快的速度为您找到最好的培训老师。林经理，您还有什么问题吗？"

客户："暂时没有问题了，如果有的话，我会再给你打电话。"

电话销售员："好吧，那我们保持联系。"

在案例一中，电话销售员正是通过询问客户得知公司业务电话的方式，分析出了客户对公司的了解程度，从而提供了一个客户可以接受的报价，进而顺利获得了客户的订单。

而在案例二中，电话销售员在接听销售电话时，当他判断出客户的基本性格后，则通过主动发问的方式来了解客户的信息情况。比如，在电话接通没多久，他就问客户"先生，请问怎么称呼您"，当客户回答自己姓林后，他又问，"那我可以直接称呼您林经理吗？"在得到对方的肯定答复后，再加上客户是站在企业的角度打电话过来咨询招聘事宜的，这时电话销售员就对客户的身份、职务以及在公司的地位等情况有了一个大概的了解，从而快速地了解到客户的需求，轻松拿到了订单。

可见，电话销售员在接听销售电话时，一定要善于抓住电话交流中的主动权，要能主动发问，只有这样你才能更快、更好地了解客户的信息，抓住客户的需求，恰当地解决客户关心的问题，从而顺利地拿到订单。

优秀的电话销售员在接听客户电话的时候，应对客户进行有效的提问，对客户的回答进行有效的分析和筛选，然后整理出客户的基本信息资料，从而为接下来的沟通做好铺垫。那么在这一过程中，电话销售员应该注意哪些方面呢？

1．经他人介绍的情况

如果客户说是通过朋友或合作机构介绍得到的电话号码，那么电话销售员就可以先了解一下介绍者是谁，从而促进销售工作的展开。通常情况下，这种回答对电话销售员的策略有两方面的意义：

一方面，如果客户表示是朋友推荐的，那么你就可以好好地借助这个资源，以此来建立客户对你产品的信心，这对于销售成功将发挥重要作用。

另一方面，对于经过他人介绍来的客户，电话销售员在报价时就得非常谨慎了。其一，客户的介绍者对你的公司比较信任，其二，客户对你的公司肯定也有了一定的了解。因此，如果报价过高显然是不现实的，而过低也容易使客户产生怀疑，所以报价之前你得慎重考虑。

2．请教客户的称呼

电话销售员在接听客户电话时，不管客户怎么回答，也不管客户想要咨询什么样的事情，最好先请教客户应该怎么称呼。正如案例二中电话销售员问客户"那我可以直接称呼您林经理吗"。这不仅是电话中应有的基本礼仪，更为重要的是，你可以从称呼中了解到客户的关键信息。

比如，在案例二中，主动打电话过来咨询招聘事宜的客户通常只有两类人，一类是企业的人事部，另一类则是求职者个人。由于客户询问的时候是站在企业的角度"你们是专门为企事业单位进行招聘的公司吧"，就说明打电话过来的可能就是公司的人力资源部经理本人，或者是他的助理。这样通过询问对方的称呼就能够判断出对方的身份，进而掌握对方的资料。

3．根据客户的说话方式与其交谈

根据客户的说话方式与其交谈在电话销售中非常重要，你在接听客户打来的求购电话时，要善于根据客户的性格特征来及时调整自己与对方的沟通模式。也就是说，如果客户是慢性子的人，你就需要放慢说话速度，要慢慢地和他沟通；如果客户是急性子的人，说话时语速比较快，那你在说话时最好也不要拖泥带水。因为事实证明，人们往往更喜欢与自己性格相似的人打交道。

【专家点拨】

💡 通常情况下，电话销售员接听销售电话时的成交率要远远高于主动给客户打电话的成交率。当然，这就需要电话销售员掌握一定的求购电话接听技巧，要能够快速地了解客户的基本情况，并能对客户的基本情况迅速作出判断。在这个过程中，努力使自己与客户之间的沟通顺畅，才能将主动送上门的销售变成实实在在的订单。

读懂客户的需求才能走进客户的心

作为电话销售员，在接听客户打来的求购电话时，你一定得学会深度发掘来电客户的需求，务必弄明白客户真正需要的东西是什么，在这个基础上，你再去确定自己要做的每一件事情，要说的每一句话。如果你没有读懂客户真正的需求，就本不可能走进客户的内心，当然也就没有办法赢得这送上门来的订单了。那么，电话销售员应该如何做到这一点呢？

案例一

电话销售员："您好，这里是玛尔思商学院。请问有什么可以帮助您？"

客户："我主要是想了解下你们的电话销售员培训课程都是怎么做的？"

电话销售员："是吗？那我想先问一下，您为什么想对贵公司的电话销售员进行培训呢？"

客户："当然是想提高成交率，提升我们的销售业绩了。"

电话销售员："那您是想通过培训改善贵公司电话销售员的哪些方面，也就是说您希望我们的培训帮您解决哪些具体问题呢？"

客户："主要是让电话销售员更好地掌握跟进客户的技巧。我们公司很多电话销售员的客户开发情况不错，但在客户跟进方面情况就差了点，经常会有客户流失的现象发生。"

电话销售员："这么说来，您最希望解决的就是电话销售员如何跟进自己的客户，是吗？"

客户："没错。"

电话销售员："您的要求我明白了，我会和我们公司的相关人员沟通，力争为贵公司制订出一套既符合你们实际需要且效果明显的培训方案来。"

案例二

电话销售员："刚才您提到，销售人员无法在商场里通过有效的销售技巧去证明产品的独特之处，是吗？"

客户："正是如此。"

电话销售员："是这样的，我在这里有一个提议，不知道该不该讲？"

客户："是什么提议？请讲。"

电话销售员："就是我们派人到卖场里先对销售人员做一次隐蔽的调查，看看在实际销售过程中他们的问题到底出在哪儿。因为通过现场调查了解到的情况更加贴合实际需要，您说呢？"

客户："你的想法不错，确实应该这样。但是然后我们又该怎么办了呢？"

电话销售员："调查完之后，我会根据调查的资料做一份培训计划书。计划书里会包括详细的改善点以及通过什么样的方法去培训，您看了之后再告诉我们还有什么地方需要改进。您看怎么样？"

客户："好的。那你大概什么时候能把计划书给我？"

电话销售员："应该在后天，我明天白天做调查，晚上整理调查报告并制作计划书，后天上午就可以发到您的邮箱里了。到时我再给您打电话，您看这样的安排怎么样？"

客户："好的，那我们就后天上午联系吧。"

在案例一中，电话销售员正是通过反复询问来确认客户的动机和需求，从而获得了客户的信任，赢得了客户的订单。而在案例二中，电话销售员根据客户所描述的情况发掘出了客户的需求，并且通过引导让客户接受了自己的建议，双方还约好了下次通话的具体时间。可见，在案例二中，该电话销售员的求购电话接听策略是非常成功的。

电话销售员在接听客户打来的求购电话的时候，最重要的事情就是深度挖掘来电客户的需求，只有明确了客户打电话的动机及其要解决的实际问题，才能够为客户提供最适合的产品和服务。另外，如果客户表达出来的需求还不够清晰的话，就需要继续挖掘客户问题背后更深层次的含义了。

只有做到了这一点，你才能有效把握客户打来的求购电话。

1. 对客户的回答进行细化

通常情况下，当电话销售员向客户提问的时候，客户的回答往往只是一个泛泛的答案。比如当你问客户"您为什么会对课程有兴趣"，客户的回答无非就是"提升销售业绩"等不够明确的回答。因此，想要明确客户的需求，就需要电话销售员进行深度挖掘，进一步细化客户的回答。比如，你可以采取下面的说话技巧细化客户的回答：

"您说您想提高公司网站的影响力，那么您到底是希望公司哪方面的影响力得到提升呢？"

2. 重复客户的话

在客户回答了电话销售员提出的问题后，电话销售员想要达到预期的效果，最好先重复一遍客户的话，然后询问客户要达到这样的实际效果需要解决哪些实际问题。比如，你可以采用下面的说话技巧：

"您说想重新构建贵公司的网站，想必您是对公司现在的网站不太满意。那么，您对网站的哪些地方不满意呢？"

 【专家点拨】

💡 在电话销售工作中，学会深度发掘来电客户的需求，是电话销售员必须掌握的一个基本技能。只有做到了这一点，你才能把握住客户打来的求购电话。

给客户报价时切记不要含混不清

在接听客户打来的求购电话时，当客户询问产品价格时，你事先一定要做好准备，尽量做到报价明确、具体、翔实，切记不可含糊其词，否则你就会因此失去成交的机会。那么，电话销售员应该如何做到这一点呢？

李琨经过几次电话拜访之后，终于与周泰先生就购买网络服务器一事达成了初步意向。这天，周泰先生给李琨打来电话说："李琨，刚才财务部给我打来电话，让我把新购设备的报价单给他们传过去一份，他们好考虑一下这笔支出是否合算。"

"这个呀，您别着急，价格上不会太高的，肯定会在您公司的预算支出范围之内。"

"李琨，财务部的人可是只认数字的，你总应该给我一个准确的数字吧，或者该把报价单做一份给我吧。"

"哦，放心好了，周泰先生，顶多也就几十万元，不会太多的。对您这么大的公司来说，这点钱真的不算什么。"

周泰闻言十分不悦，说："李琨，'几十万元'是什么意思？你的产品也太贵了吧。你怎么可能连自己产品的价格都如此含混不清呢？看来，我得仔细考虑一下购买网络服务器的事情了。"

报价是电话沟通中非常重要的一项工作，报价是否得当，对报价方的利益和以后的谈判有很大影响，而有的销售人员恰恰是在这个环节中出现了问题，他们总是含糊报价，以为这样就可以搪塞过去，殊不知问题也恰恰就出在这里，客户会觉得你不够诚实而打消合作念头。上面的案例中，李琨在接听客户周泰打来的电话时，就是因为在报价方面的含糊其词，结果失去了客户的信任，错失了一次成交的机会。

对一名合格的电话销售员来说，对于不在自己责任权力范围内的事，一定不要给客户提供假设答案，没有把握的事就不要随意答复客户。只有注意了求购电话的这些接听技巧，你才能做好求购电话接听工作，牢牢把握住客户送上门的订单。

具体来说，在报价问题上电话销售员需要做到以下几点：

1.坚持科学定价原则

制定一个合理的价格是处理好问题的基础与前提。电话销售员必须和公司商量，制定出合理的价格，而不可擅自做主，给客户胡乱报价。

2.坚信价格原则

电话销售员必须对自己产品的价格有信心。电话销售员报价前应慎重考虑，一旦在充分考虑的基础上确定价格后，就应对该价格充满信心，要坚信这个价格是可以让多方都获利且都会满意的价格。

3.坚持相对价格原则

电话销售员应通过与客户共同比较与计算，使客户相信产品的价格相对于产品的价值是合理的。可以从以下几方面证明：相对于购买产品以后的各种利益、好处及需求的满足，所销售产品的价格是合理的；相对于产品所需原料的获取难度以及产品的加工复杂程度而言，产品的报价是低的等。

【专家点拨】

在回答客户询价时，如果你自己不太清楚，就不要给客户一个假设的答案，没有把握的事更不要随意回答。如果你需要给客户报价，最好对价格做进一步的核实，不要耍小聪明，企图通过一些模糊的语言蒙混过关。

坚持先听后说成交的概率会更大

在接听客户打来的求购电话时，电话销售员要想把握住送上门来的生意，还需要注意一个电话接听技巧，即坚持先听后说，这样取得电话销售成功的概率会更大。那么，电话销售员应该如何做到这一点呢？

电话销售员："喂，您好。请问有什么可以帮助您？"

客户："我想咨询下你们的康福最新系列产品。"

电话销售员："请允许我介绍康福的最新系列产品——安逸。您也知道，现在大家都比较喜欢颜色亮一点的家具，老旧的款式已经不流行了。正是为了满足广大消费者的这些需求，我们安逸推出的一系列产品正式问世了。您想要的任何颜色如深红、紫色、黄色、亮粉、红色等应有尽有。而且，我们还为零售商提供家具定制服务，定制不另加价，两天交货。价钱嘛，标准型只要 350 元。怎么样，很实惠划算吧？"

客户："嗯，那么……"

电话销售员："我的解说很清楚了吧？还有什么想知道的？"

客户："你说得很清楚。只不过，嗯……我想年轻人会很喜欢你们的东西，可是你知道，这附近有不少退休老人公寓，我打算把我的目标客户锁定在那些比较年长且有固定收入的人身上，进货也以典雅、价钱合理的款式为主。"

在与客户沟通的过程中，很多电话销售员经常会碰到误解客户意图的情况，就像案例中的那位电话销售员，本来有一次很好的产品推介机会，却因为自己不善于倾听，不给客户说话的机会，只顾自己在那里喋喋不休地介绍产品，最后才发现客户所要的产品并不是自己认为的那样，结果白白浪费了时间，还失去了成交机会。

　　在电话销售过程中，向客户推介产品时，还没弄清楚客户的需求就迫不及待地展开"演说"，只会让客户在心理上产生反感。因此，电话销售员不要一接通客户打来的求购电话就慷慨陈词，而是应该通过各种方式去了解客户的真正需求，然后有针对性地介绍产品。很多时候，先听后说，能收到更好的电话沟通效果。

　　很多电话销售员每天打 100 个电话，希望 88 个成交，然而事实上，一个只会喋喋不休介绍产品而不给客户任何机会说出自己需求的电话销售员，他的销售注定是不会成功的。因此，在给客户打电话之前，你首先要做的事情就是仔细倾听客户来电的具体内容，了解客户的真实需求，让客户说出他的需求，而不是自己在客户面前喋喋不休。

【专家点拨】

💡 在接听客户打来的求购电话时，坚持先听后说，对于电话销售员来说是件十分重要的事情。

让客户少量试用产品以打消其疑虑

一般情况下，客户在购买产品时会因为产品价格高或者其他因素而对成交有种种疑虑。这时，电话销售员不妨建议客户少量试用产品，这样既能显示出电话销售员对产品或服务的信心，又能打消客户的疑虑，还能进一步提高客户购买产品的可能性。那么，电话销售员应该如何做到这一点呢？

客户："你们玛尔思商学院都有哪些培训课程？"

电话销售员："听您声音，您是上次跟我联系的江经理吧？"

客户："是我。我上次对你们的培训课程还不大了解，你能再给我介绍一下吗。"

电话销售员："可以……通过我的介绍，您觉得我们的培训课程怎么样？"

客户："我还是觉得你们的培训费用太高了，而且也不知道你们培训效果如何，心里直打鼓啊……"

电话销售员："根据贵公司技术部的人员数量和我们的培训师资，需要分三批才能培训完。您看要不这样，我建议您先做一次培训，培训结束后您可以通过培训的效果来决定是否进行另外两次培训。您觉得我的建议怎么样？"

客户："嗯，这样也可以，如果效果明显，确实对于我们公司营业额的增长有帮助，我再让其他人参加培训也来得及。"

电话销售员："好，这件事就这么定了，那请您尽快安排第一批人员参加培训吧。"

客户："嗯，好的，我这就安排。"

电话销售员："那我等您电话。"

在上面的案例中，电话销售员面对江经理的顾虑，提出了让客户"少量试用"培训服务的办法，结果打动了客户的心，同时也为进一步的合作奠定了基础。

在电话销售活动中，客户往往会因为无法亲眼看到电话销售员口中描述的产品而对成交产生顾虑。尤其是在购买不甚了解的物品时，他们会担心花了钱买不到满意的产品或服务。要想消除客户的这种疑虑，你可以采取"少量试用"的方法。当然，并不是所有产品都适合让客户"少量试用"，下面来分析一下，哪些产品或服务可以让客户"少量试用"。

1. 产品本身能够吸引客户

以"少量试用"吸引客户，其前提条件是你的产品本身必须具有一定的吸引力。因为，只有产品本身有吸引力才能引起顾客的注意和兴趣，才能达到接近顾客的目的。如果你所推销的是普普通通、毫无魅力的产品，千万不要采用这种方法，这样做的结果无异于把客户往外推。

2. 质量过关，有充分的保障

"少量试用"法是吸引客户购买大宗产品或服务的一个非常有效的办法，该方法具有极强的操作性。不过使用这种方法的前提是你的产品或服务本身要有充分的保障，质量必须过关，否则你和客户很难走到签单阶段。

3. 产品的试用结果明显，可以直接让客户做决定

电话销售最大的缺点就是看不见、摸不着，只能凭借销售人员的"三寸不烂之舌"对产品进行描述。因此，对于那些看不见、摸不着的无形产品或看不到实际效用的服务就不适合采取"少量试用"的方法了，即使用了这种方法也达不到预期的效果。

【专家点拨】

💡 通常情况下，电话销售员可以让客户"少量试用"产品或服务，这种方法是吸引客户购买大宗产品或服务的有效催化剂，能有效拉近客户与产品的距离，增强客户对产品的体验感，从而达到促成客户签单的目的。

☎ 打错的电话有时也能给你带来订单

如今，因为各种原因客户打错电话的情况非常普遍，即使遇到这种情况，你也需要对客户表现出应有的礼貌和亲切，这不仅关系到企业和你的形象问题，更有可能会给企业和你带来订单。那么，电话销售员应该如何做到这一点呢？

朱海是玛尔思商学院从事电话沟通的工作人员，一天，当朱海一个人在办公室时，电话铃响了起来，朱海接起了电话。

朱海："这里是玛尔思商学院，请问您找哪位？"

对方："您好，我想找一下王润。"

朱海："小姐，您可能拨错电话了吧，我们公司没有您要找的这个人，您确定您朋友告诉您的是这个号码吗？"

对方："我要拨的号码是×××××××××。"

朱海："小姐，您说的不是我们公司的号码。同时，我还是谢谢您打电话过来，谢谢！"

对方："先生，您能告诉我你们是一家什么公司吗？"

朱海："我们公司的名字是玛尔思商学院，主要是做……"

对方："你们在培训上有哪些优势？"

朱海："……"

对方："你帮我报一个推销学的课程吧，说实话，跟你交谈，让我感觉特别愉快、亲切！"

随着电话机的广泛应用，由于搬迁或企业重组等原因，造成变更电话号码的事情经常发生。因此，我们经常会接到打错的电话，此时，切记要礼貌应对，这将关系到一个企业的形象。

的确，打错的电话会给接电话的人带来麻烦。但是，如果接电话的人在电话中愤怒地大喊"你打错了！"然后"啪"一声挂上话筒，只会令自己和对方都感到不愉快。如果对方是客户，还有可能给接电话人的工作带来负面影响。因为商务活动使用的电话都有重新自动拨号功能，电话那边的客户可能只是因为一时疏忽按错了键、打错了电话而已。

　　不要小看这打错的一个电话，有时因为你的疏忽，可能会失去客户。如果你能做到对打错的来电礼貌应对，那么你就会给对方留下一个很好的印象。同时，你所在公司的好形象也会深深地印在对方的脑海里，而对方成为你的客户也不是没有可能的事情。

　　上面的案例中，很明显是一个打错的电话。尽管这样，电话销售员朱海并没有表现出丝毫不耐烦和反感，而是非常礼貌、客气、热情、周到地接听了对方的电话，他的表现给对方留下了深刻的印象，让对方不自觉地被他所吸引。然后，对方很自然地询问起朱海所在公司在培训方面都有哪些优势，在听完介绍后，遂作出了报班学习的决定。可见，在接听客户打来的电话的过程中，对于打错的电话也不能掉以轻心，还是需要讲究一定的接听技巧和策略的，只有这样，你才能在接听客户打过来的求购电话过程中把握住送上门来的订单。

【专家点拨】

　　💡 作为电话销售员，一时的疏忽大意可能给公司带来损失，所以，即使是对方打错的电话也需注意接听要点。亲切地回答，礼貌地应对，这些都是留给对方一个好印象的必要条件。

看似举手之劳的电话转接并不简单

在客户打来的求购电话中，有一部分是属于转接电话。在接转电话时，电话销售员应确保这个电话已经转给了同事。如果碰到占线的情况，电话销售员应记下客户的联系方式、公司名称等信息，以方便同事事后及时与客户联系。不要忽视转接电话需要问清客户的联系方式这一细节问题，有时它也会给公司造成巨大的经济损失。那么，电话销售员应该如何做到这一点呢？

山东朱氏药业集团曾经有一位电话销售员在替同事转接电话时，因为没有留下对方的联系方式，结果白白丢失了一位大客户，给公司造成巨大的损失。当时那位电话销售员在工作，旁边的同事因为有很重要的事情要马上出去，因此请求这位电话销售员如果有客户打来电话，千万要记得帮忙写下客户的名称及联系方式。但是，这位电话销售员在接到电话后，只是大概地记下了对方姓张，具体的联系方式和公司名称都没记下。他告诉客户等同事下午回来就给这位客户回电话，于是客户就放下电话耐心等待。可是等到同事回来后，光是为了查客户的公司名称和联系方式就浪费了一下午时间，等第二天再打电话过去时，对方已经联系别家公司了。

在上面的案例中，因为电话销售员没有及时帮同事记下打来求购电话的客户的公司名称和联系方式，结果害得同事白白失去了一位可能成交的客户，给公司造成了经济损失。可见，对于电话销售员来说，转接电话问清联系方式是件多么重要的事情。

在每天的工作中，有时候，电话销售员接到的电话并不是找自己的，这时候就需要帮助客户将电话转到其要找的人那里。经常有电话销售员很不负责任地将电话转给同事却没有留下打电话进来的客户的信息，结果这个重要的电话就这样断了，而这个"神秘客户"也从此消失了。如果是你给同事转丢了电话，那么这对你的同事来说将是个不小的损失，同样，这对你来讲也会是个损失。电话销售员在接转电话前应问清楚对方的公司名称、对方的姓名，并告诉客户他要找的同事的电话号码，即使客户说"没关系，你只要告诉他××公司的秦峰就可以，他知道的"。事实上，同事真的不一定就会知道这个叫秦峰的人。所以，电话销售员一定要留下对方的联系方式，并及时告知同事。这样，同事就可以及时联系客户，从而避免不应有的损失。

在接转电话时，电话销售员还有一点要注意，千万不要手拿电话在办公室内大声喊叫："××，你的电话！"这会降低自己和公司的专业形象。

在接转电话时，需要礼貌应对。具体来讲，你可以先问清楚对方来电的用意，最简单的就是问对方"贵姓"，你可以这样说："不好意思，先生／小姐，我同事现在在参加一个重要的会议，请问有什么事情，方便的话我可以帮你转达？如果不方便，请告诉我您怎么称呼和您的电话，待会儿我会让他给您回电。"如果你能做到这些，在接转电话时你就等于基本上问清楚了对方的联系方式了。

另外，虽然是转接电话，但是当电话销售员接起电话的时候，还是应以积极、开朗的语气表达问候："您好！我是山东朱氏药业集团。请问有什么可以帮到您？"可见，作为一名电话销售员，任何时候礼貌都是必不可少的。

【专家点拨】

转接电话看似举手之劳，但并不简单。在这一过程中，你不仅要帮忙叫人、记录来电者姓名和联系方式，还要处理好自己与来电者和接电者之间的关系。简言之，转接电话时，一方面要清楚有效地把电话转接出去；另一方面要给来电者留下一个好的印象，同时不能给要接电话者带来麻烦。总结起来就是以礼相待、尊重隐私、记录准确、转达及时。

网络搜索助力求购电话的接听成功

在接听客户打来的求购电话时，你完全可以在问明对方贵姓的同时，将对方的名字及联系方式在网络上查询一下，以便对客户了解得更多，这样你也就越容易取得电话销售的成功。那么，电话销售员需要如何做到这一点呢？

电话销售员："您好，康达网络公司。请问有什么可以帮到您？"

客户："我想了解下，你们公司的网站做得怎么样，是怎么收费的？"

电话销售员："您好。先生，请问怎么称呼？"

客户："我姓戴。"

（这名电话销售员立刻在网上搜索了一下客户电话和姓氏，结果发现对方是一家外贸公司，而打电话者正是其中一个业务经理）

电话销售员："戴先生，是这样的，我们公司是一家非常专业的网站运行公司，尤其是针对外贸类网站，不知道您听说过我们公司没有，我们之前有过许多成功案例，像知名外贸公司 ×× 的网站就是我们公司设计的。至于收费问题，就要看您的具体需求了。"

客户："我找的就是像你们公司这样的专业团队，我们公司网站的具体要求有……"

电话销售员："您的要求我都记录下来了，我现在给您重复一遍……"

客户："没错，就是以上这几点。"

电话销售员："您放心，我们肯定能够满足您的要求。您看您什么时候方便，让我们公司的设计人员去和您谈下具体细节，明天还是后天？"

客户："当然是快点比较好了，那就明天上午吧。"

电话销售员："好的。"

案例中的电话销售员通过网络搜索出了客户所在的公司是一家外贸公司，而打电话的正是公司的业务经理，从而将销售的重点转向外贸方面，轻松赢得了客户的订单。

如何在接听求购电话时，快速有效地通过网络搜索到客户信息呢？具体来说，你需要做到如下几点：

1. 养成戴耳麦接电话的习惯

大多数电话销售员在接听电话时，喜欢用手拿着电话筒和客户沟通。这种做法看起来似乎比较方便，其实却会因为双手被占用而无法及时搜索到客户的相关资料。因此，为了能及时收集客户信息，电话销售员应该养成戴耳麦接听电话的好习惯。

2. 培养快速搜索的能力

电话销售员在接听客户电话的时候，应随时将了解到的客户信息输入电脑，以便让自己获得更多的信息，但是，如果一边通话一边打字，速度就会比较慢。因此，在接听客户来电时，你要保证自己搜索信息的速度足够快，只有这样你才能跟得上客户的思路。

另外，电话销售员在工作时间最好让搜索页面保持在打开的状态，这样你就可以在看到客户电话号码的时候立即输入电话号码进行初步搜索。

3. 具备快速理解信息的能力

通常情况下，客户会通过公司的电话进行外呼，而这些公司的电话一般会通过各种渠道发布在网上，因此，这个时候使用网络搜索能帮你快速收集到客户的相关信息。

一般来说，网上的信息量比较大，电话销售员要想在短短的通话过程中找出关键信息并不是一件很容易的事，所以应当训练自己快速浏览和理解信息的能力，以便在接听客户电话的同时通过快速浏览该客户公司的网站，来了解客户公司的相关产品信息。而知道了这些，将会为接下来的电话销售工作带来很大帮助。

【专家点拨】

☀ 随着电脑的普及，网络在销售中所起到的作用会越来越大，通过网络搜索可以帮你快速地了解到客户的姓名以及公司名称等资料，让你更快地取得求购电话的接听成功。

🕾 老客户打来的电话更需要认真对待

在求购电话中，有一部分是客户对公司的产品很满意，打电话过来想再次购买产品的。对于这些回头客，电话销售员一定要认真对待。不要把客户的再次购买当成是天经地义的事情，也不要因此就生出骄傲感、优越感或懈怠之心。否则，客户可能会被气走，到手的订单白白飞掉。那么，电话销售员应如何认真对待想要再次购买的客户呢？

客户："你好，请问这里是××玩具店吗？"

电话销售员："是的，先生。我是小张。请问有什么可以帮到您？"

客户："是这样的，我之前曾在你们这里买过一批××玩具。我想问一下现在你们店里还有这样的玩具吗？"

电话销售员："这个我可以帮您查一下，您过一会儿再打过来吧。"

（十分钟后）

客户："你好，请问您刚才帮我查了吗？"

电话销售员："我现在比较忙，晚一点再回复你。"（开始敷衍）

客户："那好吧，那我下午再打过来吧。"

（下午四点钟）

客户："你好，请问我要的玩具现在还有吗？"

电话销售员："先生，对于这个问题，您可以打电话给店长，让他帮你看看还有没有货。我现在主要负责的是新产品，您要的是上个季度的产品，因此，我可能无法帮到您。"（逃避责任）

客户："我等了你一天，这就是你给我的答复吗？就看你们这样的服务态度，想必也生产不出多么有价值的玩具！"（生气地挂掉电话）

在上面的案例中，电话销售员没有摆正自己的态度，没有认识到自己的职责所在，以为只要把产品销售出去就万事大吉了，殊不知，自己这种不负责任的表现，硬生生地将"回头客"给气走了。

在现实世界里，对于像玩具店、礼品店这类店铺而言，"回头客"是店家客户群体中最重要的组成部分，回头客越多，店里的生意就会越兴隆。而让客户感受到店员对他们的重视以及尊重，是争取回头客的一个好方法。如果做不到这一点，就会给店里的生意带来损失。既然这样，那么电话销售员在面对老客户打来的求购电话时，不管有多忙，都应认真对待，而不应该在语言上表现出丝毫的推脱或懈怠。唯有如此，电话销售工作才会像滚雪球一样，越做越大，越做越好，从而不断收获优秀的业绩。

做过电话销售的人都知道，在每天打出去的大量电话中，只有很少一部分会实现成交。也就是说，每个电话销售员拨打的电话，有很大一部分是没有给自己带来任何利益的。相对而言，客户打来的求购电话成功率就要高得多。既然这样，那么当客户打来电话想要再次购买产品时，你就不应该有丝毫懈怠了，只有这样你才能抓住客户送上门来的订单。否则，因为自己一时懈怠而导致订单白白丢失，岂不是很可惜。

现如今，科技的发达使每个人获取信息都如此容易，所以你的客户不会刚和你接触就确定买你的产品；另外，现代人的个性越来越强，不同的人对于一件事情的反应肯定不一样，这个道理放在电话沟通中也同样适用。你根本就无法判断出哪个电话是重要的，哪个电话是不重要的，所以，最简单也最有效的办法就是，重视你的每一个电话。尤其对于老客户打来的电话，你更要认真对待，不应有丝毫懈怠。如果能认真对待每一位老客户，你就会因此而获得回报。

据一项研究数据表明，很多成功者的身上都具备这样一种特质，即他们最大的特点是敬业。他们身上都有一种极强的敬业精神，而且他们的敬业精神在人生的方方面面都会表现出来，打电话也不例外。只要他们拿起电话听筒，无论通话的对象是谁，无论在任何时间，他们一定都可以做到认真对待，绝不会随随便便、敷衍了事，更不会对对方表现、流露出丝毫的不耐烦或懈怠之心。

【专家点拨】

💡 其实，在打电话这件事情上，是最能看出一个人的品质的。因此，除非你是真的决定不要这个订单了，否则请你认真对待你的老客户，工作需要你这么做，老客户再来找你们购买产品的那份情谊也需要你这么去做。

及时确认听到的客户信息

在接听客户打来的求购电话时，作为电话销售员需要注意一个问题，那就是对于客户在电话中反映的信息，应该及时确认，以免工作失误。那么，电话销售员需要如何做到这一点呢？

电话销售员："您好，××科技有限公司。请问有什么可以帮到您？"

客户："您好，我找一下陈红。"

电话销售员："我就是。请问您找我有何事？"

客户："我是乔娜。你昨天不是说给我发你们公司的详细资料和项目书吗，怎么到现在我还没有收到呢？"

电话销售员："原来是乔经理。资料我昨天给您发过去了啊？"

客户："但我根本没有收到，你发哪里去了？"

电话销售员："哦，您稍等一下。请问您的邮箱地址是 qiao888@163.com 吗？"

客户："888？你搞错了，我的邮箱地址不是 qiao888@163.com，而是 qiao388@163.com。我说的是'388'，而不是3个8。"

电话销售员："乔经理，实在是不好意思，要不我现在再给您发一遍吧。"

客户："算了，你还是别发了。我本来打算最近一两天内确定一家网络公司合作的，但我没办法信赖你，这点小事都会弄错。"

在上面的案例中，客户本来有意向与陈红所在的公司合作，但由于陈红在接听客户电话时听错了对方的邮箱地址，没能及时将资料发送给客户，最终使送上门来的生意泡汤了。可见，对于一个电话销售员来说，对客户反映的信息要及时确认是非常重要的事情。

要想做好客户求购电话接听工作，一方面需要具备较好的倾听和理解能力，另一方面需要掌握相应的沟通技巧，两者缺一不可。对于电话销售员来说，学会倾听是工作中必须掌握的技能，因为客户是不会重复同一个问题的。如果你心不在焉，听而不闻，就很可能漏掉一些很重要的信息，以致失去成交的机会。由此可见，在接听客户打来的求购电话时，掌握倾听技巧是件多么重要的事情。通常来讲，倾听技巧主要有以下几点：

1. 及时确认你听到的信息

在接听客户的电话时，总有些信息是非常重要并且不容许出一点差错的。因此，电话销售员在记录这些信息的时候，一定要学会及时向客户确认，比如客户的邮箱、地址等，千万不要因为这些细节上的问题而影响自己的业绩。

比如，上述案例中的陈红如果多问一句"您的邮箱地址是qiao888@163.com，我说得对吗"的话，相信就不会出现流失客户的结果。

2. 听明白对方的"弦外之音"

作为电话销售员，要想尽快促成交易，就必须从客户所说的重要信息中找到契机。比如，上述案例中的客户很明显就是想在几家公司中挑选一家与之合作，因此才会向电话销售员索要公司的详细资料及项目书。如果是一个优秀的电话销售员，面对这种情况，首先会想办法了解客户所在公司的信息，然后发送一份更符合客户要求的项目书，并且突出自己公司的优势，让自己的公司在客户的甄选中脱颖而出。可见，只有善于听出对方的"弦外之音"才能更好地抓住客户。

3. 澄清

在接听客户求购电话的过程中，对容易产生歧义的地方，要及时与客户沟通，以便充分了解客户的真正想法。有时候，客户说的某一句话可能存在着两种或多种理解，如果自以为是，只按照自己的好恶去理解，就容易产生误解。所以一定要及时与客户交流，澄清事实。

4. 反馈

在倾听的过程中，还需要积极地向客户反馈。要不断地让客户意识到你始终都在认真地听他讲话，如果不让客户听到你的回应，势必会给客户造成心理压力，他自然就不愿意继续交流而只想尽快结束通话了。

5. 记录

在进行电话交流时，还要做好记录。因为电话交流时间有限，你很难记住客户在电话中所讲的每个关键点，这个时候，最好的办法就是随时把客户提到的重点记下来。这样做能帮你减少犯错的机会。

【专家点拨】

在接听客户打来的求购电话时，善于抓住客户话语中的重要信息是关键。因此，在与客户沟通时，对客户反映的信息及时确认，并记录重点，才能在沟通中更好地利用这些信息，让客户感受到你对工作的热情和对他的诚意。

第十章

照葫芦画瓢，行业范例助你打遍天下

经过多年的观察，笔者发现：学习电话销售最好的方法就是复制和模仿。世间任何事情都遵循同样一个规律，那就是创造一样东西非常困难。但是，一旦该样东西被某人首先创造出来，后来人在此基础上进行优化再创造，就会容易得多。为了让广大电话销售员对电话销售技巧有一个更加全面的认识，本章精心选择了十大常见行业的电话销售范例，以供大家学习参考。

医药行业电话营销实战技巧范例

接听电话的电话模板

电话销售员：您好！请问有什么可以帮您？

客户：你这边是不是有治疗腰椎间盘突出的远红外理疗贴？

电话销售员：是的，请问您是要订购我们的嘉业堂牌远红外理疗贴吗？

客户：是的，想咨询一下。

电话销售员：先生，为了更好地为您服务，请问怎样称呼您呢？

客户：我姓林。

电话销售员：林先生您好，很荣幸能够帮到您，冒昧问一下，是您自己用还是家里人用呢？

客户：是我爸爸。

电话销售员：请问有检查过吗？有什么症状？是腰痛还是腿痛？

客户：有一边腿痛，走路就痛。

电话销售员：腿痛是吧？请问有腰痛吗？有麻的症状吗？

客户：腰也痛，腿又痛又麻。

电话销售员：看来很严重了。我的很多腰椎间盘突出病人，跟您说的症状是一模一样的，腿痛腰也痛，有一个山西的病人，拖了五年时间，到最后严重到瘫痪了，错过了最佳治疗时间，所以要及时治疗。请问您父亲的这个病有多长时间了？

客户：有好几年了。

电话销售员：这个病是一个慢性病，必须用专用药才能治疗。请问您是通过看电视了解到我们的远红外理疗贴的吗？

客户：是的。

电话销售员：林先生，从跟您的沟通中，听得出来您是一个非常有孝心的人，您父亲真有福气。您在电视上看到的这个远红外理疗贴，是专门治疗腰椎间盘突出的专用贴膏，效果显著，长期贴用可以保持疗效。

客户：多少钱一盒？

电话销售员：价格比起手术治疗来说，非常优惠。五盒一个疗程，全国统一价289元，一盒里面有6贴。像您爸爸这种情况大概贴数2～3个疗程就基本能够康复。请问您在哪里？

客户：广州。

电话销售员：广州哪里呢？我们这边可以货到付款，免快递费。

客户：贴多久才能见效果？

电话销售员：每个病人的情况不一样，一般情况下1个疗程就有效果。现在订购，我们搞活动，还有三种优惠给到您。

客户：什么优惠？

电话销售员：第一种优惠，很多客户都觉得很实在：买1个疗程5盒我们就赠送您一盒，价值59元，还赠送一瓶外涂的药剂，价值50元，总共赠送您109元；第二种优惠，很多客户就更喜欢了：买2个疗程10盒赠送三瓶药剂，价值150元，赠送2盒膏药，价值118元，共送268元的优惠；第三种优惠，是很多老客户正在享受的特权，优惠最大，买4个疗程20盒就赠送8药剂，价值400元，还赠送5盒膏药，价值295元，总共送了695元，绝对超值。请问您订2个疗程还是4个疗程呢？

客户：我先定2个疗程吧。

电话销售员：好的，没有问题，请问您的具体地址是？

客户：……

电话销售员：感谢您的支持，请问还有其他需要帮助的吗？

客户：没有了。

电话销售员：祝您生活愉快，也祝您的家人早日康复。林先生，再见。

☎ 保险业电话营销实战技巧范例

电话销售员：您好，请问是××先生/女士，对吗?

客户：是的。

电话销售员：您好，××先生/女士，我这里是××银行955××客户服务专线，工号12345，我姓刘，是您的专属客户服务经理。请问您现在通话还方便吧?

（"**专属**"两个字，能给客户一种非常尊贵的感觉。一般情况下，客户不会挂掉电话的。）

客户：方便，你说。

电话销售员：为了保证服务质量，跟您的通话都是有录音的，请您放心。

（通话录音在一般情况下，客户都会忌讳，但是加上一句话"为了保证服务质量"，给人感觉立即发生了变化。）

客户：好的。

电话销售员：我们银行本月有一个针对贵宾客户的活动，现在直接通知到您。内容非常简单，希望您像我们银行其他客户一样，每个月把手头容易流失掉的零花小钱节省下来就可以了。

（明明是非常复杂，几句话根本无法说清楚的保险产品，却运用了"**内容非常简单**"这句话，很好地引导了客户的预期，让客户觉得接下来的通话不会需要太多时间，沟通起来也不会太费劲儿。）

另外，在帮您省钱且没有任何损失的情况下，我们每年都会有红利分配给您。这个红利是每年分一次，连续分配15年。到时候您一年领一次，或者三五年领一次都是可以的。分红是根据每年收益情况决定的，是不确定的。

××先生/女士每个月只需要为自己轻松地省下391元就可以了，您只需要省10年，但享受到的却是15年的分红和15年的保障。后面5年您不需要投入任何资金，但分红和保障还是一样享受的。

最最关键的是，您在15年期间还可以享受到3项高额的保障，这三项高额保障和平时生活都是息息相关的。请您耐心先听我说一下。

第一点是一般的意外，像高空坠物、火灾或者遭坏人打劫等意外情况，如果导致身故、残疾或烧伤，最高可以获得10万元的赔付。

第二点是如果平时出去乘坐任何的水陆公共交通工具，包括地铁、公交车、轮船、火车等，或者自己开私家车出行，这时候保障就立刻升级到两倍，即可获得最高20万元的赔付。

第三点是无论是您长假的时候出去旅游，还是平时出差，如果乘坐的是民航的飞机，那么保障就会更高了，最高能够达到30万元。

如果您觉得30万元额度够用，出去的话，像消费型的交通险、航空险、旅游险等这些您都不用选择购买了。

15年到期之后，只要客户平平安安，之前您省下的钱都是100%完全返还给您。对您来说是没有任何损失的。××先生/女士，我刚才说的保障内容您都清楚了吗？

客户：嗯，知道了。

电话销售员：很好，顺便问一下，××先生/女士，对您来说每个月省下391元会不会影响到您平时的生活品质呢？

客户：不会。

电话销售员：好的，那××先生/女士，也希望像其他的尊贵客户一样参加进来，好吧？

（"那××先生也希望像其他的尊贵客户一样参加进来，好吧"其实就是采用羊群效应，影响客户的决定。）

客户：好的！

电话销售员：毕竟保险是一份保障，这个计划也不是每个人都可以加入的，因此需要问几个关于您目前健康方面的问题，只要您健康方面符合条件，以及您的职业符合条件，就可以参加进来。您不要介意呀？

客户：好的。

电话销售员：第一个问题是："您是否在投保医疗、意外或人寿保险时被拒保、延期承保或附加条件承保？这种情况有没有？"

第二个问题有些夸张，您不要介意啊！"您是否曾经或正罹患以下病症：精神疾患、智能障碍、癫痫、恶性肿瘤、心肌梗死、脑梗死、脑出血、瘫痪、重度残疾（包括双目失明、一肢及一肢以上断离、双耳失聪）。这些有没有？"

（"第二个问题有些夸张，您不要介意啊"，这句话非常重要，因为直接询问客户相关严重的疾病，会给客户非常粗鲁无礼的感觉。这句话提前消除了客户的抗拒心理。）

客户：没有。

电话销售员：好的，恭喜您非常健康。想问一下您现在的职业是什么？

客户：我的职业是设计师。

电话销售员：非常恭喜您，您的职业也是符合条件的。为了保障您的权益，需要与您核对投保的相关资料。首先和您核对一下，被保人和投保人都写您的名字是吗？您的家庭地址是？身份证后四位是？邮编是？手机号码是？您的基本资料已经帮你核实完毕了。

客户：好的。

电话销售员：为了保障您的权益，有必要向您说明一下：根据《保险法》的规定，这份保障计划和其他保险一样列明了一些不在保障范围内的条款。比如，酒后驾驶、无证驾驶，或者驾驶无证车辆；还有醉酒、斗殴、吸食或注射毒品、战争、军事暴乱、核爆炸、参加赛车或攀岩等高风险活动造成的重大伤害等。

虽然这些问题都比较少见，但还是要和您说清楚。

请您在收到合同后仔细阅读这些责任免除部分的内容，好吗？

客户：好的。

电话销售员：还有一点，和其他保险一样，这份计划自您保单签收之日起有10天的犹豫期。这也是您的权益，您只要知道一下就可以了，好吗？

客户：好的。

电话销售员：受益人一般默认是法定继承人，可以吗？

客户：好的。

电话销售员：这项计划提供我行借记卡自动转账缴付保险费方式，您选择缴付保费的借记卡，我报前面几位，您核实后面四位就可以了，前几位是××××。

客户：后四位是××××。

电话销售员：好的，我们将在下一个工作日将您的投保信息提交相关部门审核，审核通过后三个工作日左右会将合同快递给您。为保障您的权益，在签收合同时请出具本人身份证并在合同文本上签字，请您务必本人签收保险合同及授权声明，签字后的合同自己放起来妥善保管好就可以了，签字后的回执请交快递人员带回好吗？

客户：好的。

电话销售员：我们会在收到您签字回执后两个工作日左右从您的银行借记卡代扣保费。首次扣款时我们将扣取前两期的保费，金额是782元。第二个月就不再扣取。第三个月就正常了，每个月只扣取391元。这您清楚了吗？保险合同将会在保费到账后生效，生效始点追溯到当晚24点。若首期扣款不成功，合同将无效。为了保障您的权益，您要保证卡内有足够的金额。这您也清楚吗？

客户：可以。

（"同意""行""好的""可以"等肯定词回答。）

电话销售员：另外，为了体现严谨性，保费扣费后，发票以快递的形式邮寄给您。到时候您签收一下就可以了，好吗？

客户：好的。

电话销售员：恭喜您参加了这份保障计划。今后您有需要咨询这份保障计划的问题，请拨打 ×× 保险公司的咨询热线 955××。如果您有我行业务咨询，请拨打我们的客户服务专线 955××。您可以直接找我，我的工号是 ××，我叫 ×××。

客户：嗯。

电话销售员：××先生／女士，祝您生活愉快，万事如意！再见！

"纪念币"电话营销实战技巧范例

电话销售员：您好，请问是××先生/女士吗？

客户：是的。

电话销售员：您好，××先生/女士，我这边是××公司客户服务中心，工号××，很高兴为您服务。本次来电是有一个优惠活动通知您。请问您现在通话还方便吧？

（**"请问您现在通话还方便吧？"与"请问您现在通话还方便吗？"两句话只有一字只差——"吧"和"吗"，但是前面一句更容易得到肯定的回答。**）

客户：方便，你说。

电话销售员：为了保证服务质量，跟您的通话都是有录音的，请您放心。

客户：嗯，好。

电话销售员：本次来电通知您，就是希望您能够像我公司其他信用良好的客户一样，每个月把手里的零花钱帮您节省下来，参加贵金属收藏品无（零）手续费分期回馈活动。另外，凡是参加活动的客户，我公司还额外赠送价值796元的佳佳牌颈椎舒缓枕一对，很多客户都很喜欢。关于活动内容，我这边简单跟您介绍一下好吗？

客户：好的，你说吧。

电话销售员：系统显示××先生/小姐一直以来信誉保持良好，因此您将有权优先享受到我公司只有贵宾客户才能享受到的"中国邮政限量发行的金鸡邮票纯银珍藏版纪念币回馈活动"。由于内容很简单，因此我们这边就通过电话通知一下。之所以目前很多客户喜欢，是因为这款收藏品有以下几个特点和优势，我这边给您简单分享一下，好吗？

客户：好的，你说吧。

电话销售员：第一个优势，很多客户之所以收藏它，是因为它非常有纪念意义。目前这套金鸡邮票纯银珍藏版是为了纪念金鸡邮票发行 50 周年特别打造的纯银纪念版银邮票。整套金鸡纯银珍藏版是为纪念我国著名美术大师××先生特别发行，它是以新中国成立以来发行的第三套金鸡邮票为题材的。

第二个优势，这款收藏品精美的工艺和稀有的雕刻技法，更是很多客户喜欢的原因。每一枚都和原版邮票一模一样，采用 999 纯银按照 1：1 的比例精心打造而成。整套金鸡银邮票总计有 14 枚，总重量高达 165 克，带有邮票的原版面值。整套金鸡邮票纯银珍藏版更是首次使用独特的浅浮雕雕刻技法，其制作工艺和我国的金鸡金银币的制作手法非常相似，属于金银制作工艺的领先水平。

第三个优势，很多客户认为此款收藏品之所以有珍藏和投资意义，是因为它的限量版发行和权威性。这套金鸡纯银邮票珍藏版全球限量发行 2 万套。为了确保活动的权威性，本次特别配备了官方的收藏证书和鉴定证书，而且每套都带有独立的发行编码，作为权威证明，确保万无一失。金鸡题材的邮票，市场上非常少，用 999 纯银打造的原版金鸡邮票更是难得一见，"物以稀为贵"，我们本次推荐给您的金鸡邮票珍藏版无论从艺术角度还是投资角度都是非常不错的高档藏品，非常适合您永久收藏（馈赠亲友、具有很强的收藏观赏价值，也可以作为一笔小额金融投资，有着投资升值功能）。

第四个优势，参加活动的客户，我们还额外赠送一套价值 792 元的佳佳牌颈椎舒缓枕。一套两个，波浪形的设计，太空记忆棉的内芯，让您能够很快进入深度睡眠，对预防颈椎病、缓解颈椎酸痛有很好的效果。

第五个优势，由于这是我们公司的一项回馈优质客户的活动，因此每个男客户只需要把每个月手里容易流失掉的抽烟的小钱，女客户把每月逛街多花费的小钱节省下来就可以优先收藏了。冒昧请问一下：如果每个月让您为自己省下 300 多元的话，对您生活品质上会不会有任何影响呢？

目前这款金鸡纯银收藏品价格比市面上的价格要优惠 1000 元，市场上同类型同克重的银砖需要 4000 多元，今天您可以享受 3880 元的超值特惠价格就可以优先收藏。同时我们可以为您办理 12 个月无利息分期付款，每月算下来只要还款 300 多元，相当于每个月为自己省 300 多元就可以了。不需要您支付其他任何分期手续费，所以非常划算。

第六个优势，参加活动非常简单，确定之后直接送货上门，这一点很多客户都十分满意。我们公司会安排专门的供货商按照您的账单地址，直接把这套 3880 元的金鸡纯银收藏品和价值 792 元的佳佳牌颈椎舒缓枕，给您送货上门，到时候您只需要凭您本人身份证签收就可以了。好吗？

（越是复杂的产品，越是需要很多话才能说清楚的产品，在刚开始就必须提前引导或者暗示"活动非常简单"，这样客户配合度才会高。）

客户：好的。

电话销售员：为了保证您的权益，我们这边需要简单核实一下您的基本资料，确定您参加这个订购活动即可。

客户：您说得这么好，我又看不到东西，还这么贵，不要，不要。

电话销售员：××先生／女士，您有顾虑，我非常理解。实际上您对我们这款收藏品还是非常喜欢，不然您不会花这么多宝贵的时间来听我分享，只是有些担忧和顾虑是吧？请您放心，为了保证您的权益和我们的服务品质，我们的通话都是有录音的。刚刚我跟您介绍的金鸡纯银邮票的所有信息，保证跟您收到产品之后看到的一致，这一点您完全可以放心，毕竟您是我们公司信用良好的客户，值得信赖。并且这套藏品是中国邮政权威限量发行的，无论从精美度还是制作工艺都是非常不错的。产品我们也是经过严格检测确保没有问题才会给您安排发货的。我们是要求供货商安排专人为您免费送货上门，货到只需要凭您本人身份证签收就可以了。您看没有其他问题，我这边就按照您留给我们公司的账单地址帮您订一套，好吧？

客户：那我要是收到之后跟您说的不一样，可以不付款吗？可以退货吗？

电话销售员：××先生／女士，请您放心，这款产品是跟您去商场买电器、手机一样，完全按照国家"三包"政策来为您提供售后服务的，因此产品是需要先付款后发货的。稍后我帮您在线直接下单订购，会从您以前付款的尾号×××的信用卡中冻结3880元，您稍后就会收到扣款短信。不过您不用担心，如果您收到的产品存在非人为因素质量问题，您可以在7天之内联系供货商办理退货。在货物退回后的7个工作日内，款项会退回到您的信用卡上的。相信您收到这款产品一定会非常满意的。考虑到本次活动比较难得，您看我这边帮您订购一套，安排专人免费给您送货上门。好吧？

客户：好的。

电话销售员：为了确保您是持卡人本人和您的信用卡安全，我们需要和您核对一下您的信息。可以说一下您办卡时用的身份证上面的全名和出生年月日吗？

客户：您那里不是有我的资料吗？怎么还要问我？

电话销售员：××先生／女士，这边是为了您的用卡安全，也是为了保证是持卡人本人接听，所以才会有这个资料核对的过程，请您谅解。这个跟您在拨打我们955××客服热线时办理银行业务所经历的过程是一样的，感谢您对我们公司用卡安全保障工作的支持和配合。

客户：哦。

电话销售员：那可以说一下您当时办卡时用的身份证上面的全名和出生年月日吗？

客户：……

电话销售员：好的，非常感谢您的配合！跟您确认一下，产品的发票抬头写您个人名字，好吧？

客户：嗯，好的。

电话销售员：那配送的地址，就默认为您在银行登记的账单地址，联系电话就默认为本机号码。可以吧？

客户：嗯，好的。

电话销售员：稍后扣款成功后的3天内，您会收到一条商户给您发送的发货提醒短信。短信内容会提醒您供货商售后服务热线，也请您留意保存。那您还是否需要商家在发货前再跟您电话联系？

客户：需要的。

电话销售员：好的，我这边就帮您下单了。跟您确认一下，商品名称是：金鸡纯银邮票珍藏版，全球限量2万套，额外赠送给您佳佳牌颈椎舒缓枕一对，每套的价格是3880元，分12期，首期还款327元，后面11期，每期还款323元就可以了。您看还有什么问题吗？如果没有我就点击提交订购了，好吗？

客户：好的。

电话销售员：××先生/女士，需要提醒您，和所有的分期业务一样，该笔分期金额占用您的信用额度，但随着您的每期还款，信用额度会逐步恢复。审核通过后您会实时收到我们公司发送的扣款短信（1个小时以内，短信中无商品明细和扣款金额），所有款项将在这张尾号为××××的信用卡中扣取。您会在15个工作日内收到产品，到时请您本人凭身份证签收即可。

客户：好的。

电话销售员：请稍后，系统正在提交您的订单。鉴于您的信用良好，我们公司本次可以帮您增加××元的临时额度方便系统审核通过这笔订单，您看没问题，我这边就帮您确认申请这笔临时额度，好吧？

客户：好的。

电话销售员：请稍候，××先生/女士，您的临时额度有效期是到……订单已通过审核。最后需要向您说明的是：我们产品享受国家的"三包"政策。您本次订购的金鸡银砖，共计15枚，总重165克，总价3880元，分 12 期，首期还款 327 元，后 11 期每期还款 323 元，我公司为产品提供支付服务。如果您在收到扣款短信 15 个工作日内没有收到产品，请及时拨打供应商客服热线。收到产品后请您第一时间检查物品及相关票据是否齐全，如有关于产品的任何问题（退换货、质量、物流进度查询等），您都可拨打产品发票上的供货商客服热线……客服将及时为您处理，让您满意。另外，您有任何疑问也可以在工作日 9：00 至 20：30，回拨本次来电号码，好吧？最后和你确认一遍，总价 3880 元，您看没问题吧？

客户：好的。

电话销售员：再次感谢您的支持！祝您生活愉快！再见！

广告行业电话营销实战技巧范例

有些行业在做电话模板时，可以先考虑如何营造电话沟通气氛，获得客户的好感之后，再寻找机会切入主题。

在电话中肯定客户的魅力，欣赏客户，是能够获得客户好感的。原因很简单，这样做，满足了客户深层次的人性需求。

下面是一个广告行业的电话销售员针对特定客户做的电话模板。整个模板的前半部分很好地赞美了客户的魅力，营造了很好的谈话气氛，后半部分才顺利进入产品的推介。

与大家分享这套电话模板，还想说明一个问题：没有一成不变的模板，作为一名优秀的电话销售员需要根据客户的具体情况，对公司的原有模板做一些灵活的调整。

电话销售员：您好，请问是刘总吗？

客户：我是，你是哪里？

电话销售员：刘总您好，我是小张，××公司的，有个事情想麻烦您一下。

客户：什么事情？

电话销售员：是这样，这段时间我一直在研究您，突然之间，我发现了您成功的秘密。

客户：哦，有这么回事？什么秘密？说来听听！

电话销售员：这个秘密就是：您的气度非常大，太让人佩服了。

客户：呵呵！我们才第一次通电话吧，你是怎么知道的？

电话销售员：我在报纸及贵公司的内部刊物上看到了很多关于您的报道。

客户：那些东西你最好别信，那些记者在写稿时加了很多水分。

电话销售员：刘总，听您说话感觉您特谦虚，报纸上说您当初为了摆脱民营企业的家族式管理，毅然提出整合，并将自己60%的股份平均分为5份给了自家兄弟，最后还自己掏200万元买断了您目前经营的这个品牌，这件事也是加了水分吗？

客户：的确有这回事。

电话销售员：当初60%的股份折合成人民币约多少钱？

客户：2400万元左右。

电话销售员：真是很佩服您，您将2400万元平均分给您的五个兄弟，这就是一种大度。

客户：当初为了企业的进一步发展，我也只好那么做了，"舍不得孩子，套不住狼"嘛。

电话销售员：听说您现在的企业每年的销售额已经超过50亿元了，这前后5年时间不到，真的要恭喜您。

客户：别客气，未来还有很长的路要走呢。

电话销售员：刘总，能请教您一个问题吗？

客户：可以。

电话销售员：请问您打算把您的企业作为一辈子的事业来经营吗？

客户：我想是的。

电话销售员：那请问您觉得如果企业要壮大，宣传工作重要吗？

客户：重要啊。

电话销售员：那么，刘总，您现在一般是采用哪些渠道进行宣传呢？

客户：主要是户外广告和网站。

电话销售员：这两个渠道的确不错。刘总，今天给您打电话是要告诉您一个好消息。

客户：先说说什么好消息？

电话销售员：如果我现在有一个方法能很快地扩大贵公司的知名度，

并且费用很低的话，您是否考虑面谈一次呢？

客户：是吗？能先在电话里告诉我一些吗？

电话销售员：我非常愿意在电话里告诉您，但在电话里介绍恐怕不易说清楚。我希望能有机会现场演示给您看，这样您的印象就会更深。

客户：好的，行。

电话销售员：那您觉得我是明天上午过去方便一些？还是明天下午过去方便一些？

客户：上午吧！

电话销售员：几点呢？

客户：十点以后吧！

电话销售员：好的，刘总，我十点一定赶到，谢谢您。

客户：好的。

电话销售员：祝您工作顺利，再见。

因此，一个能够欣赏客户，并能大胆说出客户的优点的电话销售员肯定是很受欢迎的，因为每一个人内心深处都渴望被欣赏，都希望自己有魅力。

软件行业电话营销实战技巧范例

通过电话来进行炒股软件的销售，有一定的难度。在牛市环境下，销售难度不会太大；但是股市环境不理想时，难度就会很大。

大家赚翻天网络公司是一家专做炒股软件的大公司，他们的客户资料绝大多数来自网络，因此凡是在大家赚翻天网络上登录过的客户都是准客户。

这样的准客户又分为三类：

（1）糖客户：有即刻需求的客户。

（2）盐客户：有兴趣、有意向的客户。

（3）石头客户：其他类型的客户。（了解、咨询或竞争对手，不做重点分析）

因此，在电话模板制作时，需要制作三套模板。

一、筛选有即刻需求的糖客户（面对此类客户，电话销售员必须做到礼貌、专业、创新）

电话销售员：早上好！先生 / 女士，我是大家赚翻天软件公司 ×× 号客户专员 ××，非常感谢您接听我的电话。请问您贵姓？

客户：姓王。

电话销售员：王先生您好，请问您这边是在昨天下午 2 点左右登录过大家赚翻天网站，浏览过 ×× 栏目，对吗？

客户：嗯。

电话销售员：非常感谢您对我们公司的支持和信任。由于今年股票市场随机波动比较大，属于震荡市，很难做，因此很多投资者都已经在借助我们的工具来帮助自己操作股票。我们公司自行研发的八套理财工具，目前已经在帮助两百多位散户投资者有效规避风险，寻找到更科学的理财方法，从而实现赢利。目前不少投资者一般都会选择两套不同的工具来配合使用。请问您这边是想订购一套还是两套呢？／请问您比较喜欢我们哪套理财工具呢？

（礼貌用语拉近关系，羊群效应降低客户的心理防线，第一次尝试促成）

客户：你们那个大家赚翻天 5 软件怎么样呀？

电话销售员：王先生您真的非常有眼光，目前我们这套大家赚翻天 5 软件卖得特别好！很多投资者用过之后都非常喜欢，请问您是自己用还是送给朋友用呢？

（使用赞美技巧，羊群效应，第二次促成）

客户：自己用，多少钱？

电话销售员：这套软件原价是 12000 元，目前我们公司为庆祝成立 5 周年，如果您订购两套以上的软件，每套只需要 3000 元就可以了，相当于每套省了 9000 元，非常划得来。请问您是转账还是付现金？

（价格对比，让客户觉得优惠，进行第三次促成）

客户：转账吧。

电话销售员：那请您直接将款项支付到我们公司的账户上，等下我会将具体账户信息发送短信到您的手机。我们在收到您的付款后，12 小时之内将会安排发货。

客户：好的。

电话销售员：王先生，非常感谢您选择大家赚翻天为您服务。在以后的投资过程中，我们将为您提供优质的理财资讯。在产品使用过程中有任何问题，欢迎您随时拨打我们的客服热线。祝您投资顺利，再见！

（结束语简单、专业）

二、对于有兴趣、有意向的盐客户

第一通电话：

电话销售员：下午好！先生／女士，我是大家赚翻天公司 ×× 号客户

专员 ××，非常感谢您接听我的电话。请问您贵姓？

客户：姓王。

电话销售员：王先生您好，请问您这边是在昨天下午 2 点左右登录过大家赚翻天网站，浏览过 ×× 栏目，对吗？

客户：是的。

电话销售员：非常感谢您对我们公司的支持和信任。由于今年股票市场随机波动比较大，属于震荡市，很难做，因此很多投资者都在借助我们的工具来帮助自己操作股票。我们公司自行研发的八套理财工具，目前已经在帮助了两百多位散户投资者有效规避风险，寻找到更科学的理财方法，从而实现赢利。目前有不少投资者一般都会选择两套不同的工具来配合使用。请问你这边是想订购一套还是两套呢？／请问您比较喜欢我们哪套理财工具呢？

（礼貌用语拉近关系，羊群效应降低客户的心理防线，第一次尝试促成）

客户：我只是随便了解一下。

电话销售员：我非常赞同您的建议，做任何一件事情都需要提前做深入的了解，尤其是关于投资方面更需要多加了解。为了回报投资者一直以来对大家赚翻天的支持和厚爱，同时也为了让更多的客户能够了解大家赚翻天，公司目前在开展通过软件免费诊断股票的活动。因为大家赚翻天这个活动在行业中做得最好，咨询个股的朋友特别多，为了让更多的人享受到这个服务，所以每个人只能免费诊断三只重仓股。请报三只股票。

（利用同理心巧妙处理异议，同时引导到免费产品让客户体验）

客户：帮我看一下 ××、××、×× 股票。

电话销售员：好的，我帮您记录下来了，请问您三只股票分别是……对吗？由于每个人的炒股时间不一样，炒股风格也不一样，为了更准确地分析您的股票，在这里有几个问题想请教一下您？

（记录和确认技巧，表示对客户的尊重——引导、挖掘客户需求）

客户：你说吧。

电话销售员：（需要问的问题）

1. 请问你喜欢做长线还是短线？

2. 喜欢技术面选股还是基本面选股？

3. 关注大家赚翻天或看节目时间多久，对您是否有帮助？

4. 炒股时间有多久了？

5. 每次买股票的决策依据、选股方式是什么？

6. 盈亏状况，若赚，赚了多少；若亏，有没有分析亏损的原因？

7. 资金量？（股票、价位、仓位等）

客户：（回答问题）

电话销售员：您的情况我已经详细记录，我将第一时间送给专家，结合大家赚翻天软件进行诊断，因为咨询个股的朋友特别多，可能要麻烦您耐心等待一下，一有结果我会第一时间通知您！同时，为了方便及时联系您，请问除了这个联系方式外，还有其他的联系方式吗？也请您记好我的工作电话，我叫××，我的电话是……如果您有任何问题，欢迎随时拨打我的工作电话，我会耐心帮您解决！您可以继续关注我们的网站，相信一定可以帮到您！祝您投资顺利！再见！

第二通电话：

电话销售员：上午好！××先生/女士？我是大家赚翻天公司的××。告诉您一个好消息，经过我们大家赚翻天专家的分析，再结合我公司软件的诊断，您的股票诊断结果已经出来了。您看我现在将诊断结果告诉您好吗？

下面就是针对不同操盘风格的客户，需要提前做好的模板样本。

示例一：仓位零星散乱的客户，一般认为不要把鸡蛋放在一个篮子里，买多了总有涨的，可以控制风险。

电话销售员：从您的选股风格来说，您非常具有组合投资的潜质。从您的出发点分析，考虑到分散到不同的股票，这样可以规避一些风险，有跌的肯定也有涨的，对吧？客观地来讲，您的思路还不错。如果能够在选股观念上有一些突破，可能会对您更有帮助一些。

我们有很多客户以前也跟您一样，有些人甚至一个人操作10只股票。经过我们大家赚翻天跟他们分析之后，他们发现这样操作是一种累死人却毫无收获的方法。如果一只股票都做不好，何况更多的股票呢？研究股票需要大量的精力，跟踪股票也是如此。太多了别说研究，就是看也看不过来，更糟糕的是，大盘一旦快速下跌，连挂单的时间都不够。您说是吗？

还有就是股票多了，东边涨西边赔，涨得好的股票总是少数，真正赚钱的是少数股，其他很多股票可能都会拖后腿，总体来说收益很少。

因此，从专业的角度来说，我们大家赚翻天专家给您的建议是：科学的数量应该是3只股票以内，资金量大的话（100万元以上）也最好不要超过5只。

示例二：炒股，靠运气，认为炒股票就是赌运气的客户。

看得出来您是属于比较潇洒的投资者，追涨杀跌是炒股时间不久的投资者的一贯风格。每个人都会经历这个阶段，这个阶段的人比较相信自己的感觉，凭借运气在操作股票。

在股市中一般是7∶2∶1的比例，从专业的角度分析，炒股票要想赚钱，是需要花大量的时间和精力来思考、决策的。当然运气也是其中一个很重要的因素，但不是决定性的因素。

有很多人之所以靠运气炒股，是因为他们平时都很忙，没有时间和精力去研究股票。对于这样的客户，他们一般都会借助科学的选股工具来帮助他们分析，这样不仅可以节约时间，而且是一种运气加实力组合的最好方法。只有具备这样的实力之后，才能终身享有好运气。你说对吧？

您炒股这么久，不仅没有收益，甚至出现亏损，您有没有想过亏损的原因呢？只有明白自己为什么亏损，并且找到赢利的方法，才有可能从这个市场获利。其实股市投资并非买进好的股票就一定能赚钱，只有选对真正适合自己的股票才可以赚钱。

客户：你分析得有一定道理。

电话销售员：我们的炒股软件是一款电脑与人脑完美结合的产品，集中了我们公司所有专家第一时间的研究成果，包括大势研判、热点板块、具体机会的把握、风险的规避等。您把心态放平稳，按照软件提示来分析决策，不仅可以轻松赚钱，还能学会投资的技巧和思路，成为真正的理性投资者。

客户：还不错。

电话销售员：您看您是需要几套呢？

客户：先买一套试用一下吧，看看效果。

电话销售员：××先生／女士，再次感谢您选择大家赚翻天的产品，祝贺您选择专业投资、理性投资和价值投资。您的信任就是我们的动力，您的要求就是我们的责任，我们竭诚为您提供好的产品和售后服务。通过大家赚翻天决策软件的筛选，结合网站的财经资讯和电视节目、投资方案的分析，通过"电脑＋人脑"模式，来提高您的投资胜算。在产品使用过程中有任何问题，您可以随时拨打我们的客服热线。当然，我也会一如既往地诚心诚意为您提供服务。如对我们的服务有任何建议，请拨打我们的服务监督电话。我坚信，从今天开始，您将迎来崭新的开始。祝您投资顺利，我们将与您共同成长！

☎ 汽车行业电话营销实战技巧范例

通过电话销售汽车这种高价值的产品，目的不是将汽车在电话中卖出去，而是邀请客户上门试驾或者告知某些优惠活动，吸引客户到实体店就算达到了目的。

上门试驾电话模板（第一次联络，数据来源主要是销售线索、外展活动、大客户）

◆开场白设计一（邀约试驾作为切入点）

电话销售员：××先生／女士，您好！我是××汽车4S店专营店的客户代表阿娟。从我们客户服务中心那里了解到，您对××车型比较感兴趣，是吧？请问您这几天什么时间方便过来呢？我好提前安排一下。

客户：星期六早上吧。

电话销售员：好的，我们就暂定这个周六早上，在您到店前我们会再次发短信与您确认时间的。我们专营店的地址是……您到店后，请直接到前台找我本人即可。如果您要亲自试驾，要记得带驾驶执照啊。

客户：好的。

电话销售员：非常感谢您接听电话，我们星期六早上见。

◆开场白设计二（邀约参加活动作为切入点）

电话销售员：您好，请问是××先生／小姐吗？我是小丽，之前有跟您联系过的，××汽车4S店的，还记得吗？

客户：记得，有什么事吗？

电话销售员：今天给您电话主要是想告诉您一个好消息。您之前在看的××品牌新车型，我们这个周末会搞一次大型的专场促销活动，价格比往常有更大的幅度，直接是我们厂家领导到店特批的优惠价格，目的就是冲量，机会非常难得，保证让您有一个满意的价格，开开心心把爱车开回家。您看要不我提前帮您报名？我们每个销售手里的名额就只有 2 个，我觉得跟您聊得特别投缘，而且您也关注我们这个车那么久，就等价格优惠了，所以我特意致电告知您这个好消息。您觉得怎么样？

客户：好呀，给我预留一个名额吧。

电话销售员：那好，非常感谢您接听电话，如有不明白的地方，您可以随时来电咨询。我的联络电话是……祝您工作愉快，再见！

◆开场白设计三（三大渠道切入点）

渠道一：网络客户

电话销售员：××先生／小姐，您好，我是广州××汽车 4S 店电销顾问小周，不好意思在您百忙之中打扰到您。我们从汽车之家了解到，您最近正在关注××品牌这款车型？

渠道二：基盘客户

电话销售员：××先生／小姐，您好，我是广州××汽车 4S 店电销顾问小周，不好意思在您百忙之中打扰到您，我们从售后／客服部门了解到，您最近正在关注××品牌这款车型？

渠道三：总部下发客户

电话销售员：××先生／小姐，您好，我是广州××汽车 4S 店电销顾问小周，不好意思在您百忙之中打扰到您。我们收到您在××品牌汽车官网上提交的试乘试驾申请，非常感谢您选择我们为您提供服务。您最近是否正在关注××品牌这款车型呢？

☎ 信贷行业电话营销实战技巧范例

电话销售员：您好，请问是××先生／小姐吗？您好，我是××公司客服中心的××，工号××，很高兴为您服务。本次来电主要是感谢您对我们××公司的一贯支持。

客户：你太客气了。

电话销售员：本次来电还有一个好消息要告诉您。

客户：什么好消息？

电话销售员：由于您之前办理过我们的商品贷款服务，还款很准时，诚信度非常高，因此非常恭喜您，您已经升级成为我们公司的贵宾用户了。我公司为贵宾用户提供了更多的特权服务。您看我这边简单跟您介绍一下，好吗？

客户：你说吧。

电话销售员：是这样的，××先生／小姐，像您这样讲诚信的贵宾用户，除了可以继续享受我们的商品借贷服务之外，还可以享受到更高一级的小额现金贷款服务，额度最低是3000元，最高可以达到1.2万元。这一项优惠活动您不需要购买任何商品，也不用交任何支付金额，申请成功就是一笔现金可以去使用，并且不需要任何担保和抵押，这是很多像您这样的年轻客户都蛮喜欢的。之前我们有统一给我们的贵宾用户发过短信，请问××先生您有收到过吗？

客户：收到了。

电话销售员：恭喜您了，××先生／小姐，您可以像我们的其他贵宾用户一样，只需要带上您的身份证、银行卡、手机，就可以到我们公司的服务点，直接申请就可以办理了，办理流程非常简单。通过之后，这个钱两天就可以汇到你的银行卡里，取现刷卡都可以，由您自由使用。

客户：这么简单。

电话销售员：请问您的地址还是原来在我们公司登记的地址吗？我会把离您最近的办理点发短信给您，有时间就过去先做一个了解。由于办理这个优惠活动的贵宾用户比较多，并且有时间和名额限制，因此我们需要提前做预约，这样可以免去您排队等候的麻烦，以免浪费您宝贵的时间。请问您什么时候有时间，我帮您预约一下，好吗？

客户：好的……

电话销售员：非常感谢您接听我的电话，本次与您通话很开心！祝您生活愉快！再见！

通信行业电话营销实战技巧范例

自主融合套餐呼出模板

电话销售员：您好，我是××电信的客户经理，工号××，请问您是……号码的机主王先生/小姐吗？

客户：是的。

电话销售员：王先生/小姐，您好！您是我们的e家老客户，我们电信公司这个月为回馈老客户，特意推出了赠送手机加互联网视听特大优惠活动，跟以往的优惠有很大不同，简单给您介绍一下吧？

客户：说说看。

电话销售员：您家里现在是固话加宽带业务每月108元，现在每月只需加21元，即可办理自主融合129元套餐，这个套餐包含了您家里固话、宽带、手机、互联网视听所有的消费。其他用户办理这些业务总共需要308元，而您办理这个业务一个月就可以节省179元，一年下来就可以节省2148元了。而且我们更赠送一部智能手机与互联网视听给您使用，宽带享受4M高速上网（部分区域最高网速更可达12M）。我详细为您介绍这个套餐，好吗？

客户：好的。

电话销售员：自主融合129元套餐，等于您原来办理的108元套餐加装互联网视听和89元乐享套餐，原固话免月租、送来显，宽带、互联网视听都可以不限时使用。且加入套餐后固话手机本地互打免费，手机更享受全国接听免费，包含400M流量。

客户：现在办理需要收费吗？

电话销售员：这个业务办理是不需要任何手续费的，您只需预存200

元话费就可以享受赠送一台价值600元的××牌智能手机（如手机套餐办理129元以上，还可以赠送价值800元的××牌智能手机），话费分10个月全部返还给您，即每个月返还20元。可抵扣所有类型消费费用，可跨月使用。且不需要您到营业厅亲自缴纳，在银行划扣就可以了。

客户：我怎么拿手机，而且你们的手机款式和质量好不好？

电话销售员：王先生／小姐，您现在办理我可以帮您选个亮号，手机先帮您包好，由我们公司工作人员在24小时内与您预约送机上门，手机款式是目前最畅售机型××型号手机。手机按照国家"三包"规定，有一年的保修期，质量问题您完全可以放心使用。且您现在办理手机首月套餐费和通话时长，赠送流量均是您使用天数折天计算的。

客户：那你帮我登记吧。

电话销售员：好的，为了保证您的权益，您办理的套餐是129元自主融合套餐，月租费每月129元，您是否明确办理？

客户：是的。

电话销售员：请您提供机主登记的身份证号码与我核对一下，请问您的联系电话是多少？身份证号码是多少？王先生／小姐，您的资料我已登记，套餐需协议在网2年，协议到期后会自动延续。我会安排工作人员24小时内与您预约送机上门，届时请提供您的身份证给工作人员查看并签收。

客户：好的。

电话销售员：感谢您对电信业务的支持，祝您生活愉快！再见！

零售行业电话营销实战技巧范例

做电话销售时间稍长的人都有过下面的经历：有时候，客人并不是买自己的产品，而是因为彼此在电话中谈得很投缘，气氛很融洽，谈话过程非常愉快，最后客人就冲这种难得的愉快心情，下订单了。

电话模板设计中，灵活围绕客户"事业和家庭"的谈话进行适当的延伸，很容易营造出一种愉快的谈话氛围。李瑶曾在一家专门销售手机卡的贸易公司做电话销售，她就是这方面的高手，我们来看一个关于她如何围绕"事业和家庭"进行延伸的案例。

电话销售员：李先生您好！我是××公司的瑶瑶。

客户：瑶瑶，您好。

电话销售员：李先生您昨天怎么啦？怎么手机一直关机。我们送货的销售人员找了您很久，都没有找到。因为这我昨天还被领导批评了一顿，说我乱派单，我心里非常难过。但我觉得这些都没有什么，因为我知道您一般情况是不会关机的。我担心您出了什么事，所以我今天早上一大早就给您打电话了，您没事吧？

客户：我没事，谢谢你瑶瑶，很高兴能够认识你，我觉得您是一个非常好的人。在这里我要跟你说声对不起，昨天都是我的错，因为在跟你通完电话之后，我突然觉得自己暂时还不需要这种卡，可又不好意思跟你说，所以就关机了，实在非常抱歉！给你的工作带来了这么多的麻烦。

电话销售员：李先生，您别这么说。其实您这么做，的确有您的苦衷，听您刚才的话，我非常高兴，因为您很真诚，已经把我当成您的朋友了。另外，想请问李先生您是从事哪个行业呢？

客户：我主要做服装来料加工。

电话销售员：服装加工是一件艺术性很强的工作，李先生一定是一个非常有品位的成功人士了。刚好我最头疼的事就是不知道给自己配什么衣服，每次买衣服都特别伤脑筋，看李先生什么时候方便帮忙给小妹指点一下？

客户：指点谈不上，不过你说的衣服搭配的确是一件很有学问的事情，这跟你的身高胖瘦、脸型发式、气质内涵都密切相关。有时间您来我们工厂，我给你量身定做一套衣服。

电话销售员：那太感谢李先生了，改天我一定登门拜访，李先生，听您说话感觉您应该不是本地人，方便告诉我您是哪里人吗？

客户：我是湖南的。

电话销售员：湖南的，真的吗？那太不简单了，一个外地人能够在广东这个竞争激烈的大城市拥有一个属于自己的工厂，真的很了不起！我也是湖南的，您看，我还在苦苦奋斗呢！

客户：是吗？这么巧，年轻就是你的资本呀，未来都属于你们这些年轻人，后生可畏呀。

电话销售员：姜是老的辣嘛，李先生，咱们算是老乡呢，我就叫您李大哥，您不会介意吧？

客户：好啊，叫我李大哥，挺好啊。

电话销售员：李大哥，您出来创业大概多久了？

客户：8年多了。

电话销售员：那真的非常不容易呀！创业一定非常辛苦吧？

客户：万事开头难，不过古话说得好"事非经过不知难"，回过头想想，创业过程中遇到困难也不算什么，你说做什么不难呢？

电话销售员：的确如此。请问李大哥，您的家人都在这边吗？

客户：是的，我的妻子和孩子都在这边。

电话销售员：那嫂子现在做什么工作呢？

客户：在自己工厂做财务工作。

电话销售员：哎哟，这可真是夫唱妇随。俗话说得好："夫妻一条心，泥土变成金。"李大哥不愧为男人中的佼佼者，事业这么成功，经营家庭也是一把好手，太羡慕您了。嫂子一定非常辛苦吧，您一定要照顾好她。刚才听您说您有孩子了，是男孩还是女孩？

客户：是一个女儿。

电话销售员：是女儿呀，我最喜欢女孩了。小家伙叫什么名字？几岁了？

客户：刚刚过两岁，叫璐璐。

电话销售员：璐璐，名字真好听！两岁的小孩是最可爱的年龄了，改天我有时间过去，看看您女儿好吗？我这边还有一些好玩的儿童玩具送给她。

客户：好呀，你一定过来哟！

电话销售员：一言为定！另外，您可以帮我一个忙吗？

客户：你说吧！

电话销售员：您可以帮我介绍您公司的员工购买我的卡吗？

客户：可以，没有问题，我昨天咋就没想到给员工买几张卡。听你介绍，说实在的，你们的卡其实挺实惠的。我现在就跟你订 10 张送给我的员工。

电话销售员：好的，太感谢您了。改天您过我们这边来，我一定请您吃饭。我叫我们同事今天下午就把卡送过去，您可一定不要再关机了哟。

客户：好的，一定不关机。

关于家庭或事业的话题是较易拓展和延伸的。男性客户一般比较喜欢畅谈自己的事业，女性客户比较喜欢畅谈自己的家庭。作为电话销售员要学会从客户的事业和家庭两个方面找到话题的切入点。一旦谈话进入一个比较愉快的氛围，客户就会愿意花更多的时间继续交谈下去，并在不知不觉中对电话销售员产生好感。

招聘行业电话营销实战技巧范例

　　在每一个电话模板的设计过程中，一般都会有一两句非常关键的话。这关键的一两句话能够使整个对话向前推进，并成功扭转开始时非常被动的局面。

　　下面是一个人才市场的电话销售员向一家单位的老总推介一场招聘会的电话销售模板。

　　电话销售员：您好，请找刘总。

　　客户：我就是，请问你是哪一位？

　　电话销售员：我是小王，前几天跟您联系过，上次我们聊得很开心，我对您的印象非常深，您很健谈。

　　客户：小王？对不起，我想不起来了。

　　电话销售员：刘总您真是贵人多忘事，在上次谈话中，您提到现在招聘一个好员工非常难这件事，想起来了吗？

　　客户：想起来了，你是南方人才市场的，对吧？

　　电话销售员：非常感谢您还想得起我。我今天特意打电话给您，是有一个好消息要告诉您。

　　客户：什么好消息？

　　电话销售员：能请教您一个问题吗？

　　客户：你说。

　　电话销售员：贵公司目前缺人手吗？

　　客户：暂时不缺。

　　电话销售员：那公司现在缺敬业的人吗？

　　客户：敬业的人才随时都缺呀。

电话销售员：您觉得目前贵公司哪个岗位比较缺敬业的人呢？

客户：生产部门和销售部门。

（上面三个问题非常关键）

电话销售员：这两个部门的员工的确非常关键。

客户：是呀。

电话销售员：有什么打算和计划吗？

客户：比较为难，生产部门有些老员工，跟了我很多年，现在做管理了，水平跟不上，又不愿意学习先进的管理知识；销售部门有一批年轻人，工作比较浮躁，没有吃苦耐劳的精神。

电话销售员：刘总，您真是一个大好人，您的困惑我大致了解了一些。我今天告诉您的好消息是：我们这周有一个关于市场营销方面的专场招聘会，这次会有来自各行各业从事营销工作的高级人才。您看是不是考虑一下，先在您的销售部门招聘几名能干的销售员，带动一下贵公司的销售？

客户：这样吧，你发一份传真过来，我看看再说。好吗？

电话销售员：非常感谢您，刘总！我马上发传真给您，请问您的传真号码是？

客户：××××××××

电话销售员：另外，刘总，我会在明天下午两点钟左右跟您确认，好吗？

客户：好的，谢谢！